KB275177

신유행 포진법 총해설

실전 장기 포진법

김지환
오원옥 공저

▲김지환(9단) 선생과 문홍근(8단)의 대국장면

서림문화사

머리말

대중오락 중에 재미나는 오락이 무엇이냐고 물을 때 아마도 장기를 빼 놓을 수 없을 것이다. 다른 어떤 종류보다 건전한 놀이로서의 가치를 지니고 있기에 그렇다.

배우기 쉽고 즐기는 데에 많은 시간을 요하지도 않으며, 다른 스포츠나 오락에 드는 값비싼 장비 또한 필요 없다. 따라서 시간과 장소에 구애받지 않는다는 이점(利點)이 있다. 그리고 장기는 머리를 쓰는, 즉 두뇌 스포츠라는 점에서 현대인들의 고질병인 스트레스를 해소하는 방편으로도 무방하다. 그만큼 재미있는 오락이다.

흔히 박보(博譜) 장기라 일컫는 묘수풀이 문제는 대략 1만여 가지나 된다. 그 문제 하나하나마다 심오하고 묘미가 넘치는 수순(手順)과 함정을 내재하고 있어 과연 이러한 묘수들을 실전(實戰)에 응용할 수만 있다면 누구와 대국을 하여도 백전백승(百戰百勝)할 것 같은 생각을 절로 불러일으키게 한다.

실로 장기의 묘수풀이 문제는 기존에 정리되어 있는 것 이외에도 전문기사들의 공식·비공식 대국에서, 또 간혹 아마추어 동호인들 사이의 경기에서 적잖이 배출되어 나오고 있다. 뿐만 아니라 그것들을 토대로 계속 연구하여 새로운 문제들을 만들어 내고 있으므로 그 수는 몇 권의 책으로 엮기에도 벅차고 방대한 양이다. 그렇듯 그 종류나 질적인 면에서도 우수한 문제들이 계속 개발되어지고 있다.

따라서 이 묘수풀이들을 많이 접한 사람과 그렇지 않은 사람 간에는 판이한 실력의 격차를 나타내게 되는 것은 물론, 묘수풀이의 연구가 곧 실력향상의 지름길이라는 데에 누구도 이론(異論)을 제기할 수 없을 만치 기력증진의 척도로 여겨지고 있다.

이 책은 각종 포진하는 법만을 추려 보았다. 옛날에는 포진하는 것을 절례라고 했지만, 귀마 대 귀마, 귀마 대 원앙마, 귀마 대 양귀마, 귀마 대 양귀상, 원앙마 대 면상, 면상 대 양귀마, 면상 대 원앙마, 면상 대 귀마 등등 요즈음 유행되고 있는 새로운 포진법들을 총망라했다고 자부한다.

정치를 잘하고 못하는 것은 사람을 잘 쓰고 못 쓰는 데에 달려 있다. 마찬가지로 장기도 잘 두고 못 두는 것이 처음 포진을 잘하고 못하는 데 달려 있다. 처음에 포진을 잘못하여 꼬이기 시작하면 끝내 고전을 면치 못하고 패인이 되는 것이다. 초보자는 물론, 장기를 잘 두는 사람도 이 책을 완전히 터득한다면 장기의 고수로서 감히 뽐낼 수 있으리라 믿는다.

끝으로, 이 책이 나오기까지 애써 주신 9단의 황문수(黃文秀), 아마 2단의 실력을 가진 김치옥(金治玉), 김학헌(金學憲), 김희원(金熙元) 여러분께 감사를 드린다.

2000년 초여름에

지은이 씀

차   례

제1편 장기 포진법

제2편 실전편

제**1**편

포진법

▲면상장기의 제1인자 이일훈(9단) 선생의 생전의 모습

▲문홍근(8단)과 사무국장 유창식(8단)의　대국장면

1. 귀馬 대 귀馬 포진법(1)
-잘못 응수하여 지게 되는 경우

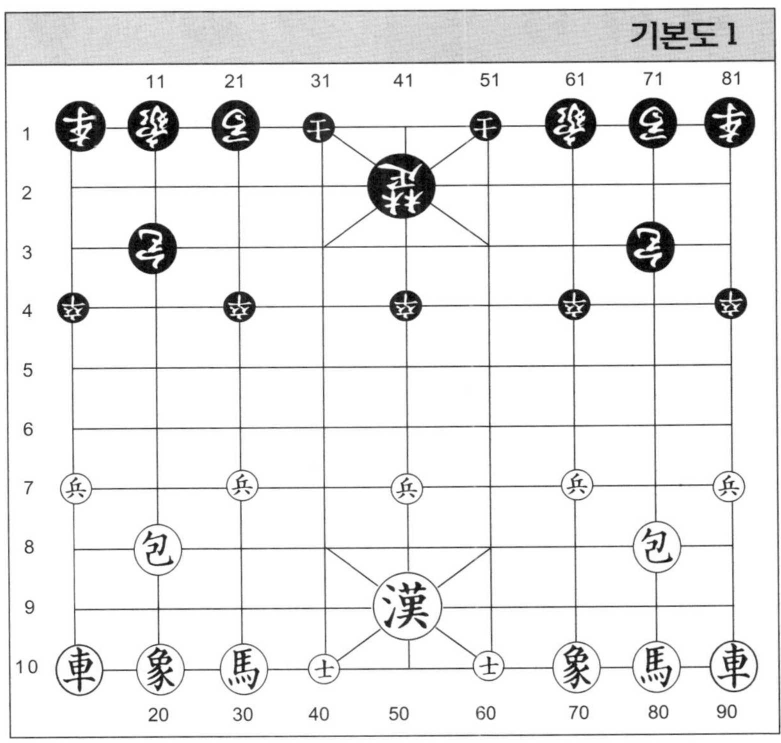

① 4 卒 14

② 87 兵 77

③ 71 楚馬 63

④ 여기서 漢이 80 漢馬 68 하는 것
이 正手인데, 30 漢馬 38로 두는
사람이 있다.

⑤ 73 楚包 43 하면

⑥ 여기서도 90 漢車 86 하거나,
80 漢馬 68 하는 것이 정수인데,

18 漢包 48로 두는 사람이 있다.

⑦ 43 楚包 83하면

⑧ 47 兵 57장

⑨ 42 楚將 32

⑩ 80 漢馬 88

⑪ 83 楚包 88 打馬

⑫ 90 漢車 88 打包

⑬ 13 楚包 83 하면 車가 죽게 된다.

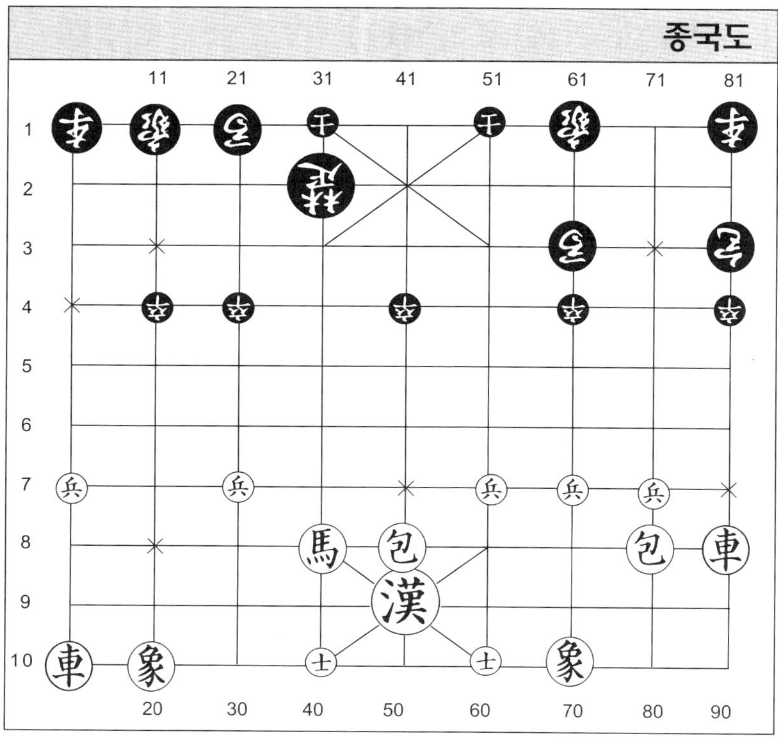

기본도 1에서, ①부터 ⑬까지 진행된 기보

　　이런 형상이면 漢은 분명 패한
꼴이다.

2. 귀馬 대 귀馬 포진법(1-1)
–잘못 응수하여 지게 되는 경우

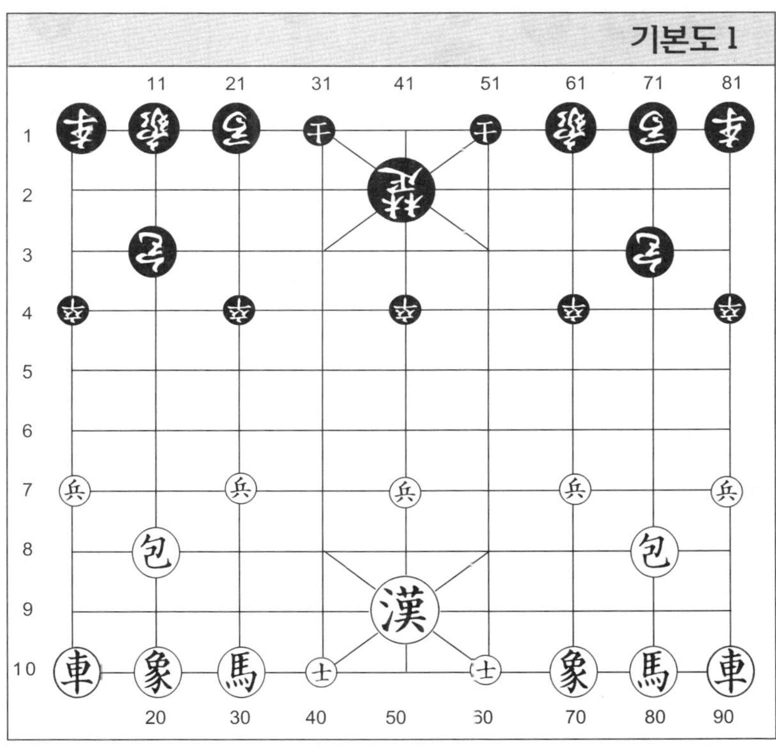

① 4 楚卒 14

② 87 漢兵 77

③ 71 楚馬 63

④ 30 漢馬 38

⑤ 73 楚包 43

⑥ 18 漢包 48

⑦ 43 楚包 83

⑧ 80 漢馬 88

⑨ 83 楚包 88 漢馬打

⑩ 90 漢車 88 楚包打

⑪ 13 楚包 83

⑫ 77 漢兵 87

⑬ 84 楚卒 74

⑭ 87 漢兵 77

⑮ 63 楚象 84

⑯ 77 漢兵 87

⑰ 84 楚象 67 漢兵打

⑱ 87 漢兵 77

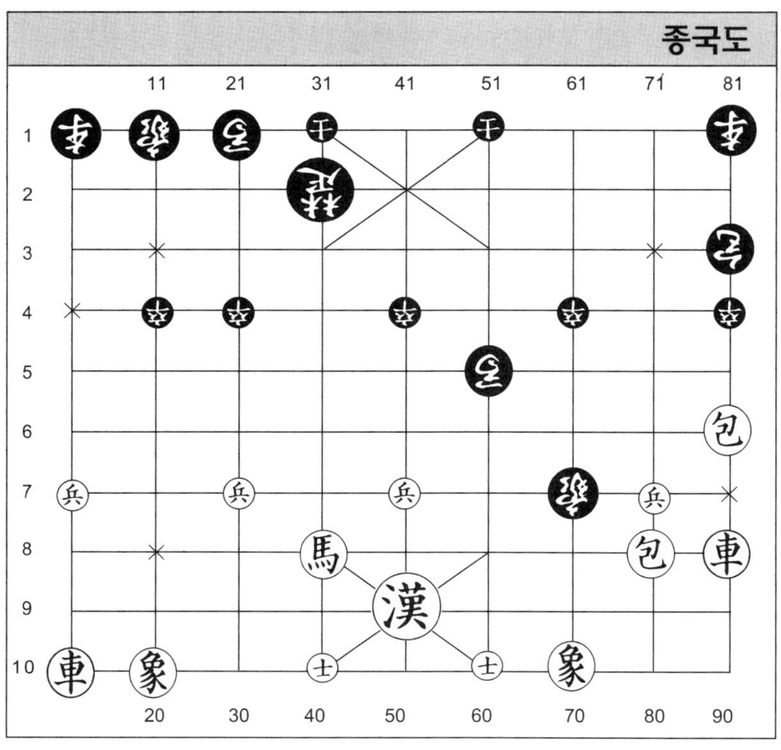

⑲ 63 楚馬 84

⑳ 77 漢兵 87

㉑ 84 楚馬 76

㉒ 87 漢兵 77

㉓ 74 楚卒 84

㉔ 48 漢包 46 장군

㉕ 42 楚 32

㉖ 46 漢包 86

㉗ 76 楚馬 55

漢이 많이 불리한 국면이다.

변화수

23수에서 67 楚象 84하면

㉔ 48 漢包 46 장군

㉕ 42 楚 32

㉖ 46 漢包 86 하기 때문에 楚에서
불안한 경우이다.

3. 귀馬 대 귀馬 포진법(2)
-잘못 응수하여 지게 되는 경우

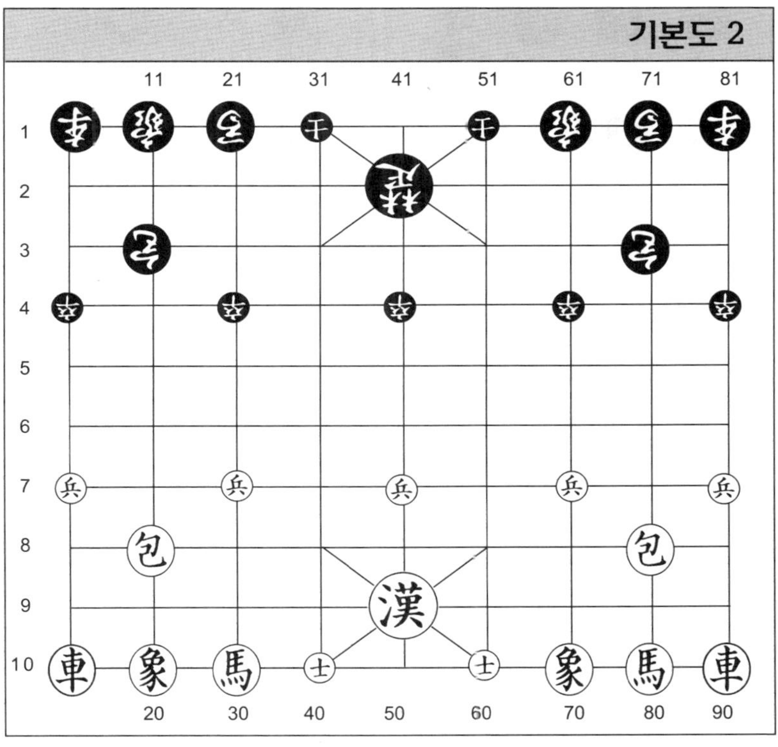

① 4 卒 14

② 87 兵 77

③ 71 楚馬 63

④ 漢에서 고집이 있어서 또 30 漢
   馬 38 하였다.

⑤ 73 楚包 43

⑥ 이번에는 90 漢車 86 하였다.

⑦ 44 卒 54 장

⑧ 여기서 漢은 47 兵 37 하고, 또 장

을 부르면 49 漢將 39 하는 것이
正手인데, 18 漢包 48로 두는 사
람이 있다.

⑨ 61 楚象 44

⑩ 27 兵 26

⑪ 44 楚象 67 打兵

⑫ 77 兵 67 打象

⑬ 81 楚車 71 하면

⑭ 86 漢車로 包를 지키는 사람이

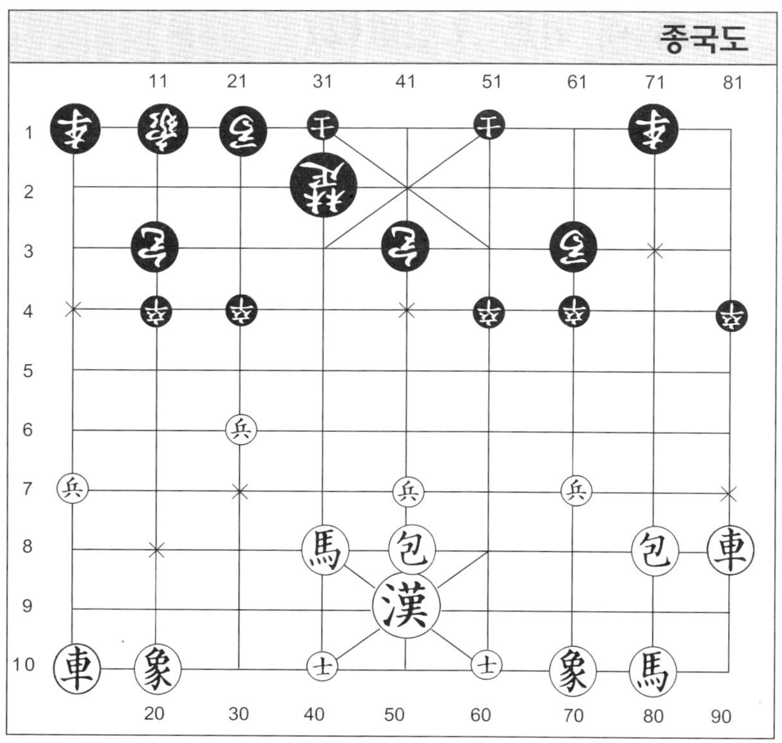

기본도 2에서, ①부터 ⑮까지 진행된 종국도

　　있다.

⑮ 42 楚將 32 하면 漢은 초전박살이
　　되고 만다.

4. 귀馬 대 귀馬 포진법(3)
–잘못 응수하여 지게 되는 경우

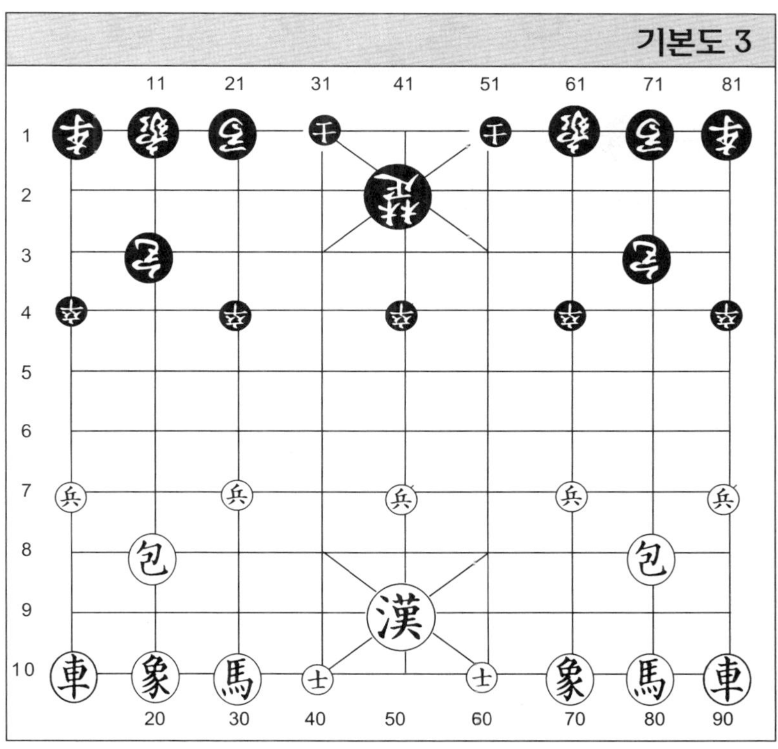

①4卒 14

②87 兵 77

③71 楚馬 63

④또 고집으로 30 漢馬 38 하였다.

⑤73 楚包 43

⑥90 漢車 86

⑦44 卒 54 장

⑧서투른 사람은 18 漢包 48 한다.

⑨61 楚象 44

⑩27 兵 26

⑪44 楚象 67 打兵

⑫77 兵 67 打象

⑬81 楚車 71

⑭이번에는 49 漢將 58 하였다.

⑮1 楚車 5

⑯20 漢象 37

⑰5 楚車 55 장

⑱47 兵 57

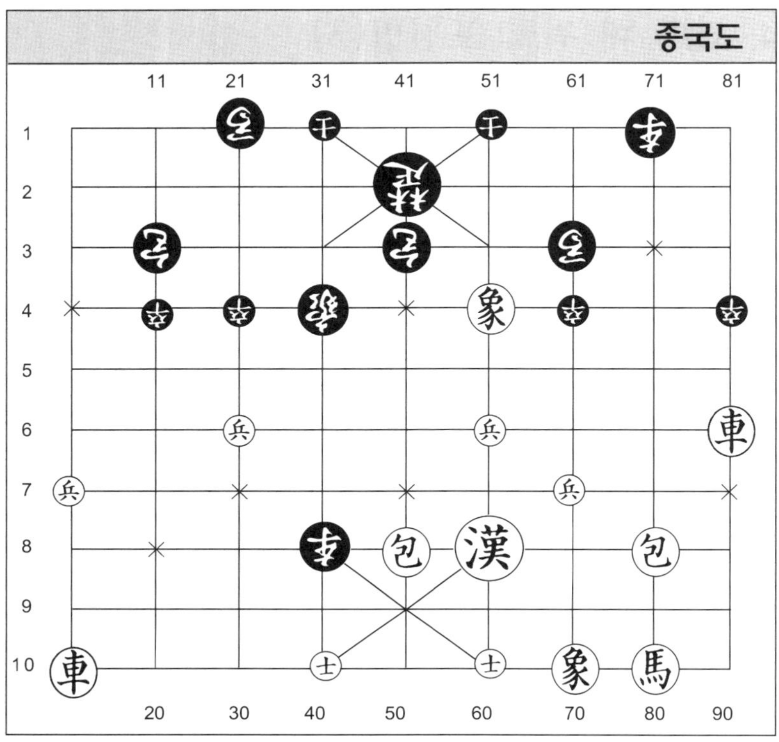

기본도 3에서, ①부터 ㉓까지 진행된 기보(역시 초전박살)

⑲ 11 楚象 34

⑳ 57 兵 56

㉑ 55 楚車 35

㉒ 기왕 죽는 말 卒이나 먹으면서
車나 겨냥하자고 37 漢象 54 打
卒하면

㉓ 35 楚車 38 打馬
잘못 응수를 하다 보면 이와 같
은 나쁜 형태가 된다.

18

5. 귀馬 대 귀馬 포진법(4)

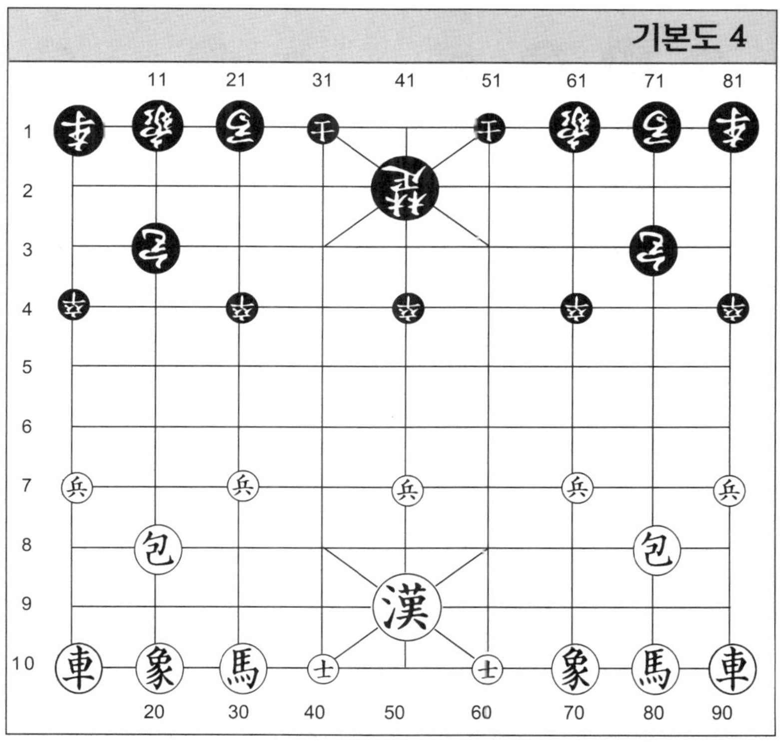

① 4 卒 14 이것이 절대선수다. 왜,
   상대방의 兵을 고립시키기 위해
   서이다.
② 87 兵 77 상대방이 車 길을 터 놓
   았으니 나도 車 길을 터놓는다.
③ 71 楚馬 63 두는 것은 包 다리를
   놓기 위함이다.
④ 80 漢馬 68도 包 다리를 놓는것,
⑤ 73 楚包 43 궁을 튼튼하게 하기
   위하여,

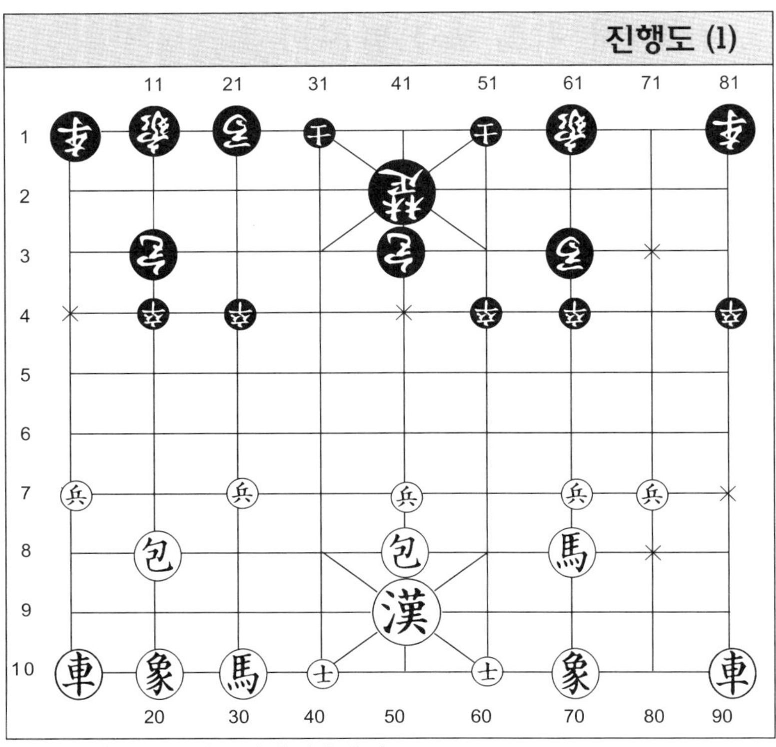

기본도 4에서, ①부터 ⑦까지 진행된 기보

⑥ 78 漢包 48도 역시 궁을 튼튼히 지키기 위하여 둔 수.

⑦ 44 卒 54 하였다. 馬나 象이 갈 자리를 만들기 위해서이다. 여기서 漢에서는 30 漢馬 38 하는 수가 있고, 90 漢車 86 하는 수가 있고, 47 兵 37 하는 수가 있고, 27 兵 26 하는 수가 있다.

장기의 수 또한 오묘한 것이어서 한 가지 수만 있는 것이 아니다. 가・나・다・라항으로 나누어 여러 가지 변화된 수를 살펴보기로 한다.

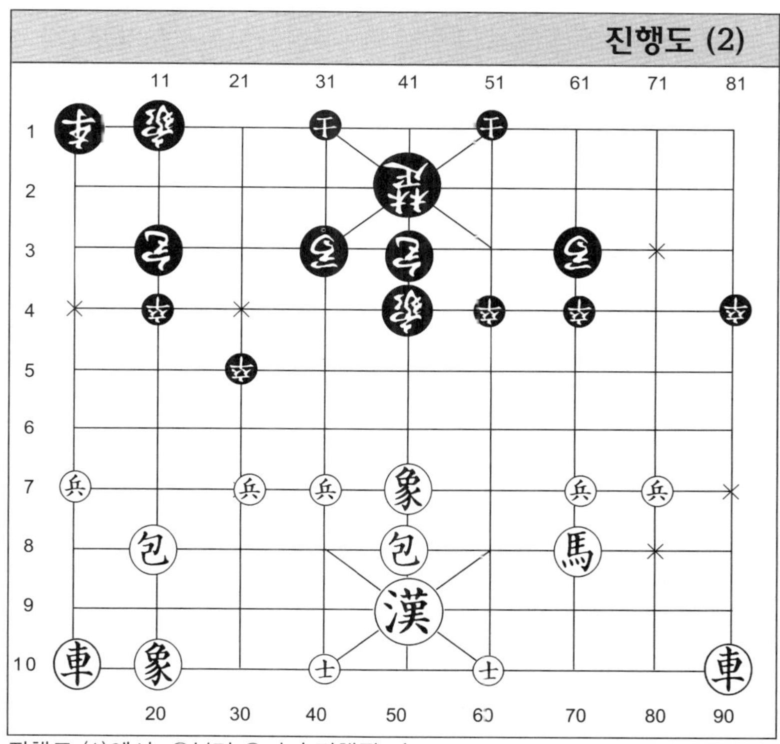

진행도 (1)에서, ①부터 ⑥까지 진행된 기보

(가) 30 漢馬 38로 두는 경우

① 30 漢馬 38

② 61 楚象 44

③ 47 兵 37

④ 21 楚馬 33

⑤ 70 漢象 47

⑥ 24 卒 25

　여기에서도 47 兵 37 하는 수와 27 兵 26 하는 수, 또는 27 兵 17 하는 수가 있다. 그 변화는 스스로 연구해 보기 바란다.

　여기서는 가장 많이 두어지는 수 47兵 37 하는 수를 두어 보기로 한다.

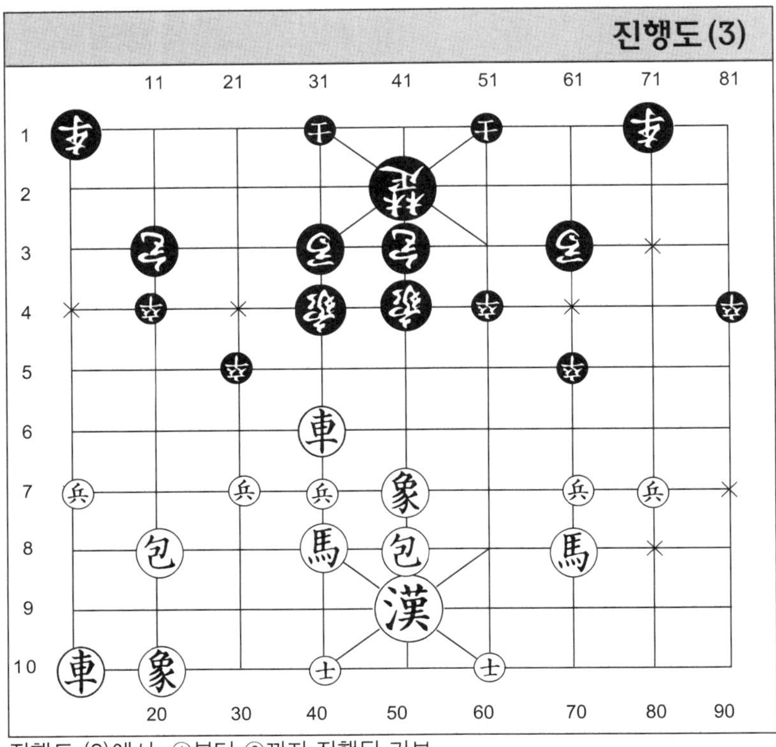

진행도 (2)에서, ①부터 ⑥까지 진행된 기보

　　여기서도 漢에서 둘 차례인데 90 漢車 86 하는 수가 있고, 37 兵 36 하는 수가 있고, 또 40 漢土 39 하는 수가 있다.

① 진행도 3에서 90 漢車 86 하는 수를 두어보자.

② 81 楚車 71

③ 86 漢車 66으로 둘 째비를 하려고 하니까,

④ "둘 째비를 할 테면 하라" 하고 11 楚象이 34로 나왔다.

⑤ 66 漢車는 할 수 없이 36으로 달려가 象을 달랬다. 그 자리에 있으면 車 하나가 죽게 되니까,

⑥ 楚는 또 象을 먹을 테면 먹어라 하고 64 卒 65로 올렸다.

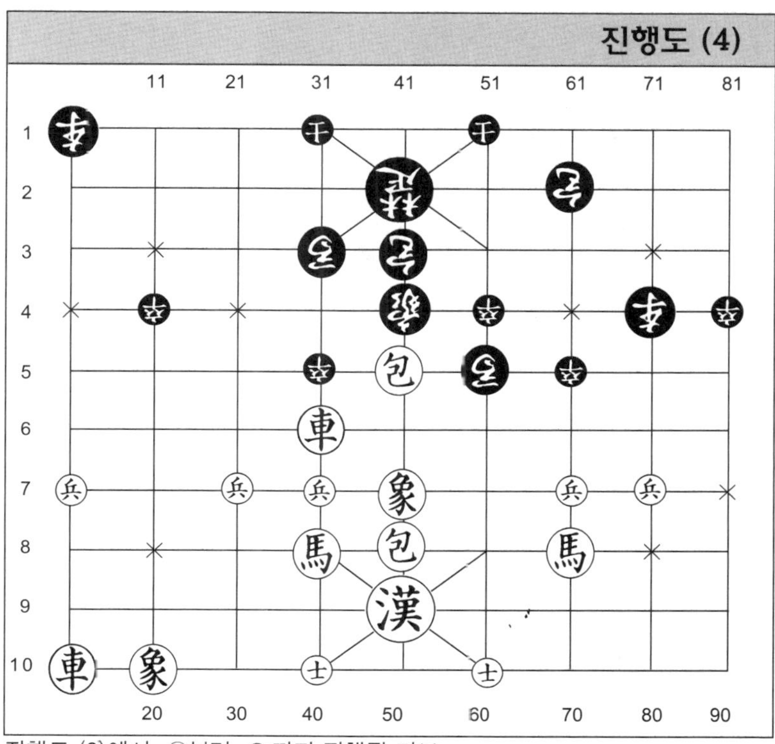

진행도 (3)에서, ⑦부터 ⑱까지 진행된 기보

⑦ 이때 36 漢車는 "먹고 죽은 귀신은 빛깔도 좋다더라" 하면서 34 打象하였다.

⑧ 63 楚馬 55로 나와 車를 달래니,

⑨ 48 漢包 45

⑩ 13 楚包 15

⑪ 漢에서는 車包가 부동이 되어서 18 漢包 58 하였다.

⑫ 71 楚亘 74

⑬ 58 漢包 28

⑭ 15 楚包 12

⑮ 28 漢包 48

⑯ 12 楚包 62

⑰ 34 漢車 36

⑱ 25 卒 35 하면 車나 包 중 하나가 죽게 된다. 漢車로 馬卒 대하여도 楚가 우세한 것은 분명하다.

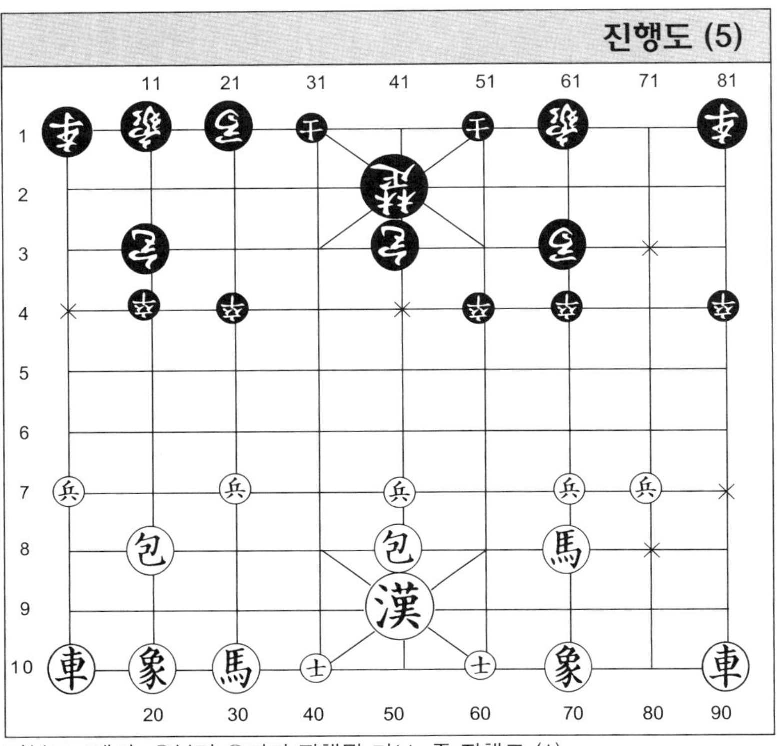

기본도 4에서, ①부터 ⑦까지 진행된 기보. 즉 진행도 (1)

(나) 90 漢車 86으로 두는 경우

① 90 漢車 86

② 61 楚象 44

③ 27 兵 26

④ 81 楚車 71

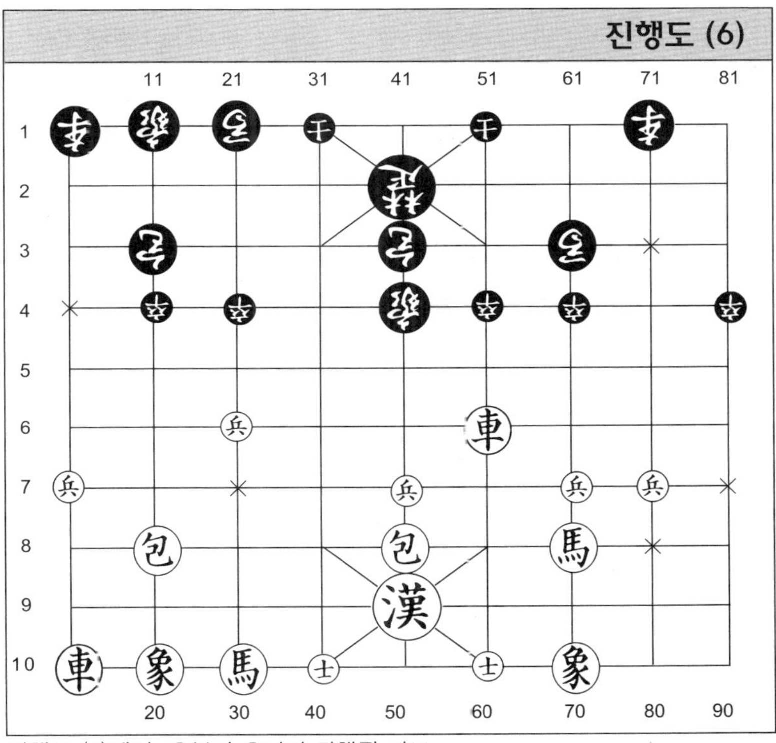

진행도 (5)에서, ①부터 ⑤까지 진행된 기보

⑤ 86 漢車 56

　여기서 楚에서는 21 馬 33 하는
수와 54 卒 55로 車를 쫓는 수, 그
리고 보기에는 71 楚車 75로 나오
는 것이 좋은 수 같이 보이나 그것
은 별로 좋은 수가 아니다.

　여기서는 21 馬 33 하는 수와 5
4 卒 55 하는 수의 변화를 A, B항
으로 나누어 살펴보기로 하자.

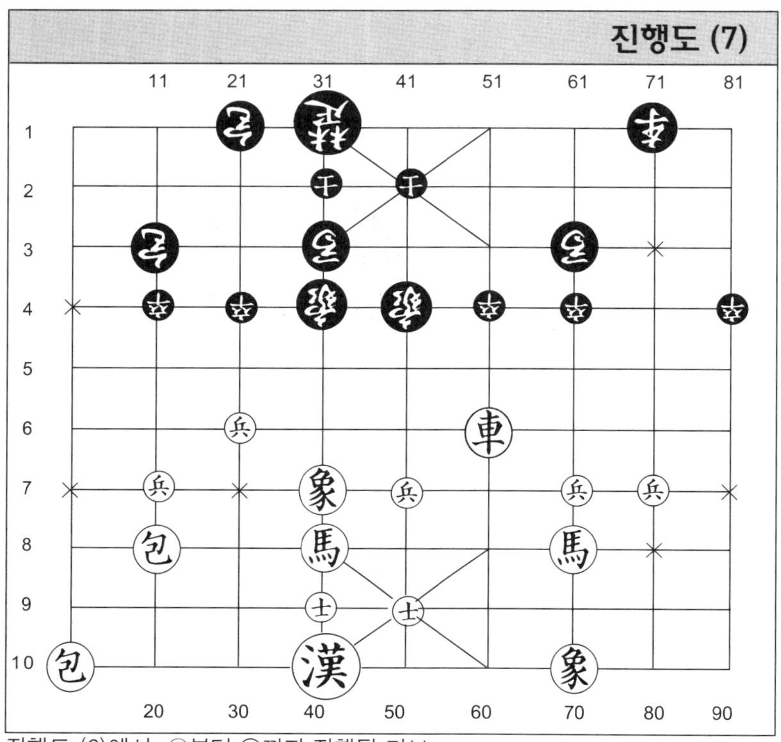

진행도 (6)에서, ①부터 ⑯까지 진행된 기보

(A) 21 楚馬 33으로 두는 경우

이 포진은 빅국인데, 본래 장기는 서로 실수 없이 잘 두면 비기는 것이 정상이다.

① 21 楚馬 33

② 20 漢象 37

③ 43 楚包 41

④ 30 漢馬 38

⑤ 31 楚士 32

⑥ 40 漢士 39

⑦ 42 楚將 31

⑧ 49 漢將 40

⑨ 11 楚象 34

⑩ 60 漢士 49

⑪ 51 楚士 42

⑫ 48 漢包 50

⑬ 41 楚包 21

⑭ 7 兵 17

⑮ 1 楚車 10 打車장

⑯ 50 漢包 10 打車

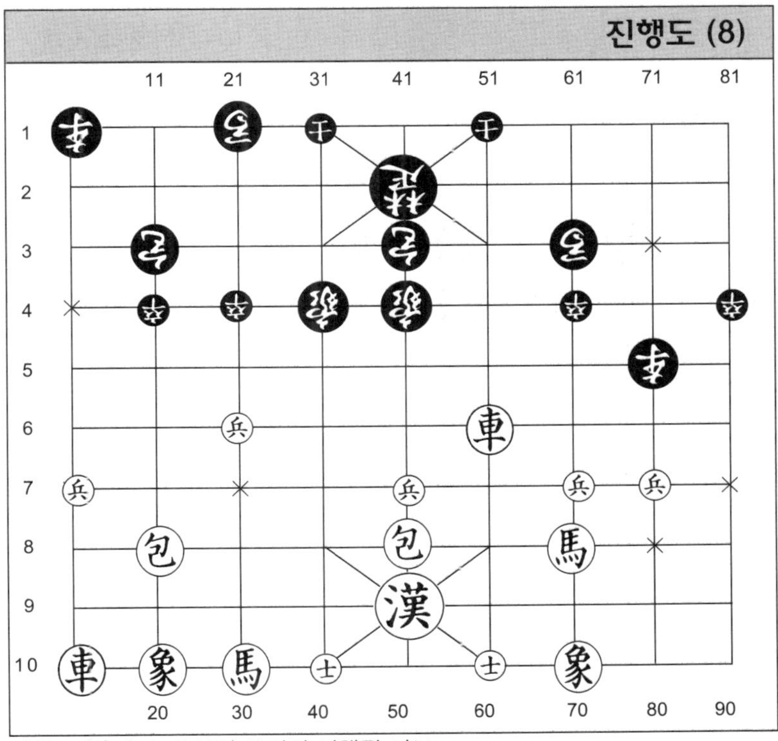

진행도 (6)에서, ①부터 ⑨까지 진행된 기보

(B) 54 卒 55로 車를 쫓는 경우

진행도 (6)에서,

① 54 卒 55

② 56 漢車로 55 卒을 때리자니 양 車가 걸리고 할 수 없이 56 漢車 57로 한발 후퇴한다.

③ 11 楚象 34

④ 47 兵 46

⑤ 여기서도 71 楚車 75로 나오는 수가 있고, 64 卒 65로 하는 수 또는 43 楚包 46 打兵하는 수가

있으나 그것은 독자들의 연구에 맡기고, 여기서는 43 楚包로 46 打兵 하였다.

⑥ 57 漢車 55 打卒

⑦ 46 楚包 43

⑧ 55 漢車 56

⑨ 71 楚車 75

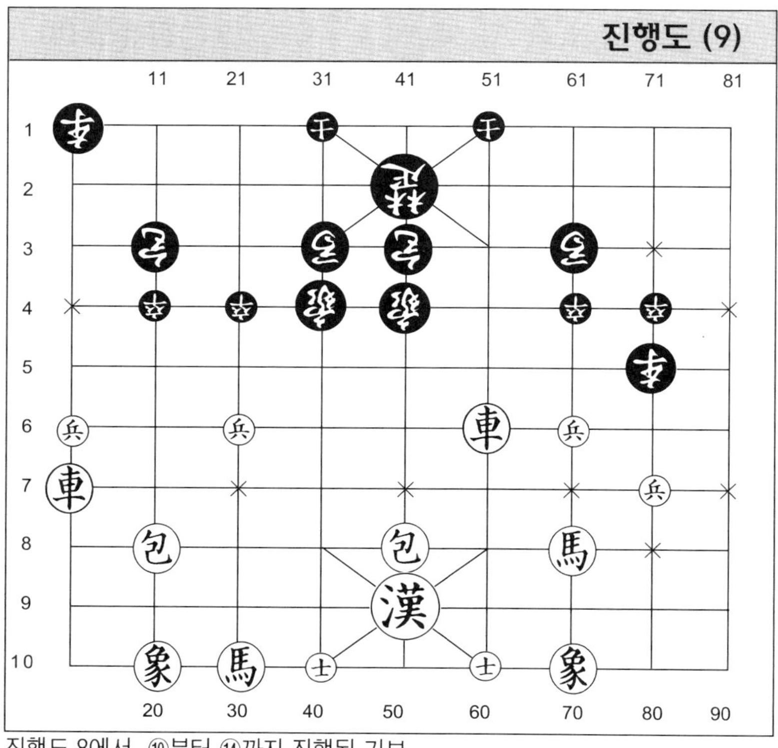

진행도 8에서, ⑩부터 ⑭까지 진행된 기보

⑩ 7 兵 6

⑪ 84 卒 74

⑫ 10 漢車 7

⑬ 21 楚馬 33

⑭ 67 兵 66

　쌍방 모두 이 정도의 흐름이 최선일 것이다.

　楚에서 둘 차례인데, 63 楚馬 71 하는 경우, 31 楚士 32 하는 경우, 1 楚車 21 하는 경우가 있으니 잘 연구해 보자. 연구한 만큼 기력은 향상되는 법이다.

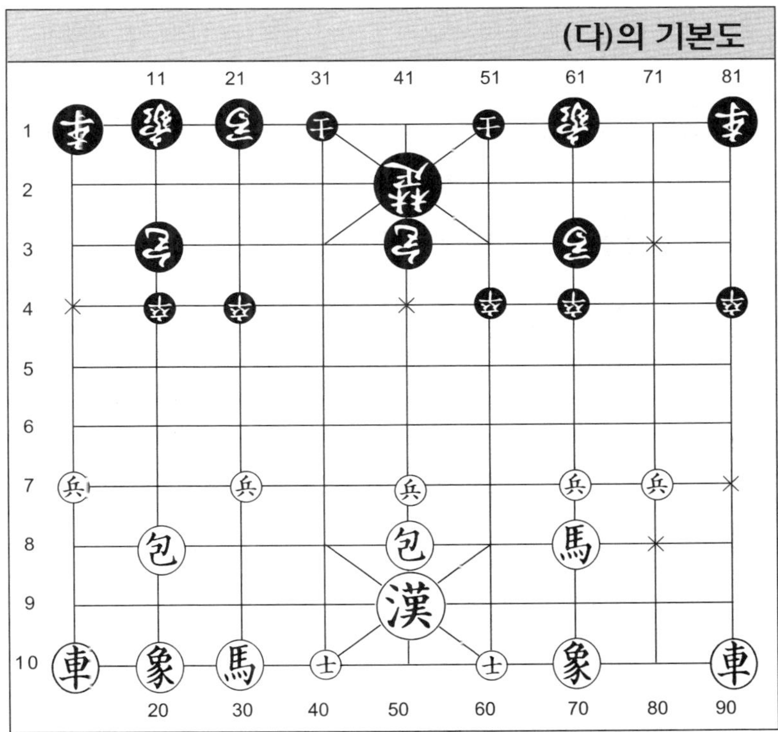

기본도 ㄴ에서, ①부터 ⑦까지 진행된 기보

(다) 47 兵 37로 두는 경우

(다)의 기본도에서 47 兵 37 한
다면 어떤 변화가 있을까?

① 47 兵 37

② 63 楚馬 44

③ 90 漢車 86

④ 84 卒 85

⑤ 86 漢車 66

⑥ 85 卒 75

⑦ 70 漢象 47

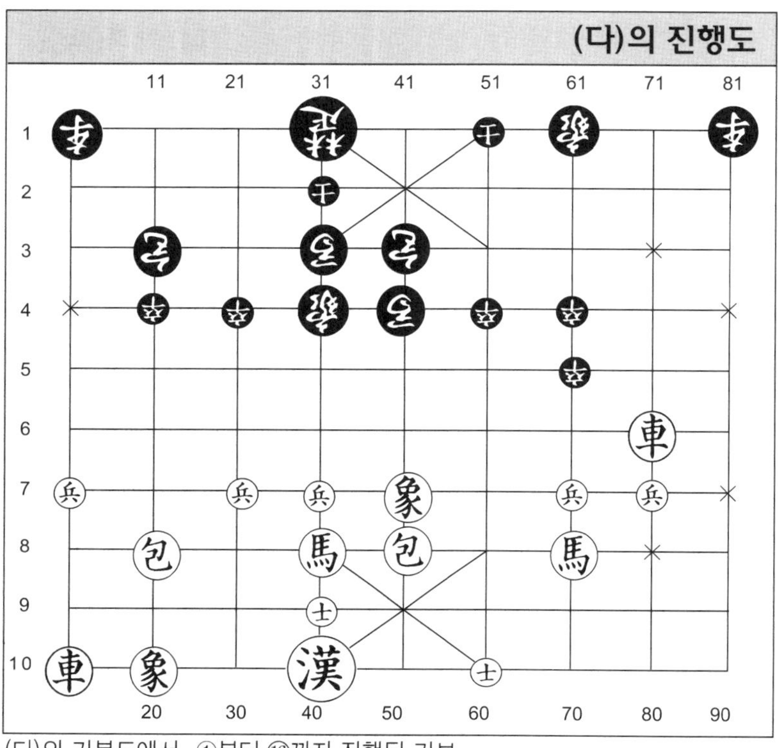

(다)의 기본도에서, ①부터 ⑯까지 진행된 기보

⑧ 75 卒 65

⑨ 66 漢車 76

⑩ 11 楚象 34

⑪ 30 漢馬 38

⑫ 21 楚馬 33

⑬ 40 漢士 39

⑭ 31 楚士 32

⑮ 49 漢將 40

⑯ 42 楚將 31

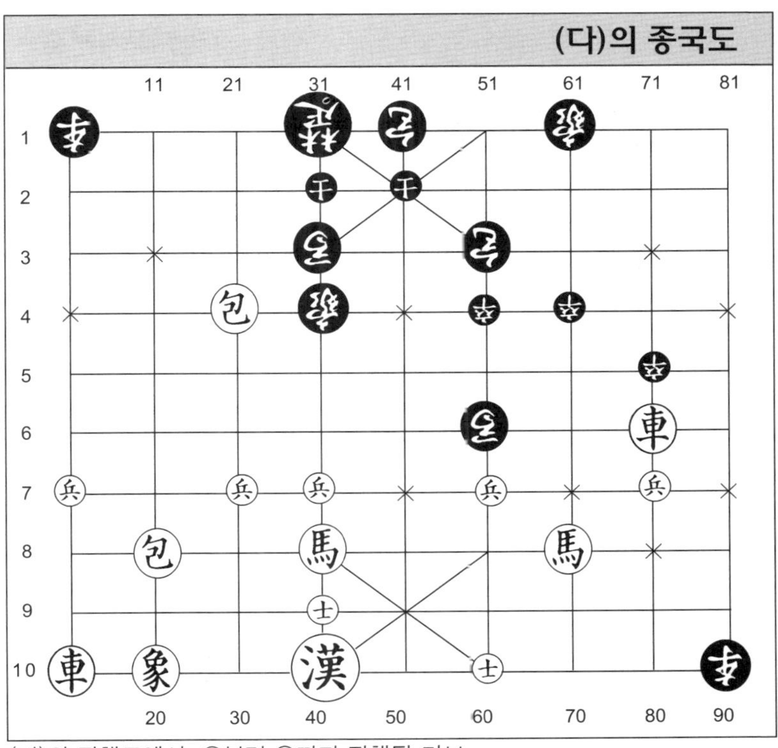

(다)의 진행도에서, ⑰부터 ㉚까지 진행된 기보

⑰ 60 漢士 49

⑱ 51 楚士 42

⑲ 48 漢包 50

⑳ 43 楚包 41

㉑ 50 漢包 30

㉒ 13 楚包 53

㉓ 47 漢象 24 打卒(패인)

㉔ 14 卒 24 打象

㉕ 30 漢包 24 打卒

㉖ 81 楚車 90 장

㉗ 49 漢士 60

㉘ 44 楚馬 56

㉙ 여기서 장고끝에 무심코 67 兵 57 하였다.

㉚ 65 卒 75

　정수는 ㉓에서 76漢車 26 하는 것이었다. 그래서 장기는 두고 나서 후회 말고 두기 전에 한번 더 생각하고 두어야 한다.

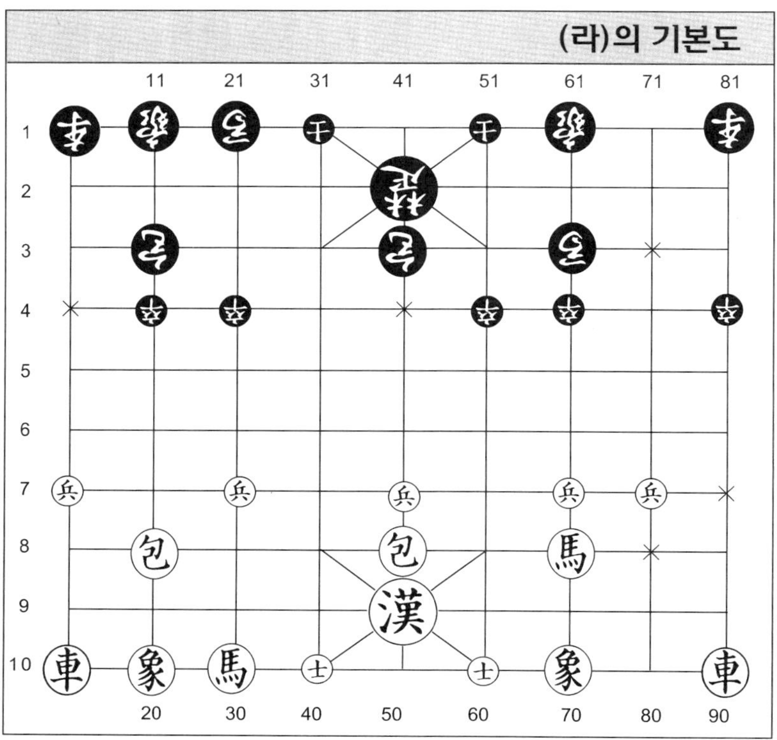

기본도 4에서, ①부터 ⑦까지 진행된 기보

(라) 27 兵 26으로 두는 경우

① 27 兵 26

② 81 楚車 71

③ 90 漢車 86

④ 61 楚象 44

⑤ 86 漢車 56

⑥ 이번 역시 54 卒 55하였다.

⑦ 이번에는 56 漢車 66하였다.

⑧ 64 卒 65

⑨ 66 漢車 76

⑩ 71 楚車 76 打車

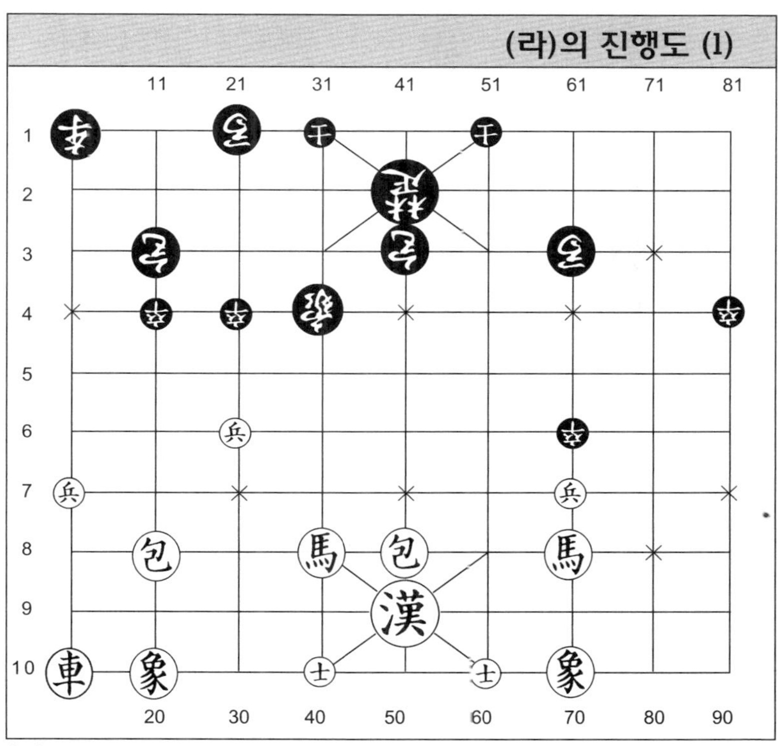

(라)의 기본도에서, ①부터 ⑳까지 진행된 기보

⑪ 77 兵 76 打車

⑫ 44 楚象 67 打兵

⑬ 47 兵 57

⑭ 11 楚象 34

⑮ 57 兵 67 打象

⑯ 55 卒 56

⑰ 30 漢馬 38

⑱ 65 卒 66

⑲ 76 兵 66 打卒

⑳ 56 卒 56 打兵

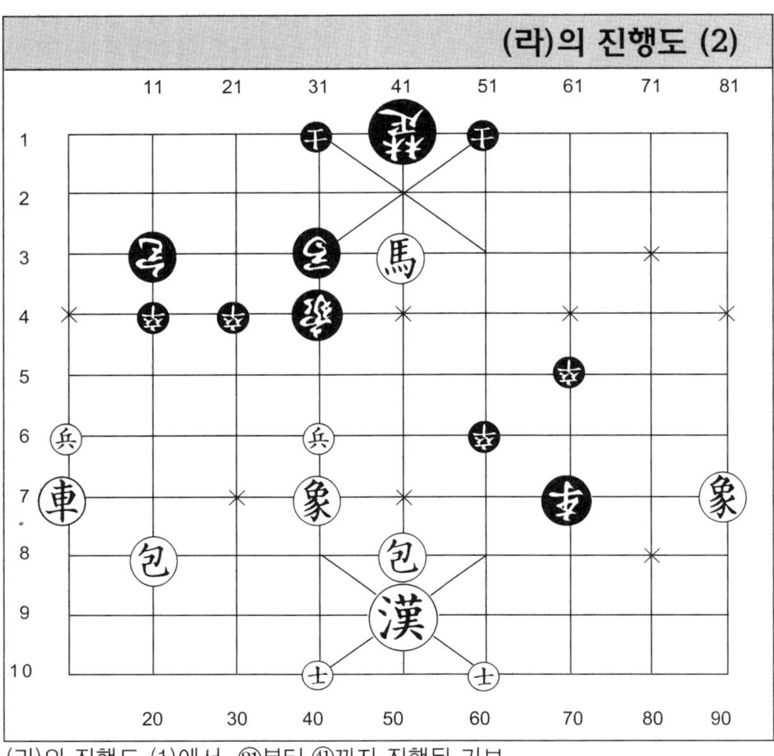

(라)의 진행도 (1)에서, ㉑부터 ㊶까지 진행된 기보

㉑ 38 漢馬 46

㉒ 66 卒 56

㉓ 46 漢馬 54 장

㉔ 42 楚將 41

㉕ 20 漢象 37

㉖ 1 楚車 2

㉗ 7 兵 6

㉘ 84 卒 74

㉙ 70 漢象 87

㉚ 63 楚馬 75

㉛ 54 漢馬 75 打馬

㉜ 74 卒 75 打馬

㉝ 10 漢車 7

㉞ 2 楚車 62

㉟ 68 漢馬 47

㊱ 62 楚車 67 打兵

㊲ 47 漢馬 55

㊳ 21 楚馬 33

㊴ 26 兵 36

㊵ 75 卒 65

㊶ 55 漢馬 43 打包 장

(라)의 진행도 (3)

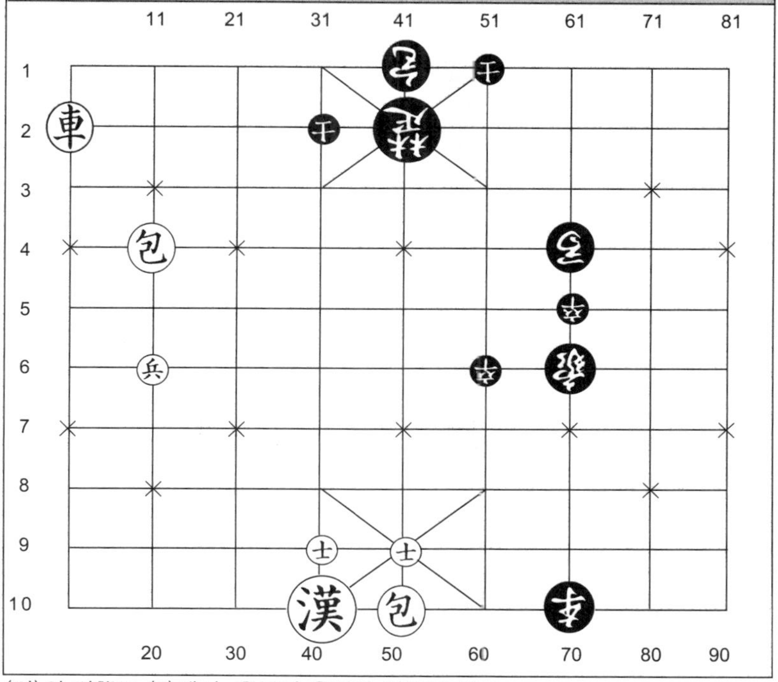

(라)의 진항도 (2)에서, ㊷부터 (61)까지 진행된 기코

㊷ 13 楚包 43 打馬

㊸ 87 漢象 64 장

㊹ 41 楚將 42

㊺ 40 漢士 39

㊻ 34 楚象 66

㊼ 49 漢將 40

㊽ 33 楚馬 45

㊾ 36 兵 46

㊿ 43 楚包 46 打兵

(51) 6 兵 16

(52) 45 楚馬 64 打象

(53) 7 漢車 2 장

(54) 31 楚士 32

(55) 37 漢象 14 打卒

(56) 24 卒 14 打象

(57) 18 漢包 14 打卒

(58) 46 楚包 41

(59) 60 漢士 49

(60) 67 楚車 70 장

(61) 48 漢包 50 장군

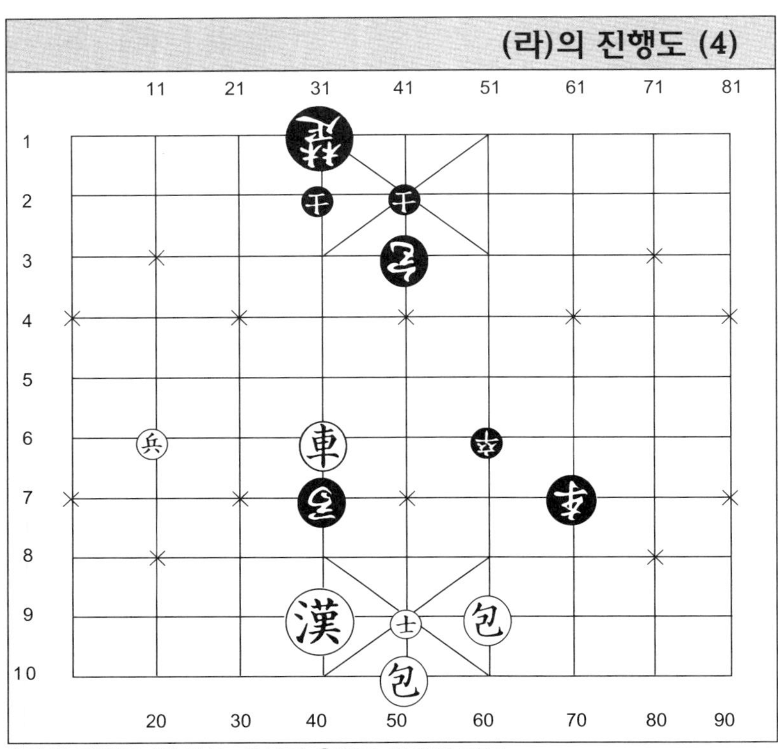

(라)의 진행도 (3)에서, ㉒부터 ㉓까지 진행된 기보

㉒ 41 楚包 43

㉓ 39 漢士 38

㉔ 51 楚士 41

㉕ 14 漢包 19

㉖ 64 楚馬 45

㉗ 19 漢包 12 장

㉘ 42 楚將 51

㉙ 12 漢包 19

㉚ 41 楚士 42

㉛ 2 漢車 5

㉜ 65 卒 55

㉝ 19 漢包 59

㉞ 66 楚象 49 打士

㉟ 38 漢士 49 打象

㊱ 45 楚馬 37

㊲ 5 漢車 55 打卒 장

㊳ 51 楚將 41

㊴ 40 漢將 39

㊵ 41 楚將 31

㊶ 55 漢車 35

㊷ 70 楚車 67

㊸ 35 漢車 36

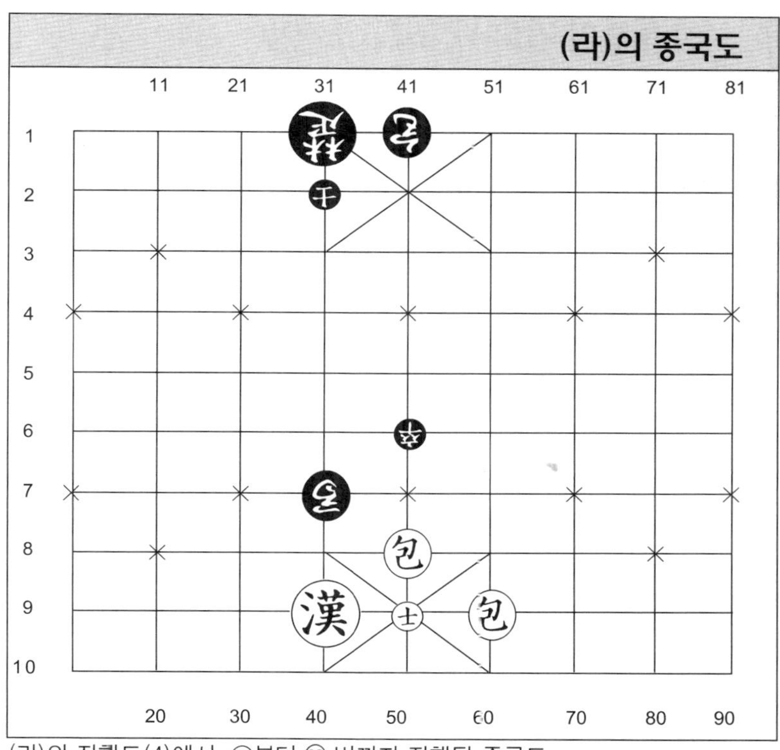

(라)의 진행도(4)에서, ⑧부터 ㉓ 번까지 진행된 종국도

⑧ 43 楚包 41

⑧ 50 漢包 48

⑧ 56 卒 46

⑧ 36 漢亘 34

⑧ 37 楚馬 16 打兵

⑧ 48 漢包 42 打士

⑨ 67 楚車 37 장

㉑ 34 漢車 37 打車

㉒ 16 楚馬 37 打車

㉓ 42 漢包 48 하여 빅국이다.

楚包로 漢士를 잡을 수 있으면 勝算이 있으나 包士 대 하기는 어려울 것이다.

6. 최신유행의 귀馬 대 귀馬 포진법

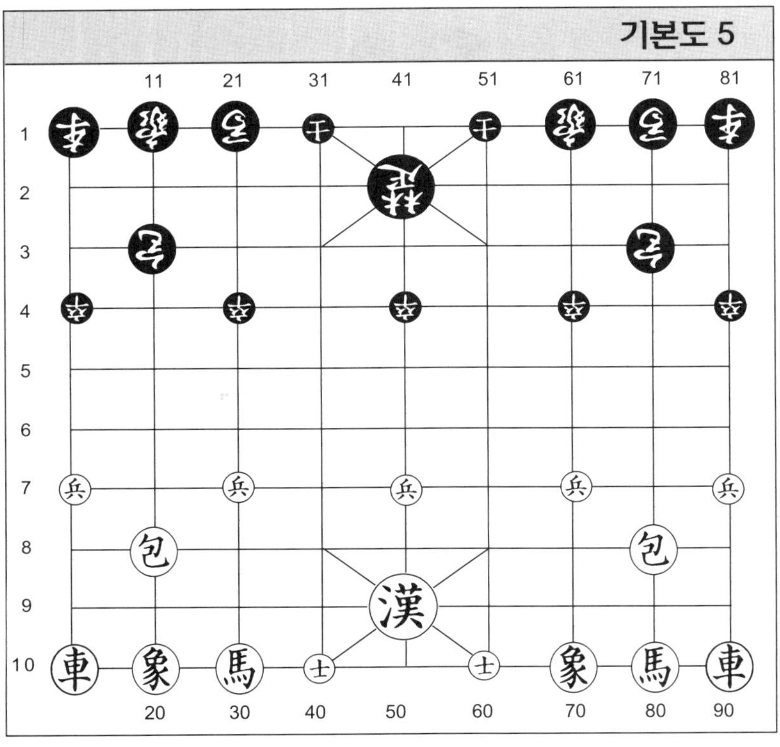

① 4 卒 14
② 87 兵 77
③ 71 楚馬 63
④ 80 漢馬 68
⑤ 73 楚包 43
⑥ 78 漢包 48
⑦ 44 卒 54
⑧ 30 漢馬 38
⑨ 61 楚象 44
⑩ 47 兵 37
⑪ 21 楚馬 33
⑫ 70 漢象 47
⑬ 24 卒 25

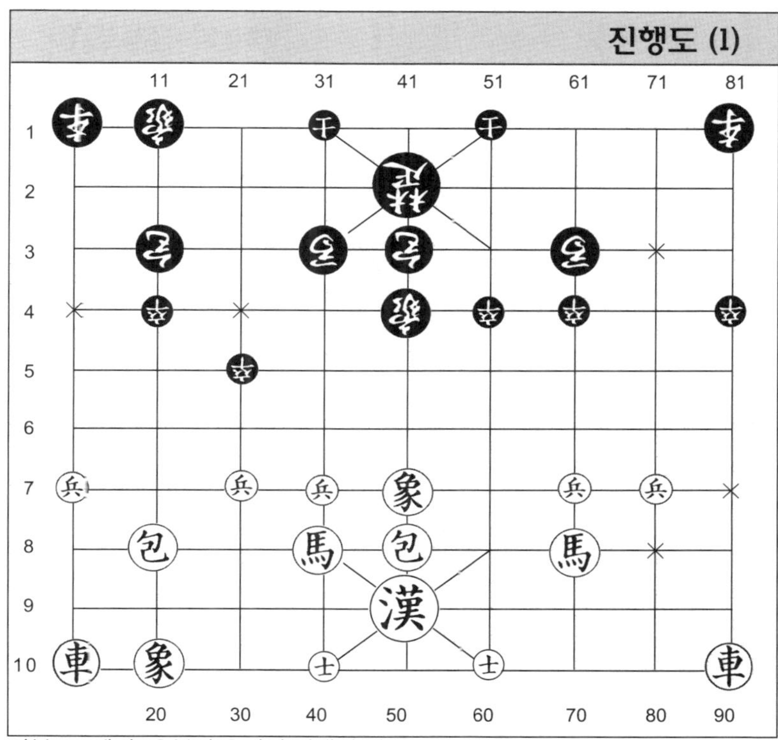

기본도 5에서, ①부터 ⑬까지 진행된 기보

　　여기서 漢이 둘 차례인데 응수
방법이,
　　(가) 90 漢車 86 하는 경우
　　(나) 40 漢士 39 하는 경우
　　(다) 37 兵 36 하는 경우
　　(라) 49 漢將 50 하는 경우가 있
다. 항목별로 변화의 수를 검토해
보기로 한다.

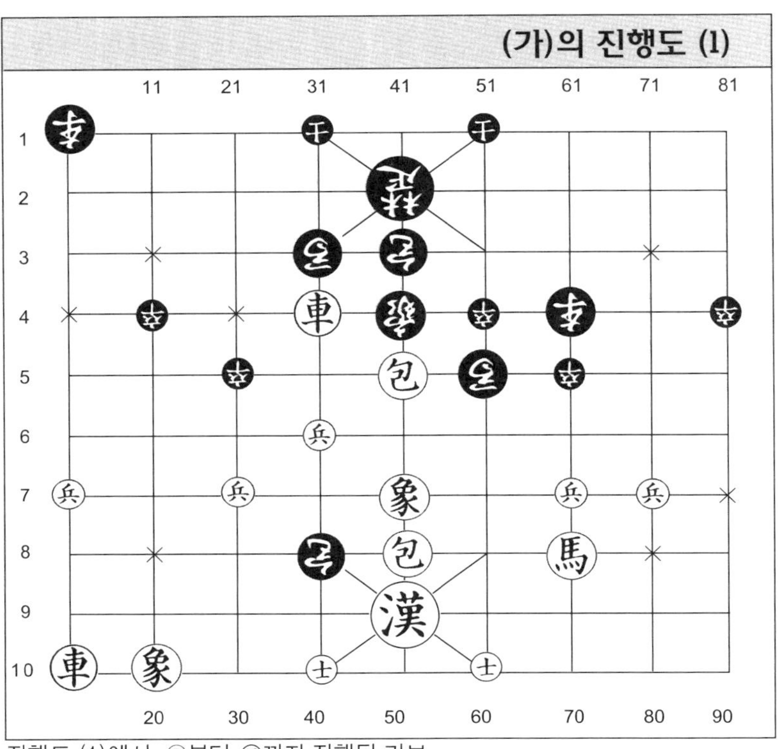

진행도 (1)에서, ①부터 ⑱까지 진행된 기보

(가) 90 漢車 86으로 두는 경우

앞의 진행도에 이어서,

① 90 漢車 86

② 81 楚車 71

③ 86 漢車 66

④ 11 楚象 34

⑤ 66 漢車 36

⑥ 64 卒 65

⑦ 36 漢車 56으로 가면 좋을 것 같으나 63 楚馬 55 하면 별로다. 그래서 36 漢車 34 打象 하였다.

⑧ 63 楚馬 55

⑨ 48 漢包 45

⑩ 13 楚包 15

⑪ 18 漢包 58

⑫ 71 楚車 74

⑬ 58 漢包 78

⑭ 74 楚車 64

⑮ 78 漢包 48

⑯ 15 楚包 35

⑰ 37 兵 36

⑱ 35 楚包 38 打馬

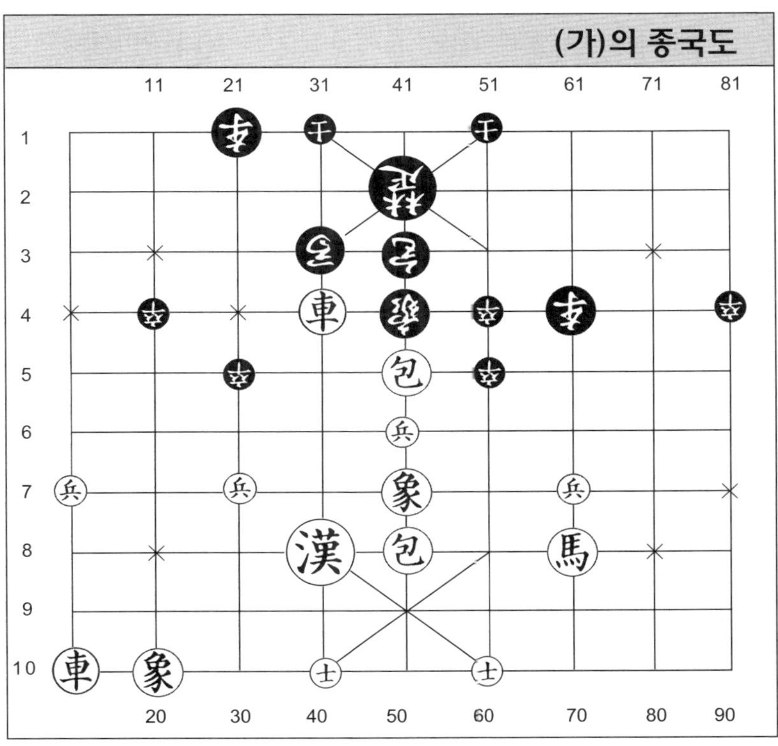

(가)의 진행도 (1)에서, ⑲부터 ㉔까지 진행된 기보

⑲ 49 漢將 38 打包

⑳ 1 楚車 21

㉑ 여기서 漢車가 위험하니까 36 兵을 46 하였다.

㉒ 55 楚馬 67 打兵

㉓ 이때 漢에서는 빅수 상수라고 정수가 34 漢車 33 打馬 장하여 비기는 게 정수인데, 만약 단판 승부 공식대회 장기라면 기물 (棋物)점수가 30점 이하일 경우 에만 비길 수 있지 30점 이상일 경우는 비기려 들지 못하는 것 이다. 그래서 할 수 없이 77 兵 67 打馬 한다.

㉔ 65 卒 55 하면 漢이 둘 차례인 데, 만약 대회 장기라면 漢에서 기물 점수가 1.5 공제받는 것까 지 합치면 9.5가 더 많다. 그러 나 위치가 전부 우형이 되어서 楚한테 그리 쉽지만은 않다.

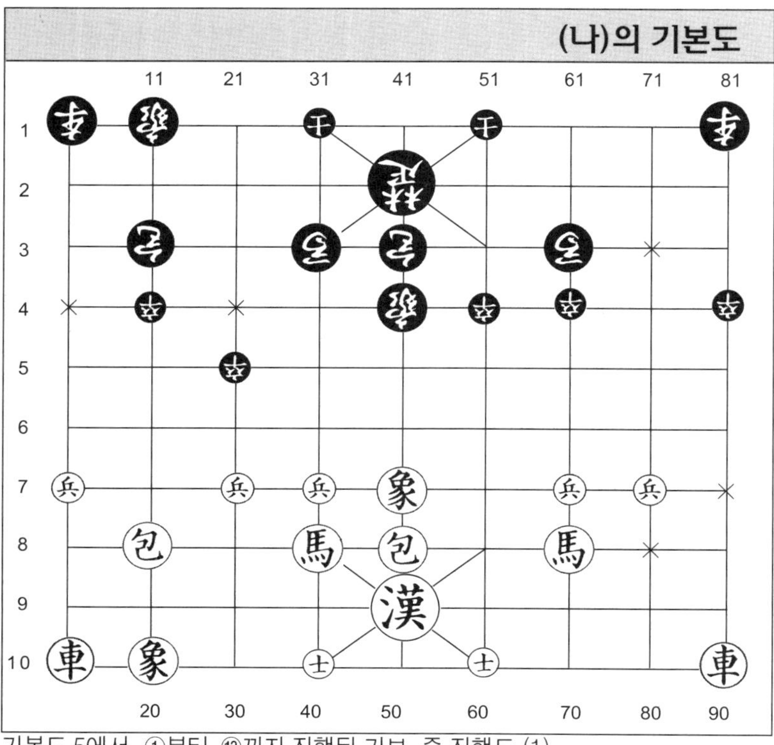

기본도 5에서, ①부터 ⑬까지 진행된 기보. 즉 진행도 (1)

(나) 40 漢士 39로 두는 경우

漢이 둘 차례이다.

① 40 漢士 39
② 31 楚士 32
③ 90 漢車 86
④ 64 卒 65
⑤ 86 漢車 56
⑥ 63 楚馬 55
⑦ 49 漢將 40
⑧ 51 楚士 52
⑨ 60 漢士 49
⑩ 1 楚車 2
⑪ 48 漢包 50
⑫ 84 卒 74
⑬ 50 漢包 30
⑭ 11 楚象 34
⑮ 18 漢包 58
⑯ 74 卒 64
⑰ 7 兵 17
⑱ 2 楚車 10 打車
⑲ 30 漢包 10 打車

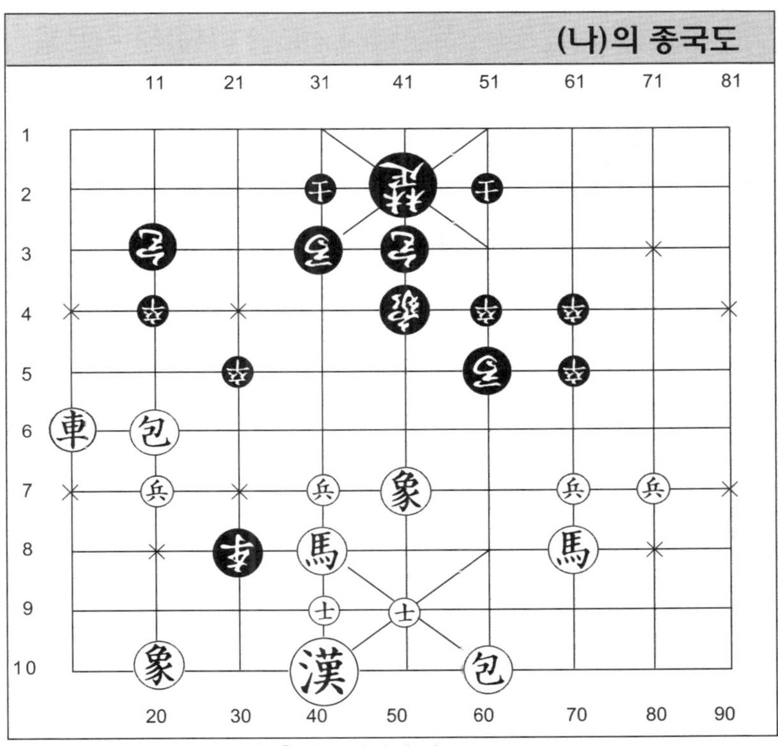

(나)의 기본도에서, ①부터 ㉜까지 진행된 기보

⑳ 81 楚車 1

㉑ 10 漢包 30

㉒ 13 楚包 15

㉓ 58 漢包 18

㉔ 34 楚象 17 打兵

㉕ 27 兵 17 打象

㉖ 1 楚車 9

㉗ 30 漢包 60

㉘ 9 楚車 29

㉙ 56 漢車 6

㉚ 29 楚車 28

㉛ 18 漢包 16

㉜ 15 楚包 13

여기서 漢이 둘 차례이다. 점수로는 楚한테 1.5점을 받으니까 현재 2.5점이 더 많은 셈이다. 그러나 형태가 우형이 되어서 대회 장기라면 고전이 예상된다.

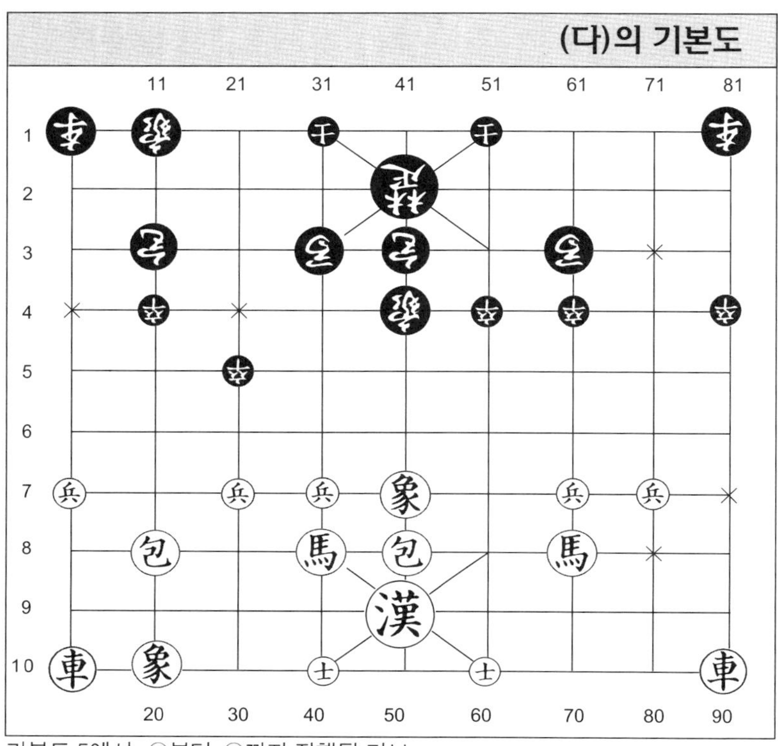

기본도 5에서, ①부터 ⑬까지 진행된 기보

(다) 37 兵 36으로 두는 경우

① 37 兵 36

② 1 楚車 4

③ 27 兵 26

④ 14 卒 15

⑤ 26 兵 25 打卒

⑥ 15 卒 25 打兵

⑦ 20 漢象 37

⑧ 11 楚象 34

⑨ 40 漢士 39

⑩ 44 楚象 67 打兵

⑪ 77 兵 67 打象

⑫ 63 楚馬 44

⑬ 90 漢車 86

⑭ 31 楚士 32

⑮ 49 漢將 40

⑯ 51 楚士 52

⑰ 48 漢包 44 打馬

⑱ 54 卒 44 打包

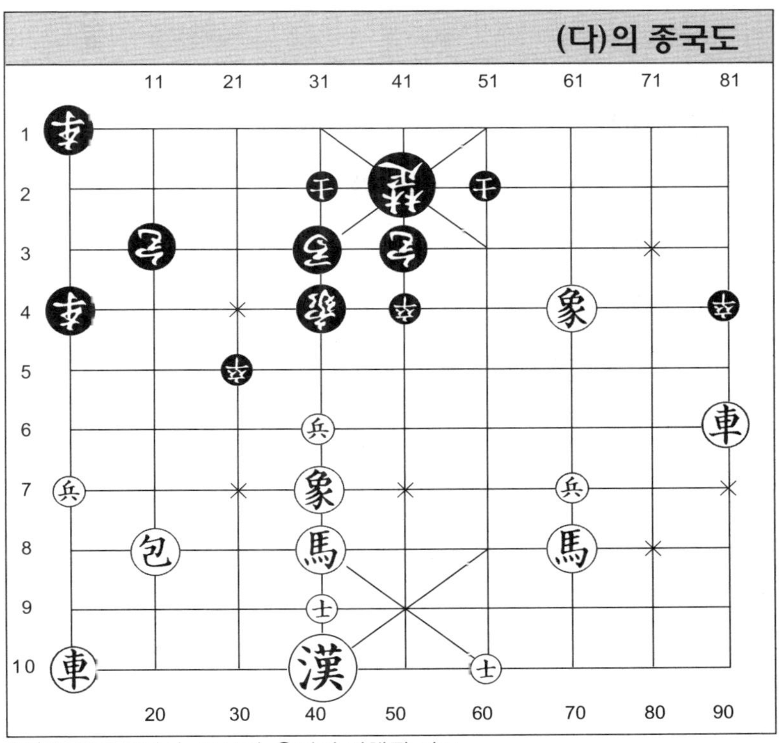

(다)의 기본도에서, ①부터 ⑳까지 진행된 기보

⑲ 47 漢象 64 打卒

⑳ 81 楚車 1 하면

　漢에서 둘 차례이긴 하나 짜임새
가 우형이 되어서 漢의 고전이 예
상된다.

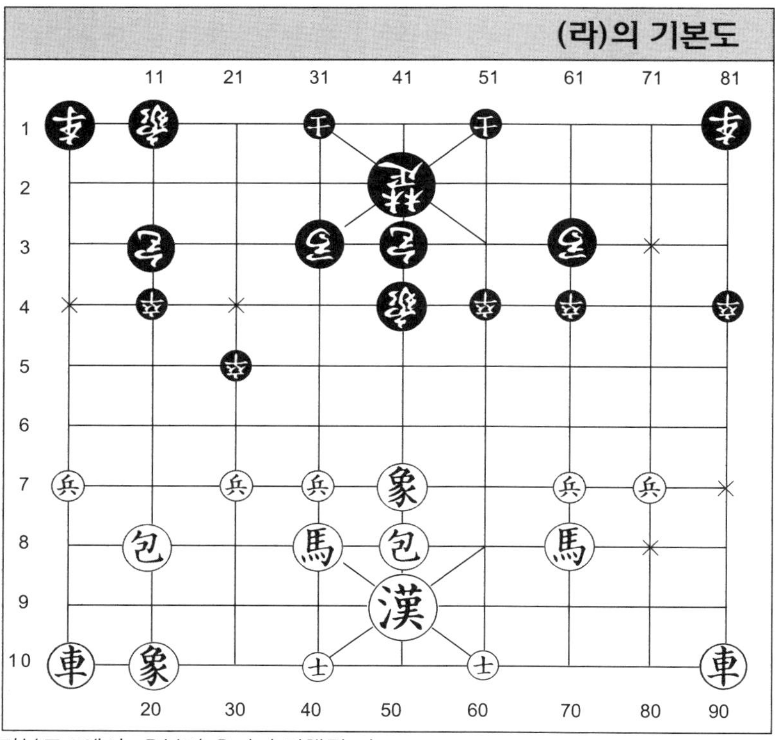

기본도 5에서, ①부터 ⑬까지 진행된 기보

(라) 49 漢將 50으로 두는 경우

漢이 둘 차례이다.

① 49 漢將 50

② 13 楚包 15

③ 90 漢車 89 한 것은 9로 갈 목적
  이었다.

④ 15 楚包 65

⑤ 여기서 漢에서는 車로 馬를 지
  키는 수와 馬가 피하는 수가 있
  는데 그렇게 안 두고, 67 兵 57
  한다면,

⑥ 11 楚象 34

⑦ 57 兵 56

⑧ 81 楚車 71

⑨ 77 兵 76

⑩ 65 楚包 70 장

⑪ 60 漢士 49

⑫ 70 楚包 67

⑬ 89 漢車 87

⑭ 44 楚象 27 打兵 장

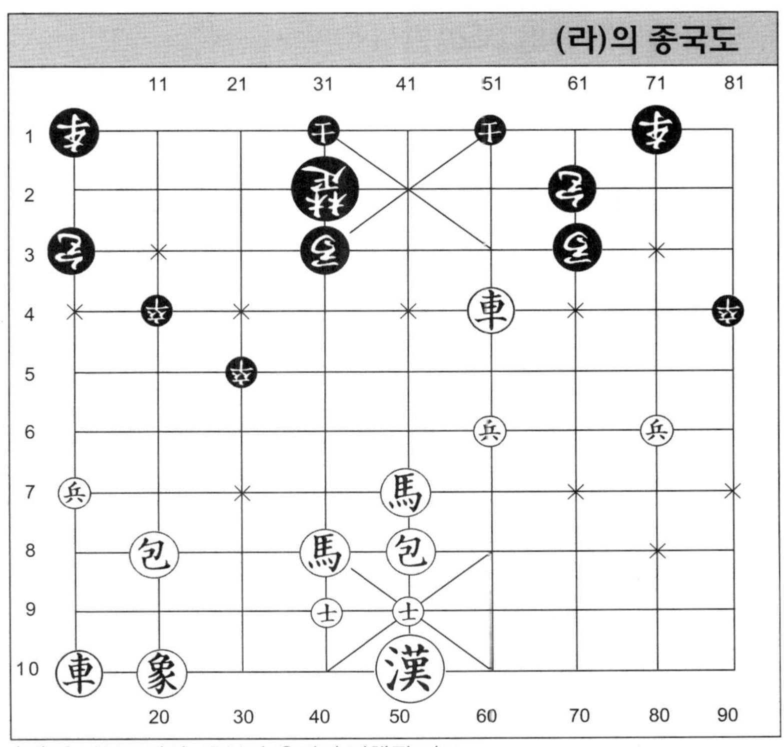

(라)의 기본도에서, ①부터 ㉘까지 진행된 기보

⑮ 37 兵 27 打象

⑯ 67 楚包 27 打兵

⑰ 47 漢象 64 打卒

⑱ 27 楚包 22

⑲ 40 漢士 39

⑳ 54 卒 64 打象

㉑ 87 漢車 37

㉒ 64 卒 54

㉓ 37 漢車 34 打象

㉔ 22 楚包 62

㉕ 34 漢車 54 打卒 할 경우

㉖ 43 楚包 3

㉗ 68 漢馬 47 장

㉘ 42 楚將 32 하면 양 車 중 하나
가 죽게 되어 漢이 패하게 된다.
㉕에서 34 漢車 54 打卒 한 것이
패인이다.

7. 원앙馬 대 귀馬 포진법(1) (원앙馬 선수)

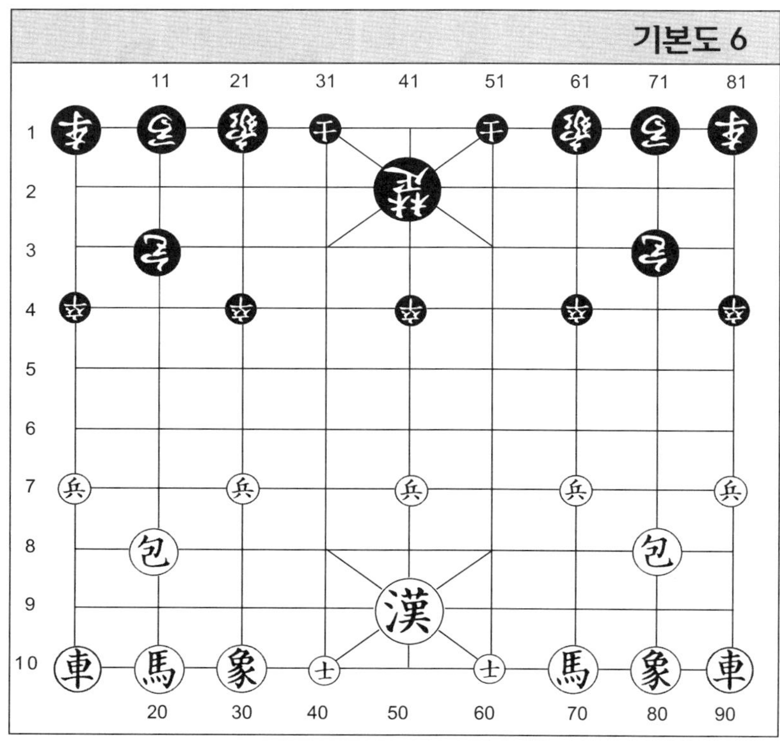

① 4 卒 14
② 20 漢馬 28
③ 11 楚馬 23
④ 18 漢包 48
⑤ 13 楚包 43
⑥ 87 兵 77
⑦ 71 楚馬 63
⑧ 47 兵 37
⑨ 44 卒 54

⑩ 10 漢車 20
⑪ 1 楚車 5
⑫ 30 漢象 47
⑬ 21 楚象 44
⑭ 47 漢象 24 打卒
⑮ 44 楚象 67 打兵

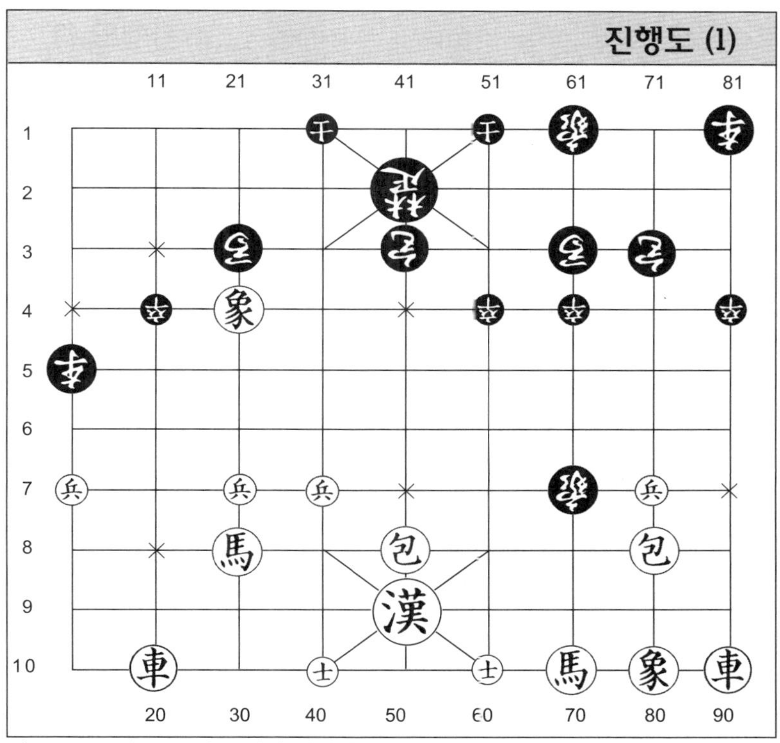

기본도 6에서, ①부터 ⑮까지 진행된 기보

　여기서 보통 77 兵 67 打象 할텐데
특이하게 90 漢車 86하였다.
　어떤 변화가 있는지 검토해 보기
로 한다.

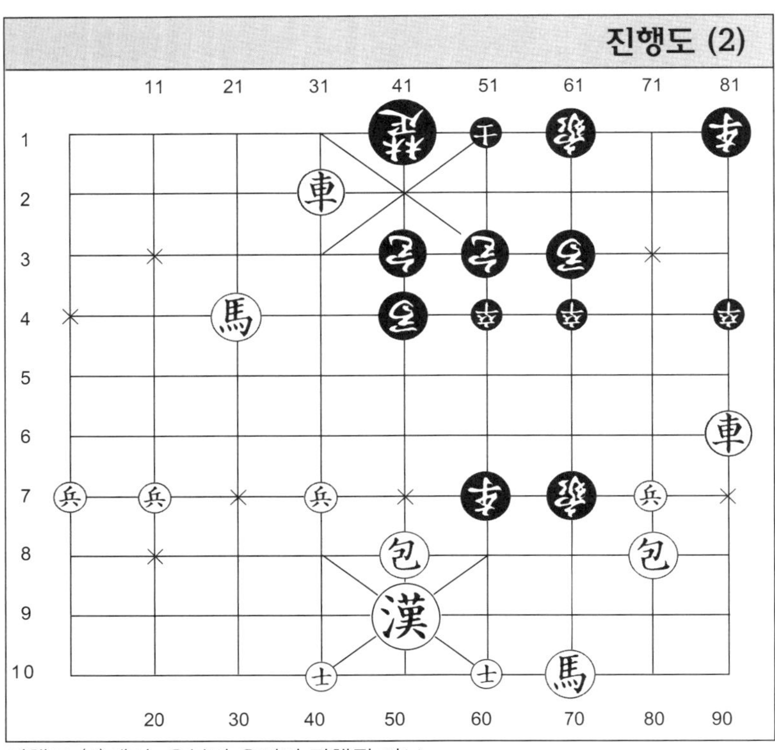

진행도 (1)에서, ①부터 ⑭까지 진행된 기보

① 90 漢車 86

② 14 卒 24 打象

③ 20 漢車 12 장

④ 31 楚士 32

⑤ 80 漢象 57

⑥ 23 楚馬 44

⑦ 여기서도 특이하게 27 兵 17 하
   였다.

⑧ 73 楚包 53

⑨ 28 漢馬 16

⑩ 공격이 때로는 방어일 수도 있
   다 하고 5 車 55 하였다.

⑪ 16 漢馬 24 打卒

⑫ 55 楚車 57 打象

⑬ 12 漢車 32 打士 장

⑭ 42 楚將 41

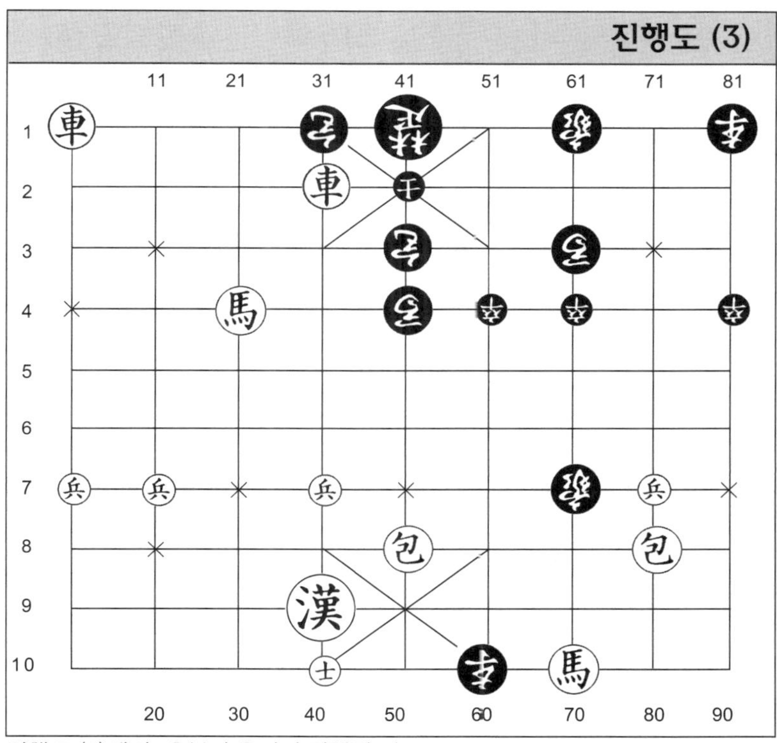

진행도 (2)에서, ①부터 ⑥까지 진행된 기보

　여기서 漢이 둘 차례인데 성급히
이겨 볼 다음으로 86 漢車 6 하였
다.

① 86 漢車 6

② 57 楚車 60 打士 장

③ 49 漢將 39

④ 51 楚士 42

⑤ 6 漢車 1 장

⑥ 53 楚包 31

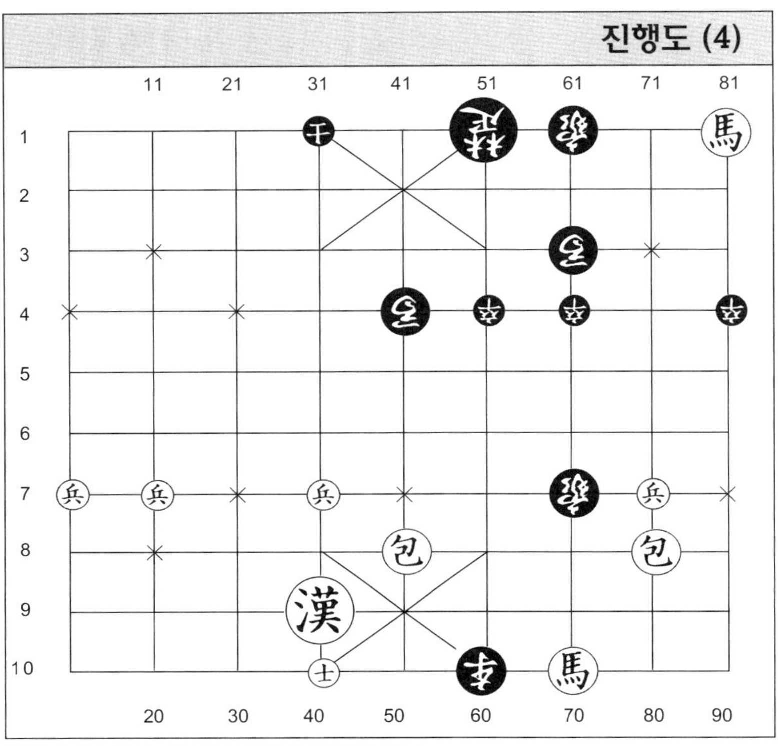

진행도 (3)에서, ①부터 ⑧까지 진행된 기보

여기서 漢이 둘 차례인데, 한 수 잘 두고 못 두는 데 승패의 국면이 나온다.

만약 24 漢馬로 43 打包 하면,

① 24 漢馬 43 打包

② 42 楚士 32 打車

③ 43 漢馬 62 장

④ 41 楚將 51

⑤ 62 漢馬 81 打車

⑥ 32 楚士 42 장

⑦ 1 漢車 31 打包 장 아니할 수가 없다.

⑧ 42 楚士 31 打車 하여 漢이 둘 차례인데 조각상으로 漢이 패하게 되어 있다.

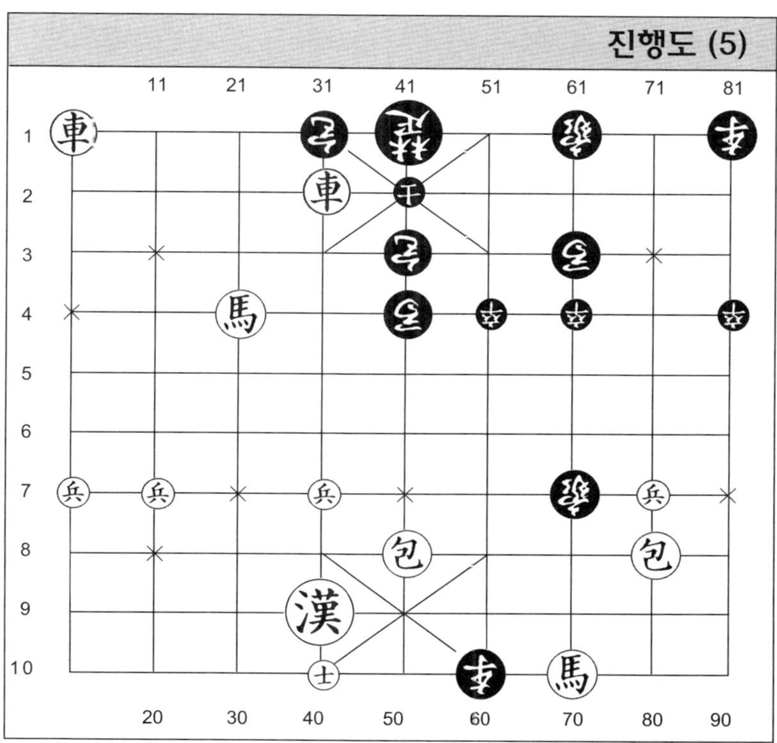

진행도 (3)의 기보

여기서 漢이 둘 차례인데, 앞에서는 24 漢馬로 43 打包 하여 패하고 말았는데, 이번에는 32 漢車로 31 打包 장하였다.

① 32 漢亘 31 打包 장

② 42 楚士 31 打車

③ 24 漢馬 43 打包

④ 응수방법이 63楚馬 42 하느냐 41 楚將 42 하느냐이다. 41 楚將이 42 하면

⑤ 1 漢車 31 打士 장

⑥ 42 楚將 52

⑦ 31 漢車 32 장

⑧ 63 楚馬 42 하면 43 漢馬 64 打卒 장 하여 패하게 되고, 할 수 없이 52 楚將 53 한다.

⑨ 78 漢包 73 장

⑩ 63 楚馬 71

⑪ 32 漢車 31 장

⑫ 53 楚將 52

⑬ 31 漢車 51 장 하면 이긴다.

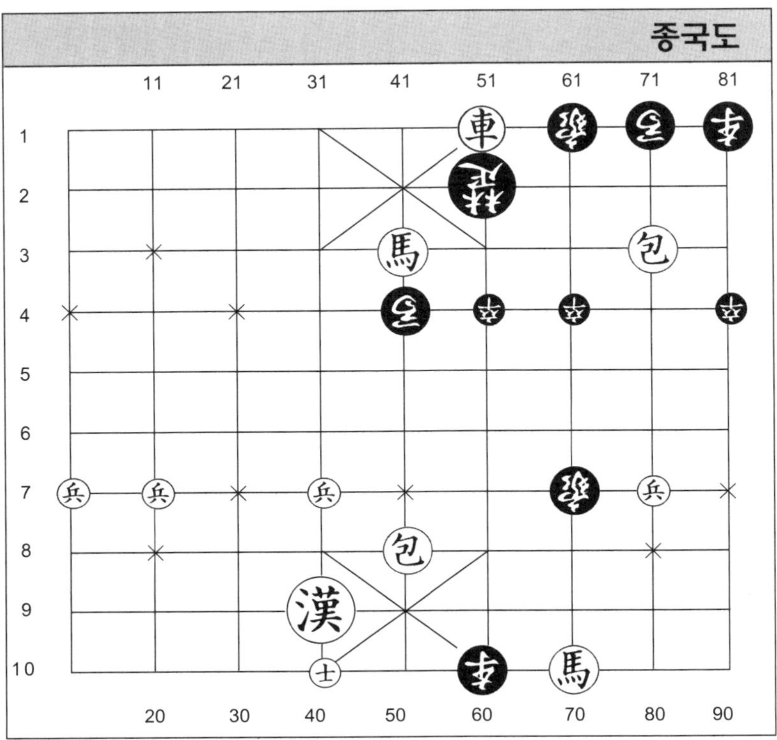

진행도 (5)에서, ①부터 ⑬까지 진행된 기
보

　아는 길도 물어 가면 찾기가 쉬
운 법, 장기 포진도 열 번이고 스무
번이고 여러 번 연습을 하면 기량
이 향상되는 법이다.

8. 원앙馬 대 귀馬 포진법(2) (원앙馬 선수)

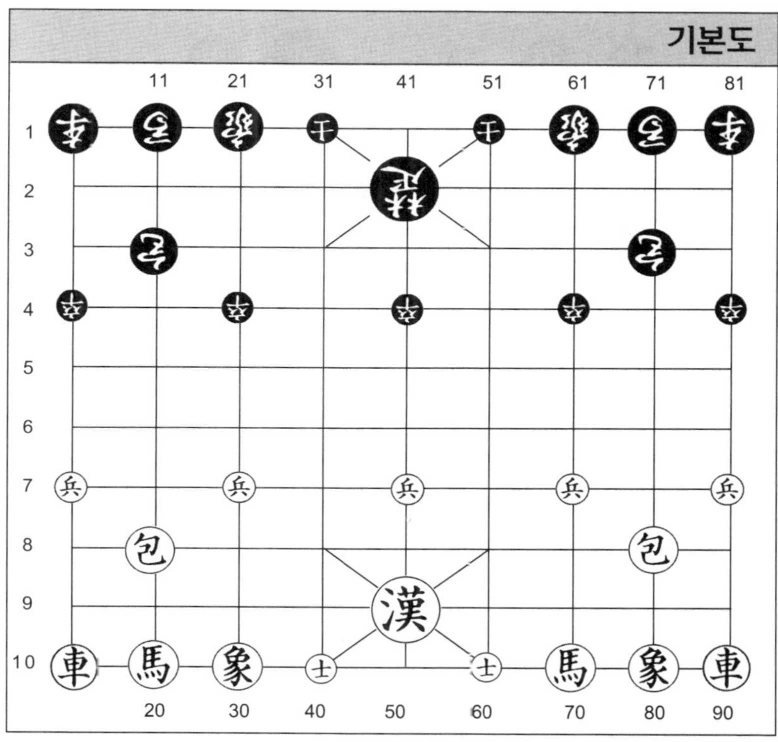

① 4 卒 14

② 20 漢馬 28

③ 11 楚馬 23

④ 18 漢包 48

⑤ 13 楚包 43

⑥ 87 兵 77

⑦ 71 楚馬 63

⑧ 47 兵 37

⑨ 44 卒 54

⑩ 10 漢車 20

⑪ 23 楚馬 44

⑫ 30 漢象 47

⑬ 81 楚車 82

⑭ 20 漢車 16

⑮ 54 卒 55

⑯ 16 漢車 76

⑰ 42 楚將 52

⑱ 48 漢包 46

⑲ 51 楚士 42

⑳ 78 漢包 8

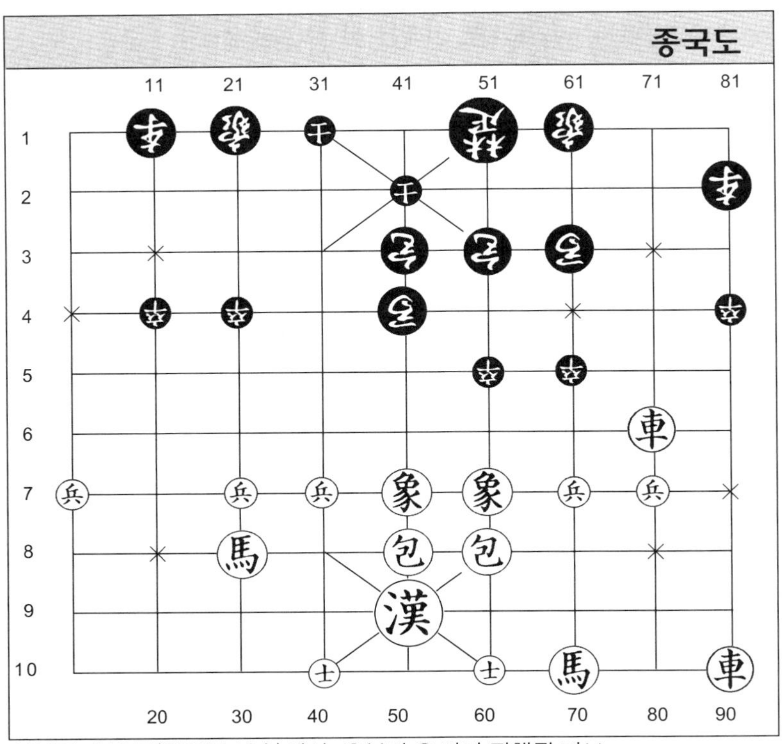

원앙馬 대 귀馬(원앙馬 선수)에서, ①부터 ㉗까지 진행된 기보

㉑ 1 楚車 11

㉒ 8 漢包 58 장

㉓ 73 楚包 53

㉔ 46 漢包 48

㉕ 52 楚將 51

㉖ 80 漢象 57

㉗ 64 卒 65

9. 원앙馬 대 귀馬 포진법(3) (원앙馬 선수)

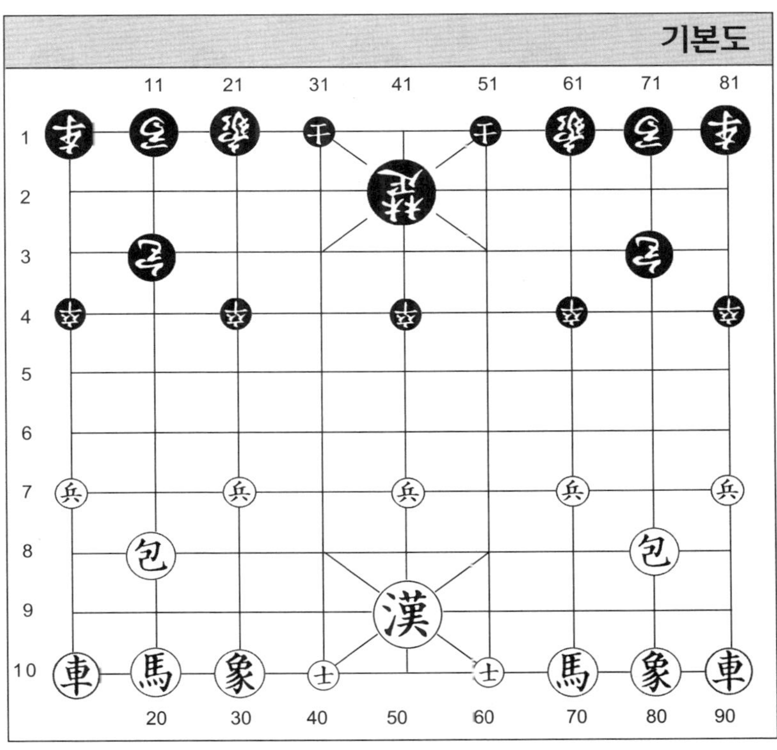

① 4 卒 14
② 20 漢馬 28
③ 11 楚馬 23
④ 18 漢包 48
⑤ 13 楚包 43
⑥ 87 兵 77
⑦ 71 楚馬 63
⑧ 47 兵 37
⑨ 44 卒 54
⑩ 10 漢車 20

⑪ 61 楚象 44
⑫ 67 兵 57
⑬ 73 楚包 53
⑭ 90 漢車 89
⑮ 1 楚車 5
⑯ 37 兵 36
⑰ 5 楚車 65
⑱ 70 漢馬 58
⑲ 42 楚將 41
⑳ 49 漢將 50

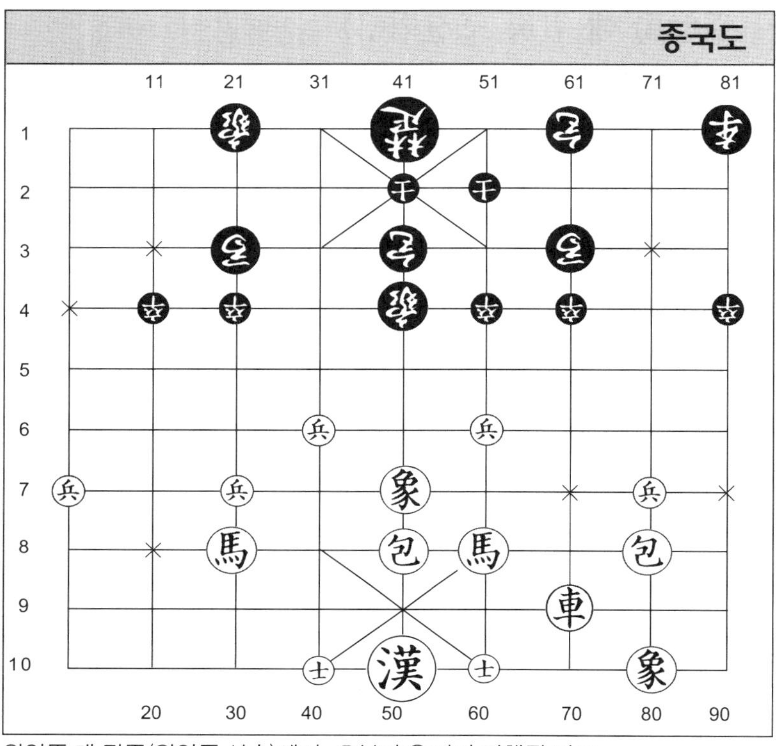

원앙馬 대 귀馬(원앙馬 선수)에서, ①부터 ㉚까지 진행된 기보

㉑ 31 楚士 42

㉒ 20 漢車 19

㉓ 53 楚包 31

㉔ 30 漢象 47

㉕ 51 楚士 52

㉖ 19 漢車 69

㉗ 65 楚車 69 打車

㉘ 89 漢車 69 打車

㉙ 31 楚包 61

㉚ 57 兵 56

10. 귀馬 대 원앙馬 포진법(1) (귀馬 선수)

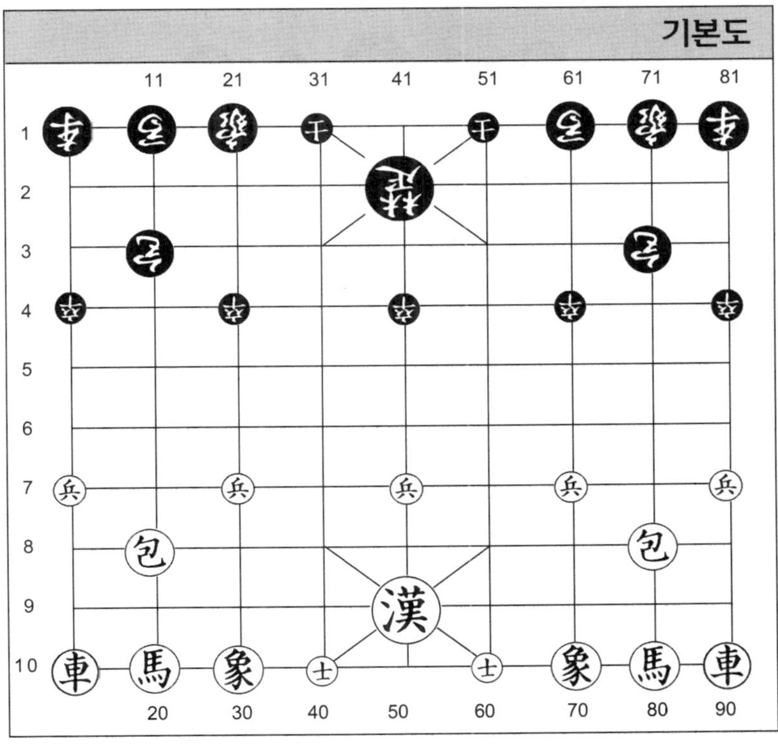

① 4 卒 14
② 20 漢馬 28
③ 11 楚馬 23
④ 18 漢包 48
⑤ 13 楚包 43
⑥ 87 兵 77
⑦ 71 楚象 54
⑧ 77 兵 76
⑨ 64 卒 65
⑩ 80 漢馬 68
⑪ 81 楚車 82
⑫ 47 兵 57
⑬ 42 楚將 41
⑭ 78 漢包 58
⑮ 1 楚車 2
⑯ 40 漢士 39
⑰ 84 卒 74
⑱ 90 漢車 82 打車
⑲ 2 楚車 82 打車
⑳ 67 兵 66

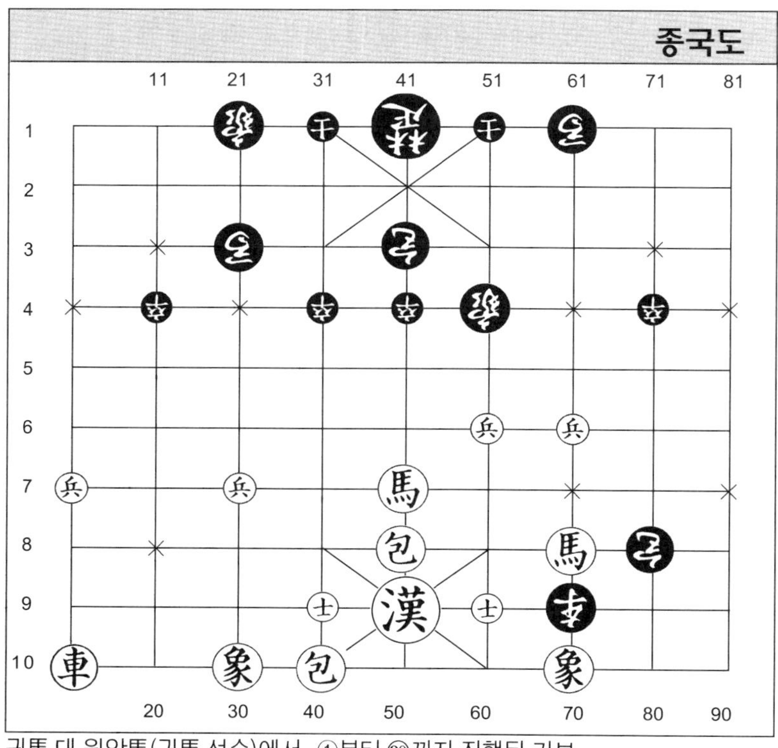

귀馬 대 원앙馬(귀馬 선수)에서, ①부터 ㉚까지 진행된 기보

㉑ 65 卒 66 打兵

㉒ 76 兵 66 打卒

㉓ 73 楚包 78

㉔ 28 漢馬 47

㉕ 82 楚車 89 장

㉖ 60 漢士 59

㉗ 89 楚車 69

㉘ 57 兵 56

㉙ 24 卒 34

㉚ 58 漢包 40

11. 귀馬 대 원앙馬 포진법(2) (귀馬 선수)

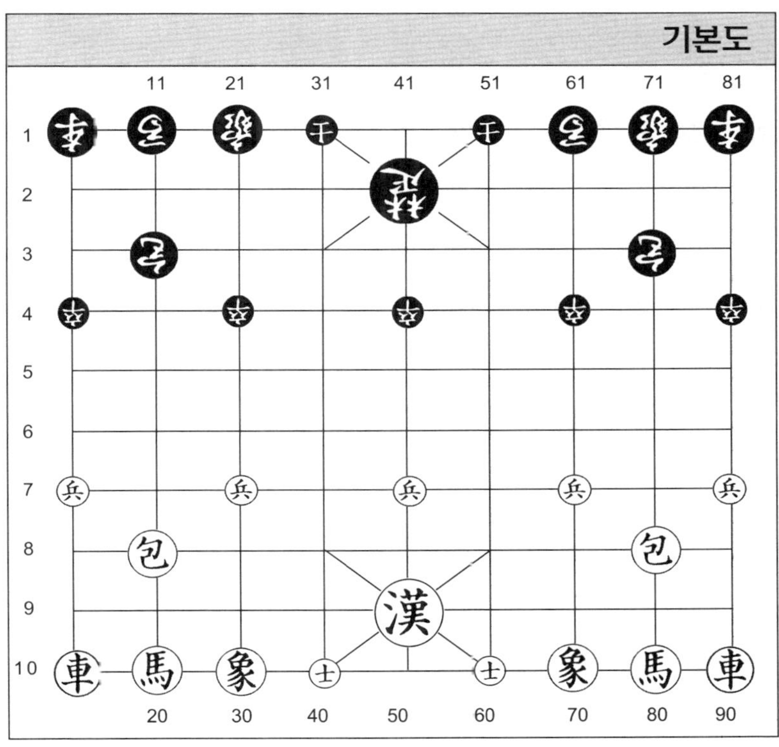

① 4 卒 14　　⑪ 61 楚馬 53　　㉑ 84 卒 74

② 20 漢馬 28　　⑫ 47 兵 57　　㉒ 70 漢象 87

③ 11 楚馬 23　　⑬ 51 楚士 52　　㉓ 4 楚象 27 打兵

④ 18 漢包 48　　⑭ 78 漢包 58　　㉔ 10 漢車 1 打車

⑤ 13 楚包 43　　⑮ 21 楚象 4　　㉕ 81 楚車 1 打車

⑥ 87 兵 77　　⑯ 7 兵 17

⑦ 71 楚象 54　　⑰ 31 楚士 32　　다음 기보를 보세

⑧ 77 兵 76　　⑱ 67 兵 66　　요.

⑨ 64 卒 65　　⑲ 65 卒 66 打兵

⑩ 80 漢馬 68　　⑳ 76 兵 66 打卒

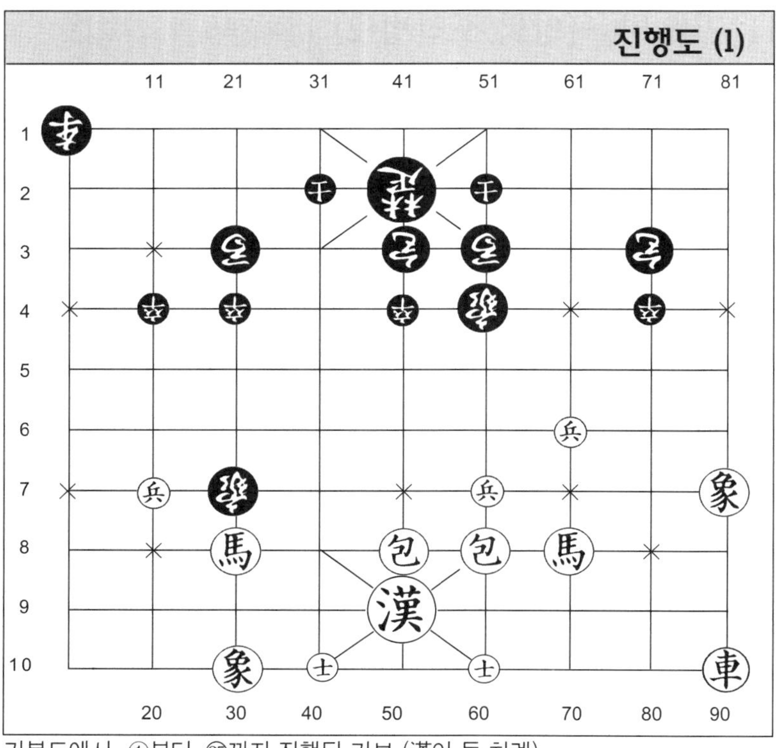

기본도에서, ①부터 ㉕까지 진행된 기보 (漢이 둘 차례)

17 兵 27 打象 하는 수와 30 漢 象 7로 車길을 막는 수가 있다. 그럼 17 兵 27 打象 하는 수로 두어보자.

① 17 兵 27 打象
② 1 楚車 8
③ 28 漢馬 47
④ 24 卒 34
⑤ 48 漢包 50
⑥ 23 楚馬 15
⑦ 27 兵 26
⑧ 44 卒 45
⑨ 49 漢將 59
⑩ 43 楚包 47 打馬
⑪ 30 漢象 47 打包
⑫ 8 楚車 9 장
⑬ 60 漢士 49
⑭ 54 楚象 26 打兵
⑮ 59 漢將 60
⑯ 73 楚包 43
⑰ 66 兵 56

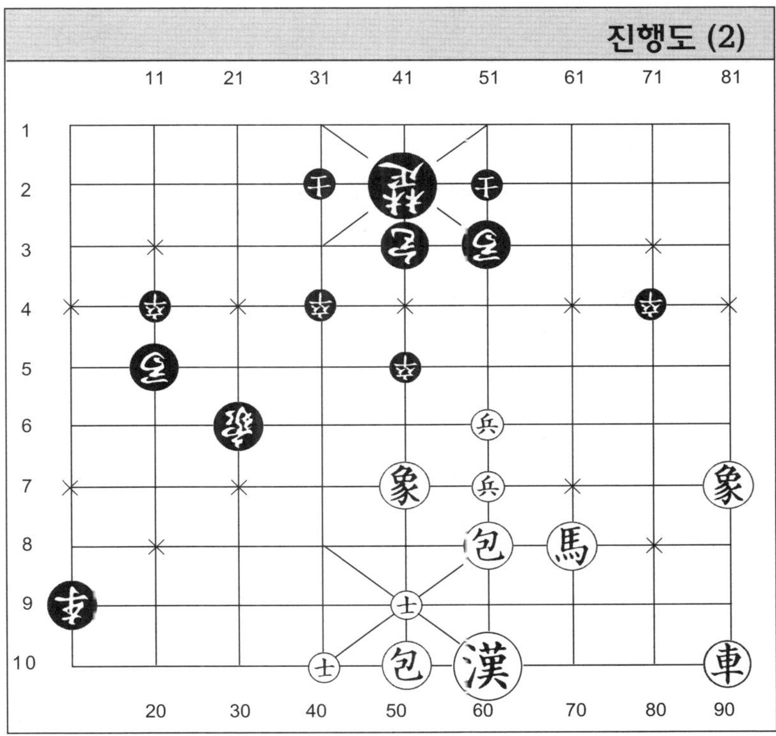

진행도에서, ①부터 ⑰까지 진행된 기보

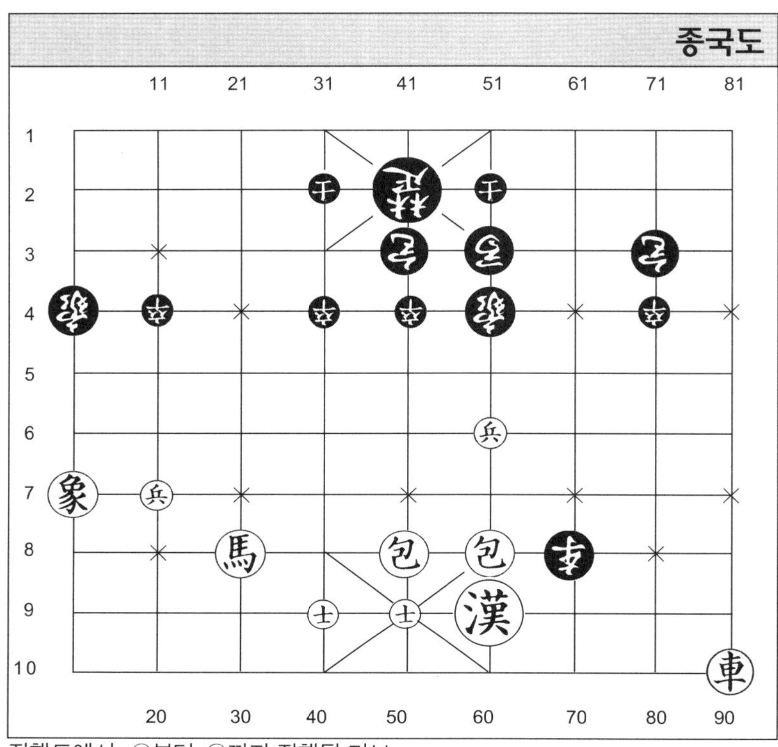

진행도에서, ①부터 ⑫까지 진행된 기보

이번에는 진행도에서 30 漢象으
로 車길을 막는 수를 두어보자.

① 30 漢象 7

② 27 楚象 4

③ 40 漢士 39

④ 24 卒 34

⑤ 49 漢將 59

⑥ 23 楚馬 35

⑦ 60 漢士 49

⑧ 1 楚車 61

⑨ 57 兵 56

⑩ 35 楚馬 56 打兵

⑪ 66 兵 56 打馬

⑫ 61 楚車 68 打馬

이렇게 두어도 선수한 楚가 우
세하다.

12. 귀馬 대 귀馬 포진법(1)

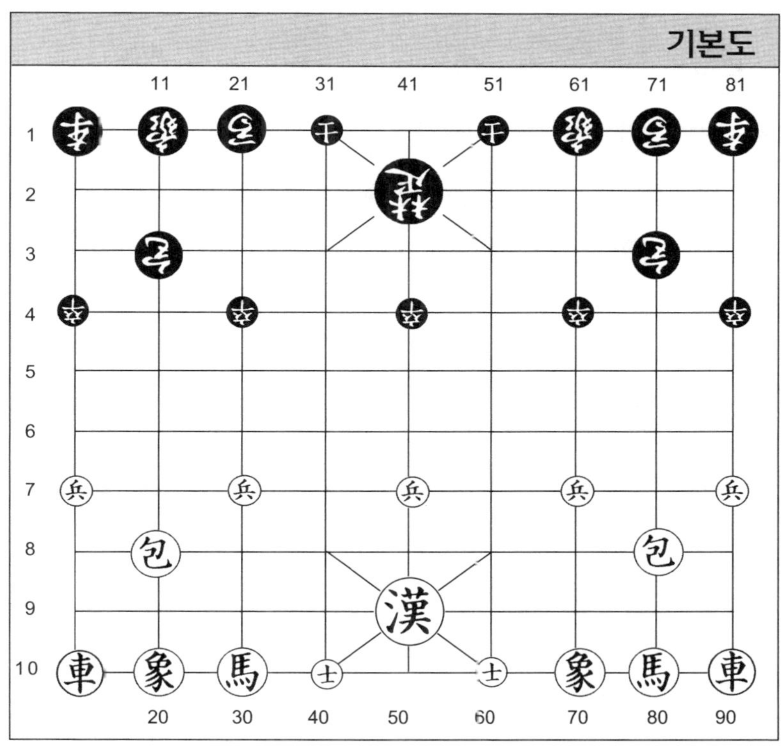

① 4 卒 14
② 87 兵 77
③ 71 楚馬 63
④ 80 漢馬 68
⑤ 73 楚包 43
⑥ 78 漢包 48
⑦ 44 卒 54
⑧ 30 漢馬 38
⑨ 61 楚象 44
⑩ 47 兵 37

⑪ 21 楚馬 33
⑫ 70 漢象 47
⑬ 24 卒 25
⑭ 49 漢將 50
⑮ 13 楚包 15
⑯ 90 漢車 89
⑰ 15 楚包 65
⑱ 67 兵 57
⑲ 11 楚象 34
⑳ 57 兵 56

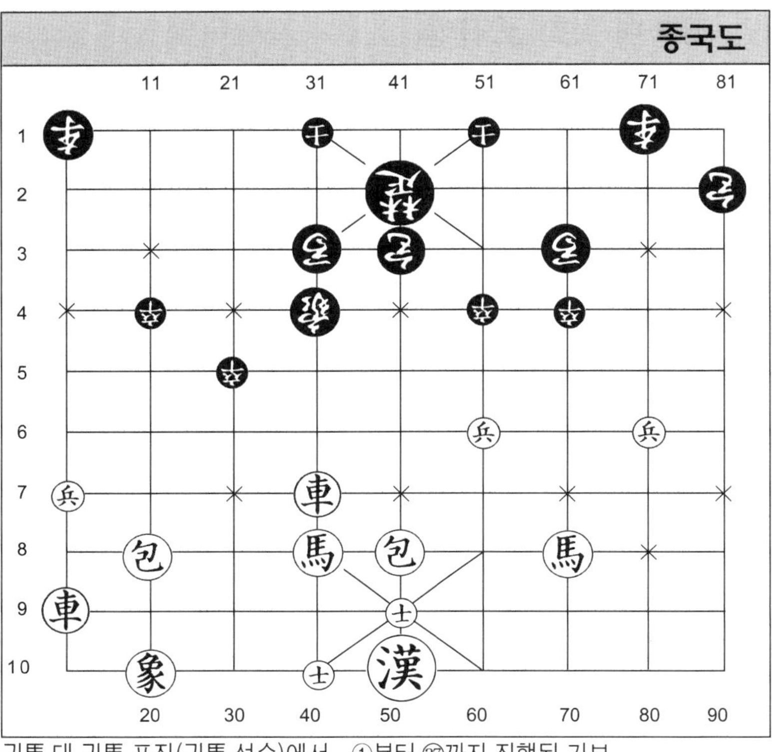

귀馬 대 귀馬 포진(귀馬 선수)에서, ①부터 ㊲까지 진행된 기보

㉑ 81 楚車 71　　　　　㉜ 10 漢車 9

㉒ 77 兵 76　　　　　　㉝ 22 楚包 82

㉓ 65 楚包 70 장　　　　㉞ 87 漢車 37

㉔ 60 漢士 49　　　　　㉟ 84 卒 74

㉕ 70 楚包 67　　　　　㊱ 37 漢車 87

㉖ 89 漢車 87　　　　　㊲ 74 卒 64 打象

㉗ 44 楚象 27 打兵 장

㉘ 37 兵 27 打象

㉙ 67 楚包 27 打兵

㉚ 47 漢象 64 打卒

㉛ 27 楚包 22

13. 귀馬 대 귀馬 포진법(2)

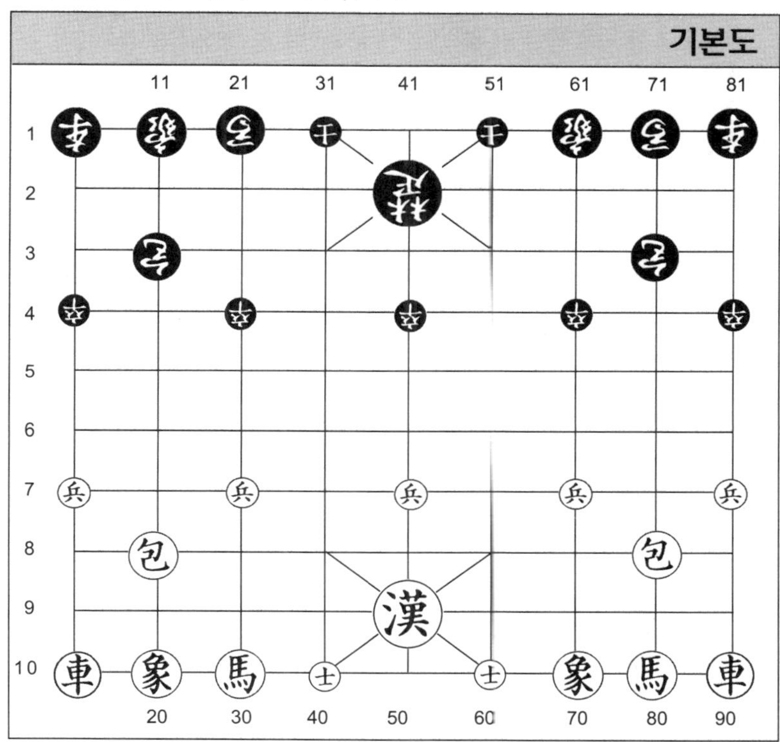

① 4 卒 14
② 87 兵 77
③ 71 楚馬 63
④ 80 漢馬 68
⑤ 73 楚包 43
⑥ 78 漢包 48
⑦ 44 卒 54
⑧ 30 漢馬 38
⑨ 61 楚象 44
⑩ 47 兵 37
⑪ 21 楚馬 33
⑫ 70 漢象 47
⑬ 24 卒 25
⑭ 49 漢將 50
⑮ 13 楚包 15
⑯ 90 漢車 89
⑰ 15 楚包 65
⑱ 67 兵 57
⑲ 11 楚象 34
⑳ 57 兵 56

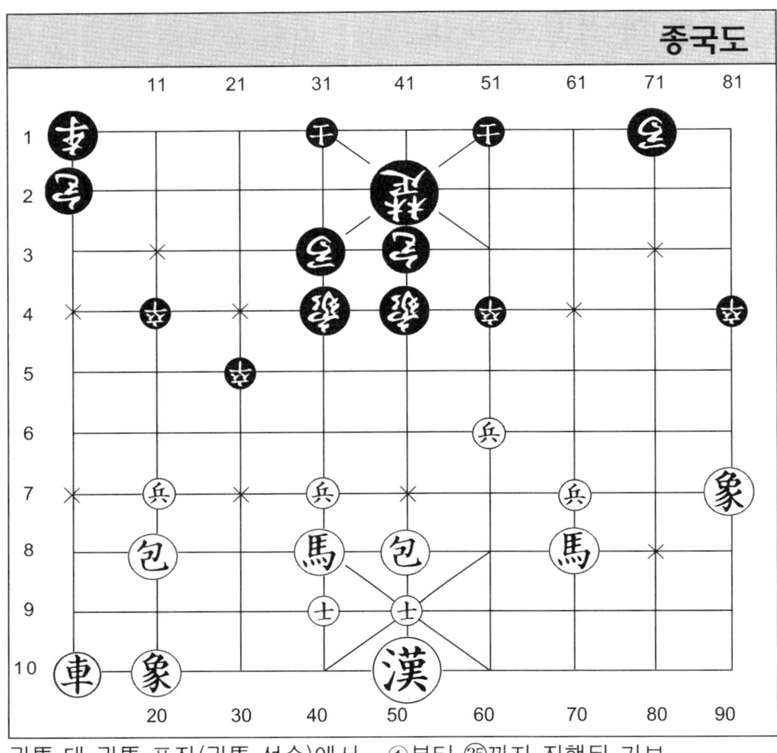

귀馬 대 귀馬 포진(귀馬 선수)에서, ①부터 ㉟까지 진행된 기보

㉑ 81 楚車 71

㉒ 89 漢車 79

㉓ 65 楚包 70 장

㉔ 60 漢士 49

㉕ 70 楚包 67

㉖ 47 漢象 64 打卒

㉗ 67 楚包 27 打兵

㉘ 40 漢士 39

㉙ 27 楚包 22

㉚ 64 漢象 87

㉛ 22 楚包 72

㉜ 77 兵 67하면

㉝ 72 楚包 2

㉞ 7 兵 17

㉟ 71 楚車 79 打車하면 漢은 결국
은 진다.

응수를 잘못하다 보면 이렇게 된
다는 것이다.

14. 귀馬 대 귀馬 포진법(3)

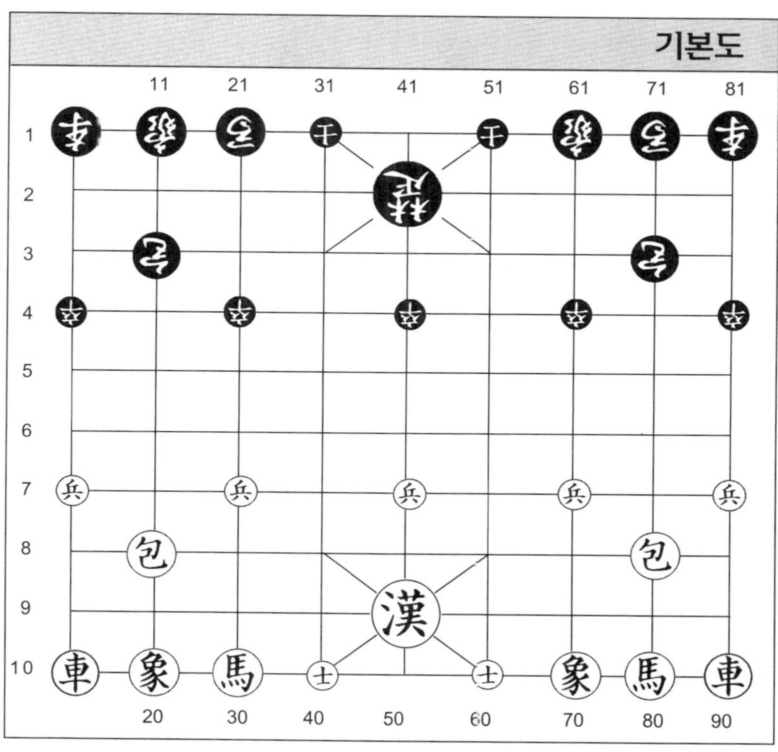

① 4 卒 14	⑪ 44 卒 54
② 87 兵 77	⑫ 20 漢象 37
③ 71 楚馬 63	⑬ 61 楚象 44
④ 80 漢馬 68	⑭ 89 漢車 29
⑤ 73 楚包 43	⑮ 11 楚象 34
⑥ 78 漢包 48	⑯ 10 漢車 9
⑦ 81 楚車 71	⑰ 75 楚車 65
⑧ 90 漢車 89	⑱ 68 漢馬 89
⑨ 71 楚車 75	⑲ 44 楚象 67 打兵 장
⑩ 49 漢將 50	⑳ 77 兵 67 打象

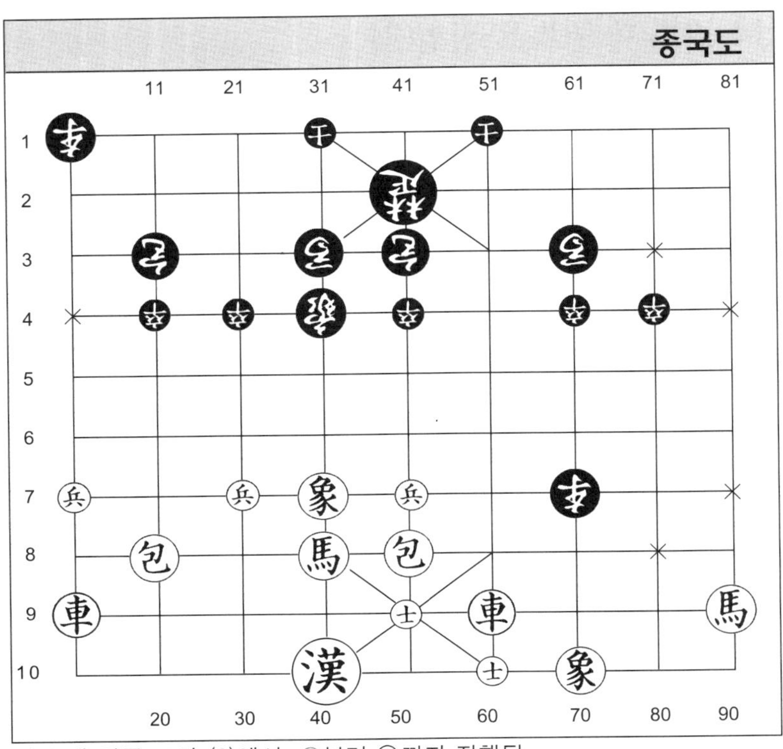

귀馬 대 귀馬 포진 (3)에서, ①부터 ㉘까지 진행된

김

㉑ 65 楚車 67 打兵

㉒ 29 漢車 59

㉓ 54 卒 44

㉔ 30 漢馬 38

㉕ 21 楚馬 33

㉖ 40 漢士 49

㉗ 84 卒 74

㉘ 50 漢將 40

　현재 점수는 선수한 楚가1점이 많
다. 그런대로 쌍방이 포진을 잘하였
다.

※ 25수에서 漢에서는 좌진兵을 쓸어 대
　차를 하는 수도 있다. 漢은 26수에서
　士를 40 漢士 49했는데 그것을 주지
　않고 7 漢兵 17로 하는 수도 있다.

㉖ 7 楚병 17

㉗ 1 楚車 9 漢車打

㉘ 59 漢차 9 楚車打

15. 귀馬 대 귀馬 포진법(4)

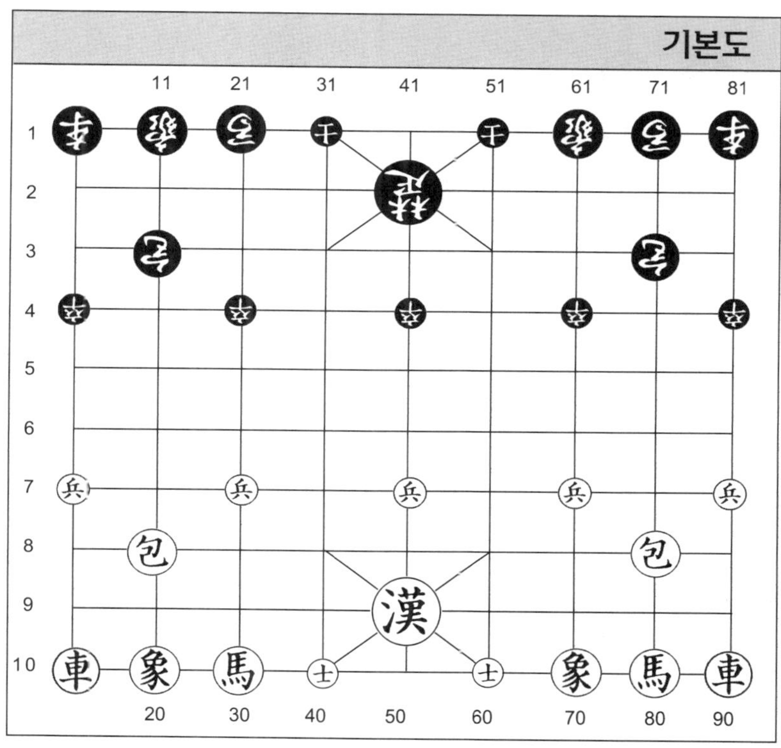

① 4 卒 14	⑪ 21 楚馬 33
② 87 兵 77	⑫ 70 漢象 47
③ 71 楚馬 63	⑬ 24 卒 25
④ 80 漢馬 68	⑭ 90 漢車 86
⑤ 73 楚包 43	⑮ 81 楚車 71
⑥ 78 漢包 48	⑯ 40 漢士 39
⑦ 44 卒 54	⑰ 44 楚象 67 打兵
⑧ 30 漢馬 38	⑱ 77 兵 67 打象
⑨ 61 楚象 44	⑲ 7□ 楚車 78
⑩ 47 兵 37	⑳ 48 漢包 46

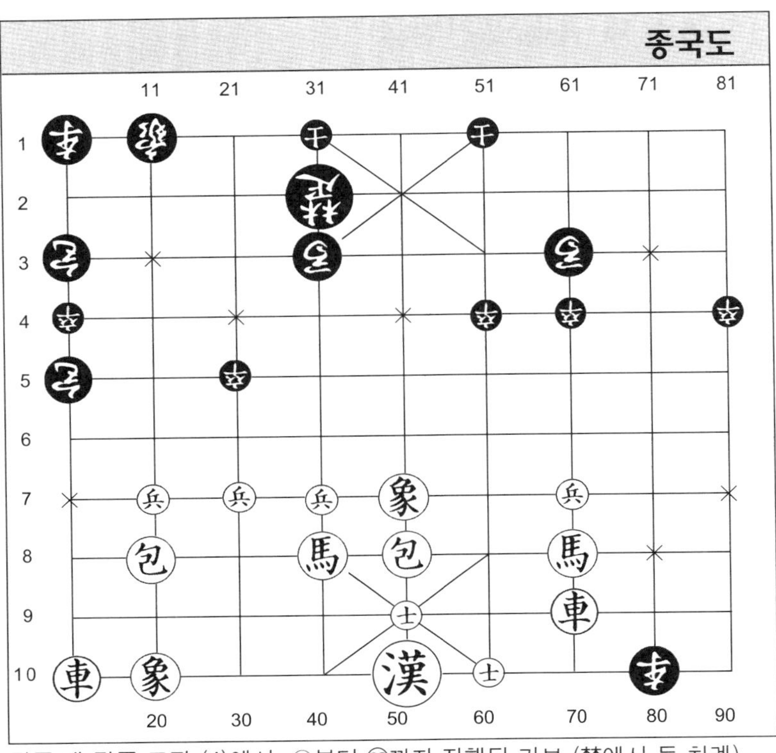

귀馬 대 귀馬 포진 (4)에서, ①부터 ㊳까지 진행된 기보 (楚에서 둘 차례)

㉑ 43 楚包 83

㉒ 86 漢車 56

㉓ 42 楚將 32

㉔ 56 漢車 59

㉕ 78 楚車 76

㉖ 46 漢包 48

㉗ 83 楚包 85

㉘ 49 漢將 50

㉙ 13 楚包 53

㉚ 59 漢車 69

㉛ 76 楚車 80

㉜ 39 漢士 49

㉝ 53 楚包 3

㉞ 7 兵 17

㉟ 14 卒 4

㊱ 17 兵 7

㊲ 85 楚包 5

㊳ 7 兵 17

16. 귀馬 대 귀馬 포진법(4)

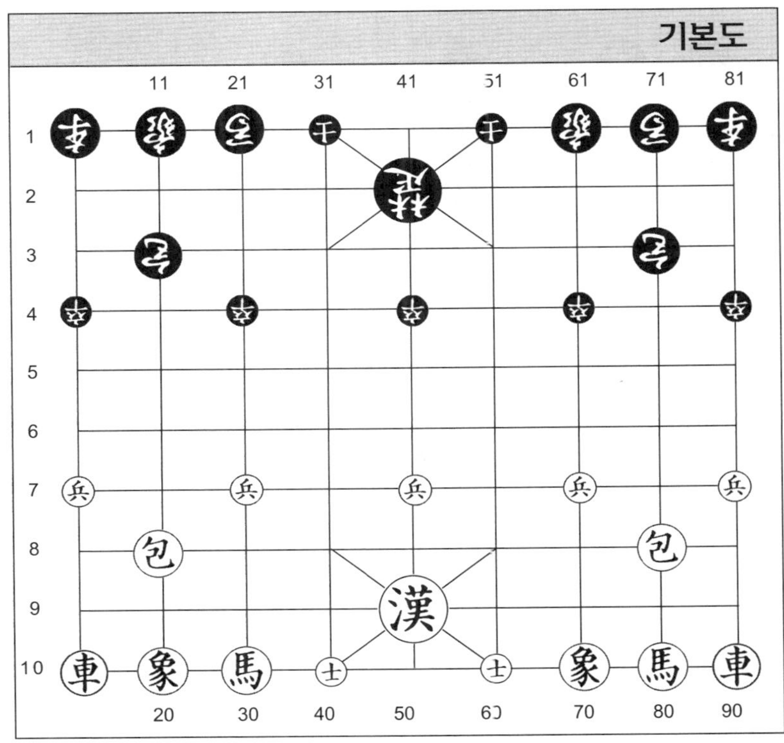

① 4 卒 14
② 87 兵 77
③ 71 楚馬 63
④ 80 漢馬 68
⑤ 73 楚包 43
⑥ 78 漢包 48
⑦ 44 卒 54
⑧ 30 漢馬 38
⑨ 61 楚象 44
⑩ 47 兵 37

⑪ 21 楚馬 33
⑫ 70 漢象 47
⑬ 24 卒 25
⑭ 90 漢車 86
⑮ 81 楚車 71
⑯ 40 漢士 39
⑰ 44 楚象 67 打兵
⑱ 77 兵 67 打象
⑲ 71 楚車 78
⑳ 48 漢包 46

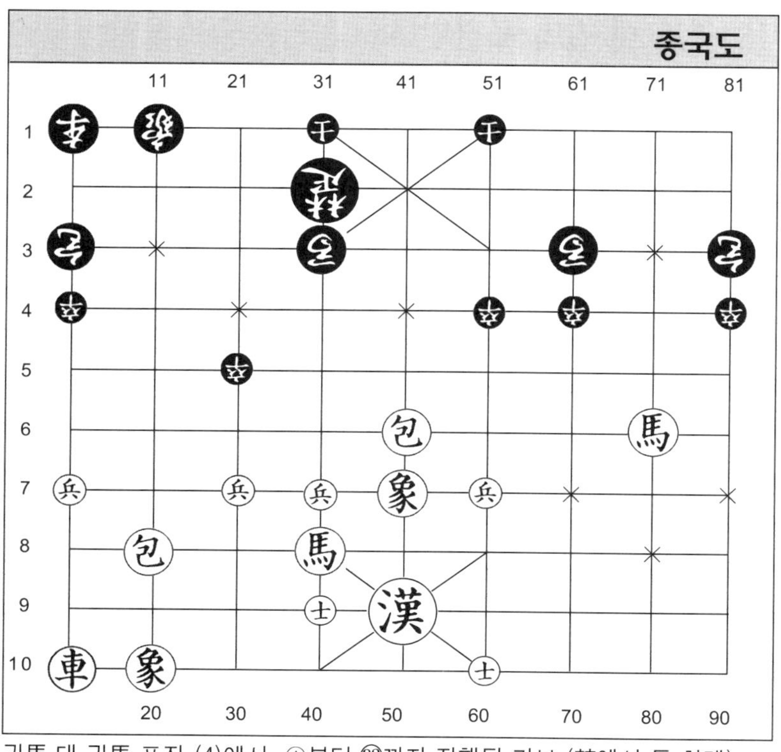

귀馬 대 귀馬 포진 (4)에서, ①부터 ㉜까지 진행된 기보 (楚에서 둘 차례)

㉑ 43 楚包 83

㉒ 86 漢車 56

㉓ 42 楚將 32

㉔ 67 漢兵 57

㉕ 13 楚包 53

㉖ 56 漢車 76

㉗ 78 楚車 76 漢車打

㉘ 68 漢馬 76 楚車打

㉙ 53 楚包 3

㉚ 7 漢兵 17

㉛ 14 楚卒 4

㉜ 17 漢兵 7

17. 귀馬 대 귀馬 포진법(5)

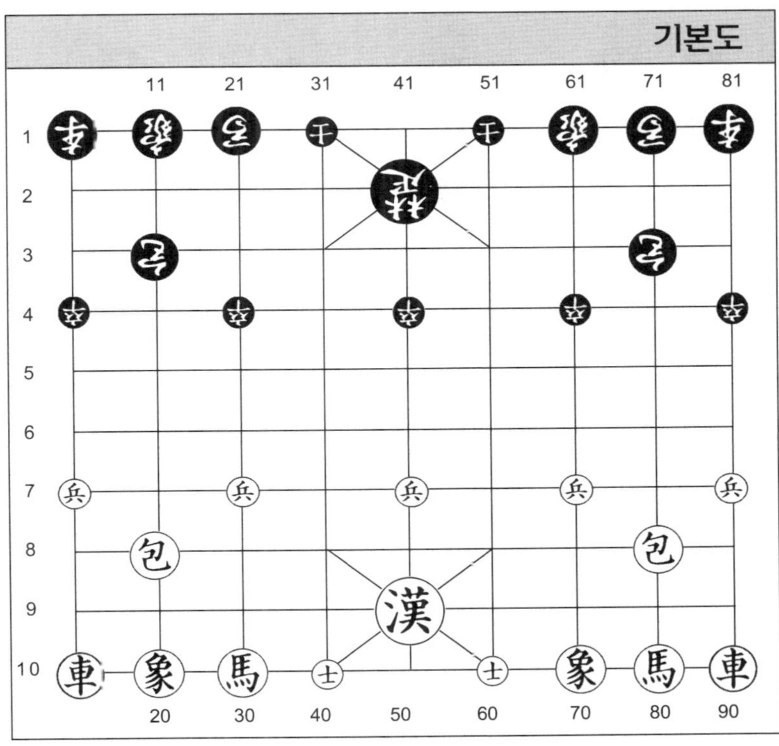

① 4 卒 14

② 87 兵 77

③ 71 楚馬 63

④ 80 漢馬 68

⑤ 73 楚包 43

⑥ 78 漢包 48

⑦ 44 卒 54

⑧ 30 漢馬 38

⑨ 61 楚象 44

⑩ 47 兵 37

⑪ 21 楚馬 33

⑫ 70 漢象 47

⑬ 24 卒 25

⑭ 90 漢車 86

⑮ 81 楚車 71

⑯ 49 漢將 39

⑰ 13 楚包 15

⑱ 27 兵 26

⑲ 15 楚包 65

⑳ 68 漢馬 49

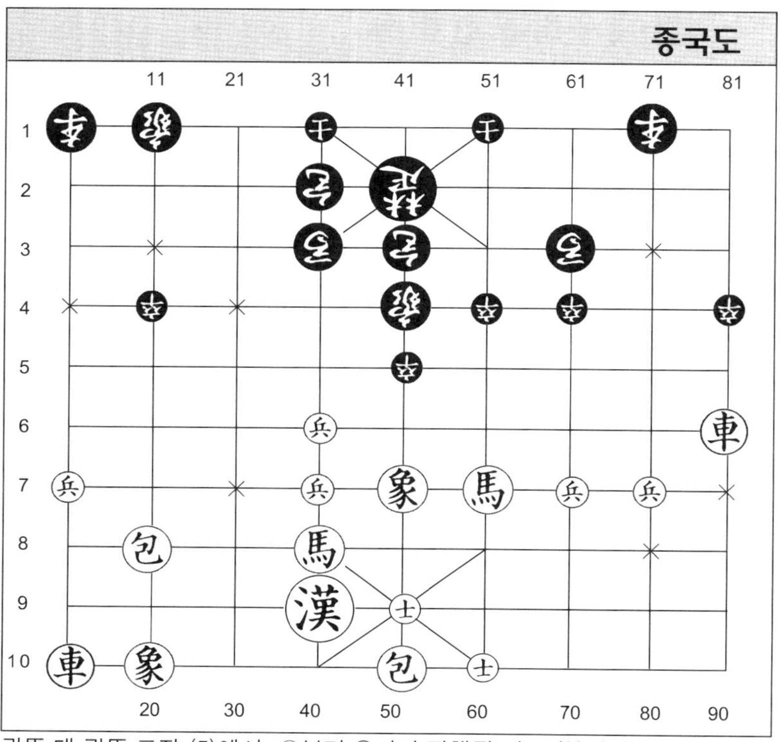

귀馬 대 귀馬 포진 (5)에서, ①부터 ㉘까지 진행된 기보 (楚에서 둘 차례)

㉑ 25 卒 35

㉒ 48 漢 包 50

㉓ 35 卒 45

㉔ 49 漢 馬 57

㉕ 65 楚 包 35

㉖ 26 兵 36

㉗ 35 楚 包 32

㉘ 40 漢 士 49

18. 귀馬 대 귀馬 포진법(6)

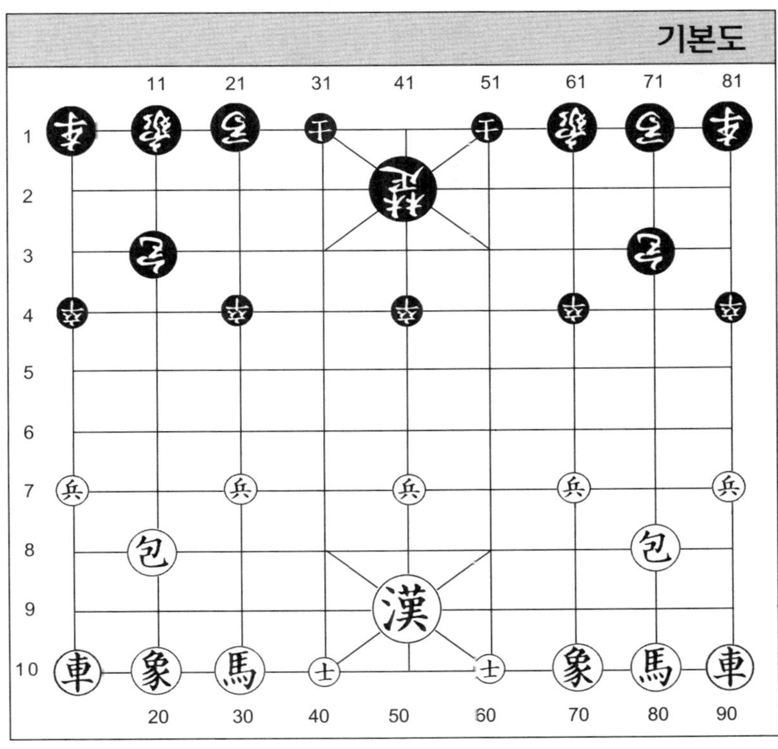

① 4 卒 14
② 87 兵 77
③ 71 楚馬 63
④ 80 漢馬 68
⑤ 73 楚包 43
⑥ 78 漢包 48
⑦ 44 卒 54
⑧ 30 漢馬 38
⑨ 61 楚象 44
⑩ 47 兵 37
⑪ 21 楚馬 33
⑫ 70 漢象 47
⑬ 24 卒 25
⑭ 90 漢車 86
⑮ 81 楚車 71
⑯ 86 漢車 56
⑰ 13 楚包 15
⑱ 47 漢象 64 打卒
⑲ 54 卒 64 打象
⑳ 68 漢馬 47

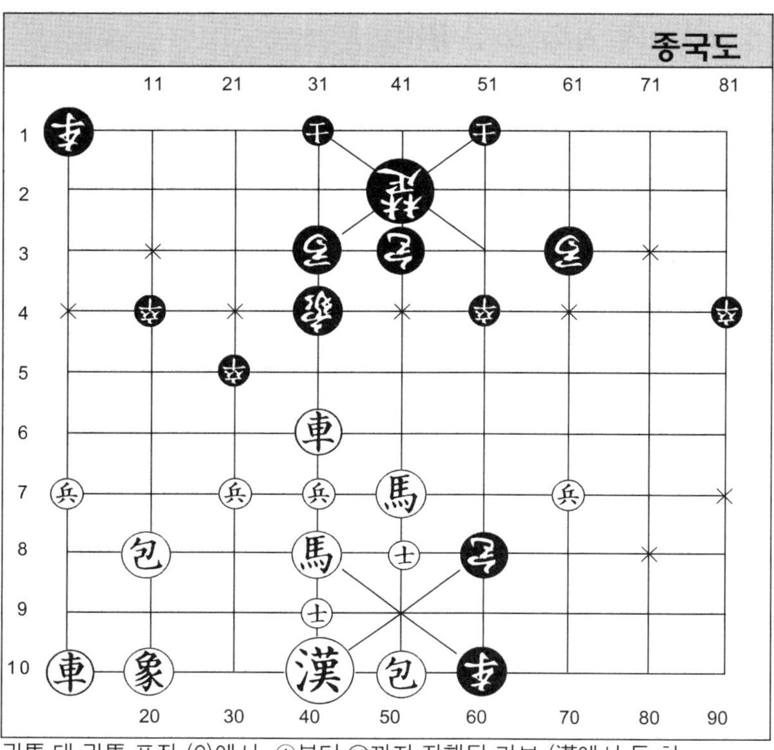

귀馬 대 귀馬 포진 (6)에서, ①부터 ㊲까지 진행된 기보 (漢에서 둘 차례)

㉑ 64 卒 54

㉒ 56 漢車 66

㉓ 71 楚車 73

㉔ 40 漢士 39

㉕ 15 楚包 12

㉖ 49 漢將 40

㉗ 12 楚包 52

㉘ 60 漢士 49

㉙ 11 楚象 34

㉚ 66 漢車 36

㉛ 44 楚象 67 打兵

㉜ 77 兵 67 打象

㉝ 73 楚車 80 장

㉞ 48 漢包 50

㉟ 52 楚包 58 장

㊱ 49 漢士 48

㊲ 80 楚車 60

漢에서 둘 차례인데 연구해보자.

※ 34수에서 41 漢士 50으로 하는 것이 정수이다.

19. 귀馬 대 귀馬 포진법(7)

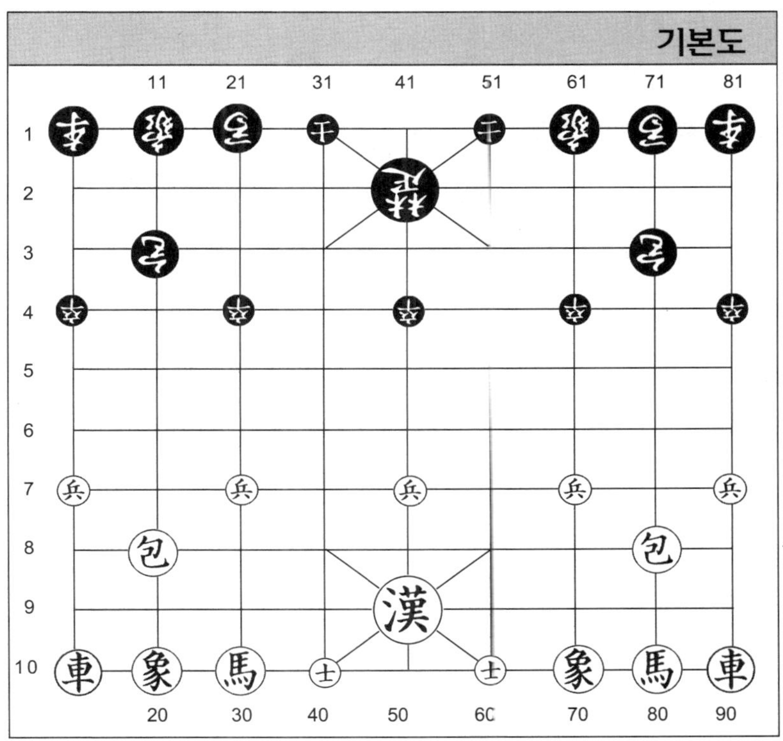

① 4 卒 14	⑪ 21 楚馬 33
② 87 兵 77	⑫ 70 漢象 47
③ 71 楚馬 53	⑬ 24 卒 25
④ 80 漢馬 58	⑭ 90 漢車 86
⑤ 73 楚包 43	⑮ 81 楚車 71
⑥ 78 漢包 48	⑯ 86 漢車 56
⑦ 44 卒 54	⑰ 13 楚包 15
⑧ 30 漢馬 38	⑱ 47 漢象 64 打卒
⑨ 61 楚象 44	⑲ 54 卒 64 打象
⑩ 47 兵 37	⑳ 68 漢馬 47

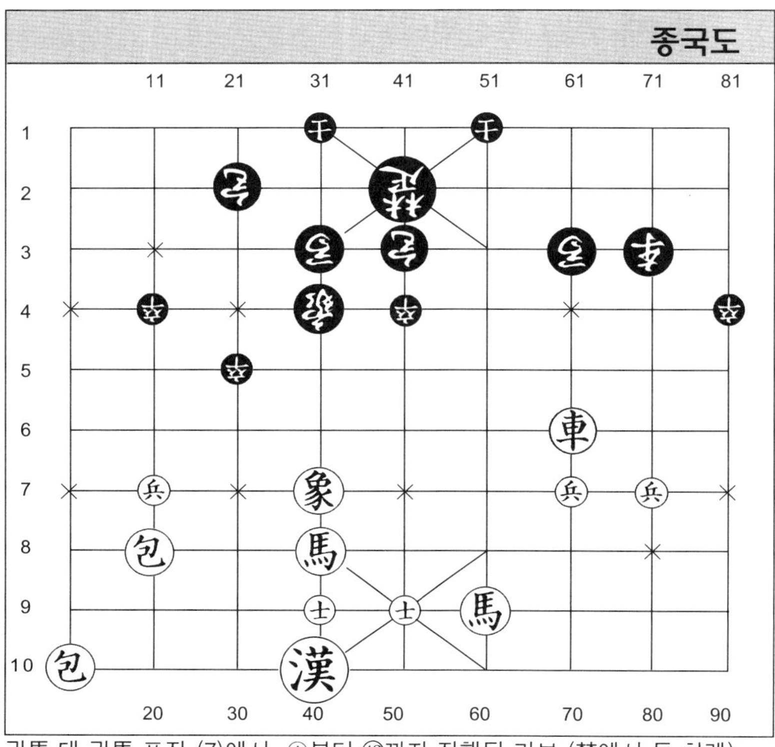

귀馬 대 귀馬 포진 (7)에서, ①부터 ㊷까지 진행된 기보 (楚에서 둘 차례)

㉑ 64 卒 54　　　㉛ 44 楚象 27 打兵　　㊶ 11 楚象 34

㉒ 40 漢士 39　　　㉜ 37 兵 27 打象　　㊷ 20 漢象 37

㉓ 15 楚包 12　　　㉝ 22 楚包 27 打兵

㉔ 56 漢車 66　　　㉞ 50 漢包 30

㉕ 71 楚車 73　　　㉟ 54 卒 44

㉖ 49 漢將 40　　　㊱ 47 漢馬 59

㉗ 12 楚包 52　　　㊲ 27 楚包 22

㉘ 60 漢士 49　　　㊳ 7 兵 17

㉙ 52 楚包 22　　　㊴ 1 楚車 10 打車

㉚ 48 漢包 50　　　㊵ 30 漢包 10 打車

20. 귀馬 대 귀馬 포진법(8)

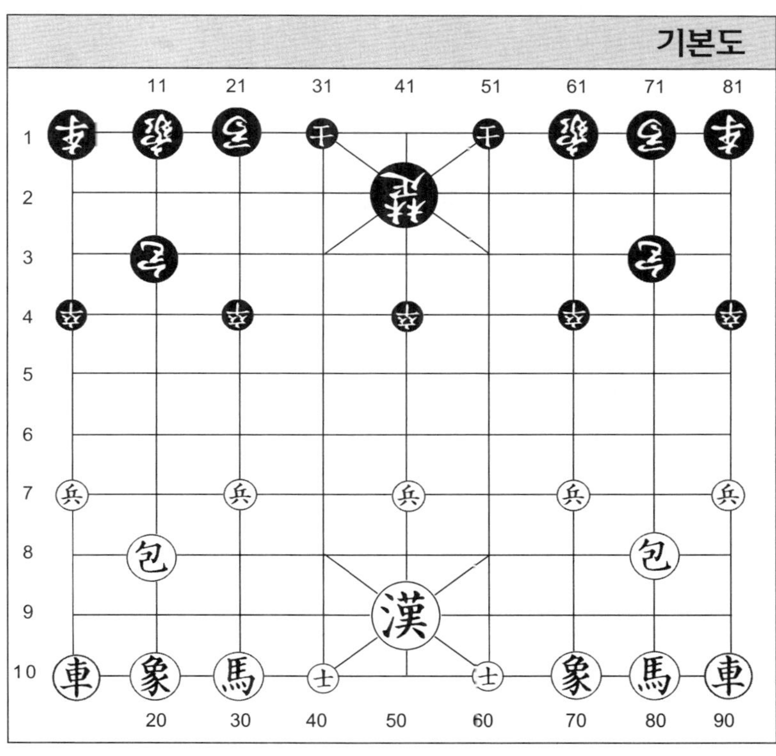

①4 卒 14
②87 兵 77
③71 楚馬 63
④80 漢馬 68
⑤73 楚包 43
⑥78 漢包 48
⑦44 卒 54
⑧30 漢馬 38
⑨61 楚象 44
⑩47 兵 37
⑪21 楚馬 33
⑫70 漢象 47
⑬24 卒 25
⑭27 兵 17
⑮11 楚象 34
⑯37 兵 27

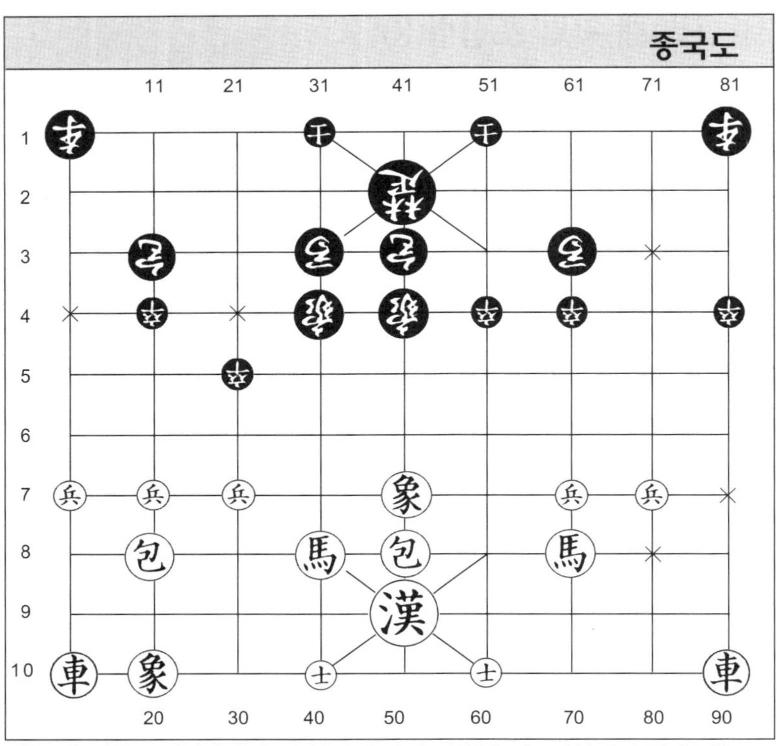

귀馬 대 귀馬 포진 (8)에서, ①부터 ⑯까지 진행된 기보 (楚에서 둘 차례)

여기서 31 楚士 32 하는 경우

81 楚車 71 하는 경우

43 楚包 45 하는 경우

81 楚車 82 하는 경우 중 어느 것

이 정수일까요?

21. 귀馬 대 귀馬 포진법(9)

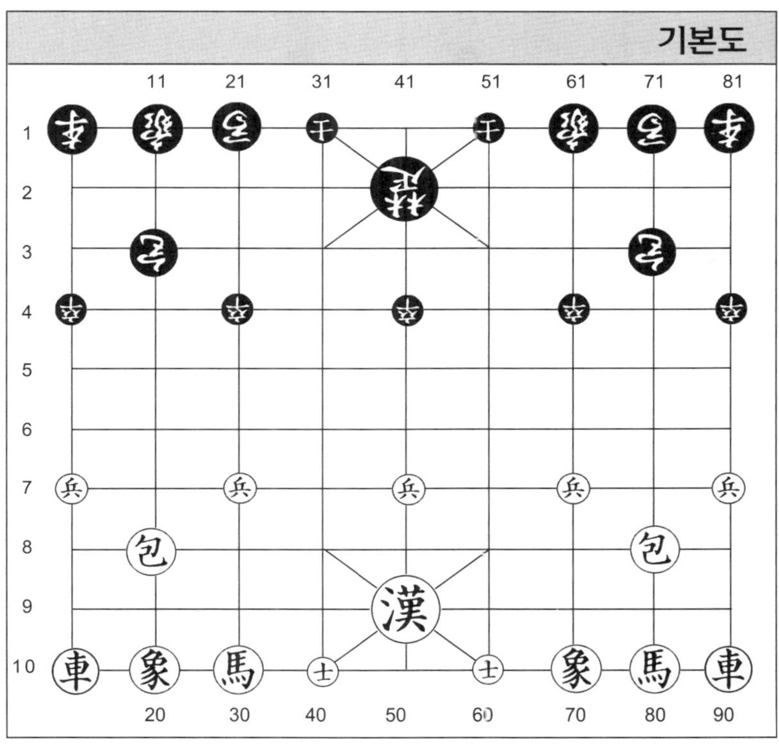

① 4 卒 14

② 87 兵 77

③ 71 楚馬 63

④ 80 漢馬 68

⑤ 73 楚包 43

⑥ 78 漢包 48

⑦ 44 卒 54

⑧ 30 漢馬 38

⑨ 61 楚象 44

⑩ 47 兵 37

⑪ 21 楚馬 33

⑫ 70 漢象 47

⑬ 24 쫄 25

⑭ 37 兵 36

⑮ 1 楚車 4

⑯ 27 兵 26

⑰ 14 쫄 15

⑱ 26 兵 25 打卒

⑲ 15 卒 25 打兵

⑳ 20 漢象 37

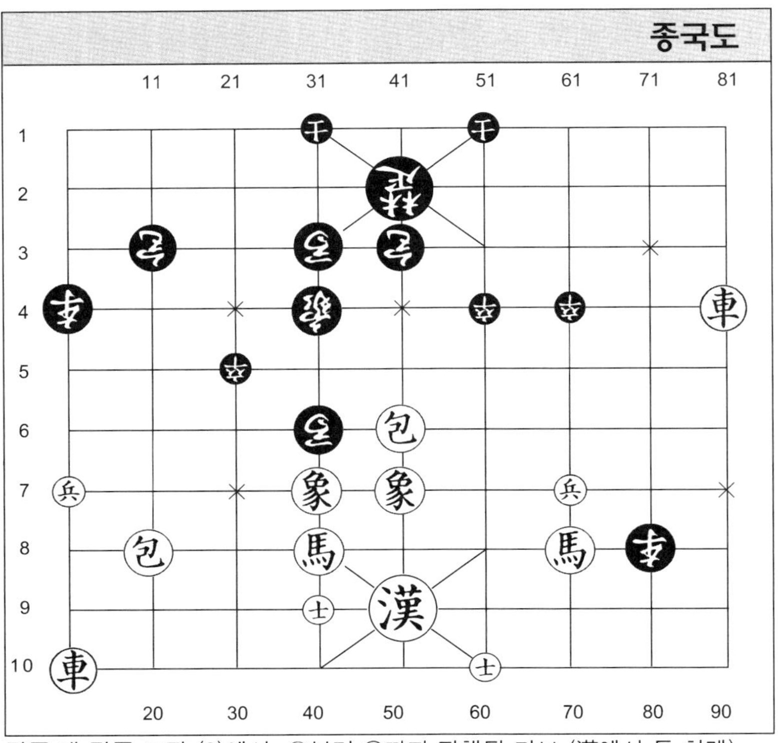

귀馬 대 귀馬 포진 (9)에서, ①부터 ㉛까지 진행된 기보 (漢에서 둘 차례)

㉑ 11 楚象 34

㉒ 90 漢車 86

㉓ 81 楚車 71

㉔ 40 漢士 39

㉕ 44 楚象 67 打兵

㉖ 77 兵 67 打象

㉗ 71 楚車 78

㉘ 48 漢包 46

㉙ 63 楚馬 44

㉚ 86 漢車 84 打卒

㉛ 44 楚馬 36 打兵

22. 귀馬 대 귀馬 포진법(10)

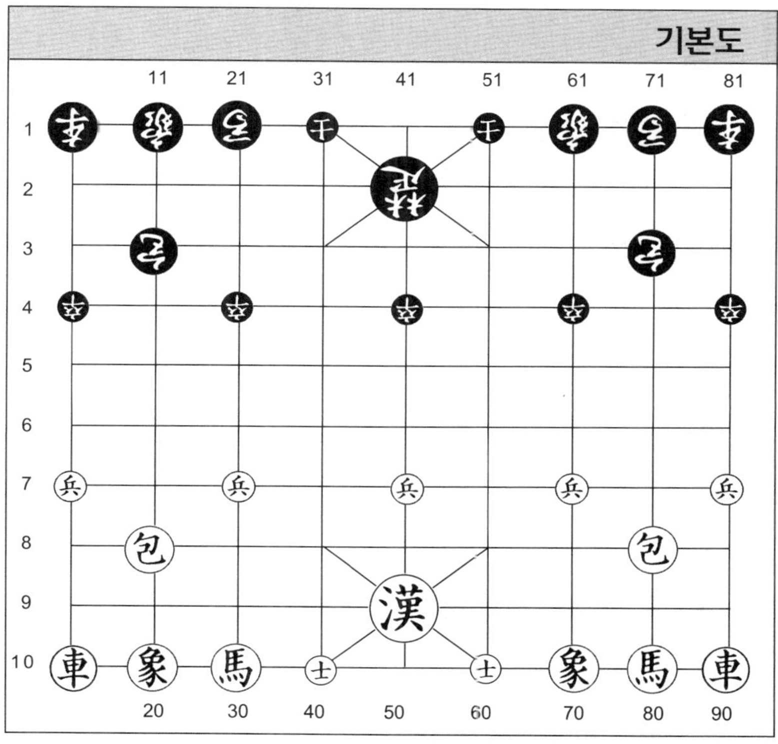

① 4 卒 14

② 87 兵 77

③ 71 楚馬 63

④ 80 漢馬 68

⑤ 73 楚包 43

⑥ 78 漢包 48

⑦ 44 卒 54

⑧ 30 漢馬 38

⑨ 61 楚象 44

⑩ 47 兵 37

⑪ 21 楚馬 33

⑫ 70 漢象47

⑬ 24 卒 25

⑭ 37 兵 36

⑮ 1 楚車 4

⑯ 27 兵 26

⑰ 14 卒 15

⑱ 26 兵 25 打卒

⑲ 15卒25打兵

⑳ 20 漢象 37

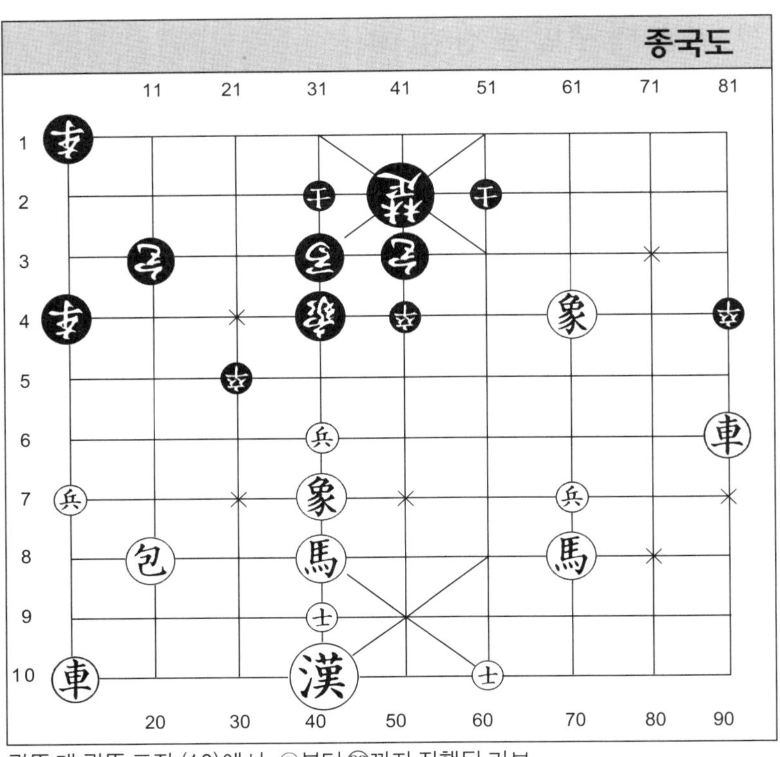

귀마 대 귀마 포진 (10)에서, ①부터 ㉝까지 진행된 기보

㉑ 11 楚象 34

㉒ 40 漢士 39

㉓ 44 楚象 67 打兵

㉔ 77 兵 67 打象

㉕ 63 楚馬 44

㉖ 90 漢車 86

㉗ 31 楚士 32

㉘ 49 漢將 40

㉙ 51 楚士 52

㉚ 48 漢包 44 打馬

㉛ 54 卒 44 打包

㉜ 47 漢象 64 打卒

㉝ 81 楚車 1 하면 위치가 漢은 우형
이고 楚는 良形이다.

23. 귀馬 대 귀馬 포진법(11)

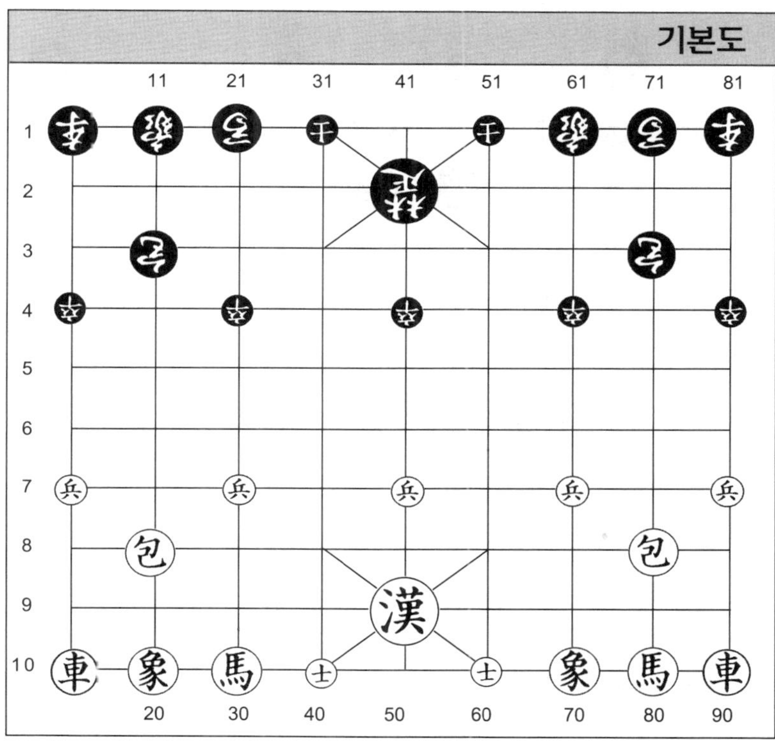

<table>
<tr><td>① 4 卒 14</td><td>⑪ 21 楚馬 33</td></tr>
<tr><td>② 87 兵 77</td><td>⑫ 70 漢象 47</td></tr>
<tr><td>③ 71 楚馬 63</td><td>⑬ 24 卒 25</td></tr>
<tr><td>④ 80 漢馬 68</td><td>⑭ 37 兵 36</td></tr>
<tr><td>⑤ 73 楚包 43</td><td>⑮ 1 楚車 4</td></tr>
<tr><td>⑥ 78 漢包 48</td><td>⑯ 27 兵 26</td></tr>
<tr><td>⑦ 44 卒 54</td><td>⑰ 14 卒 15</td></tr>
<tr><td>⑧ 30 漢馬 38</td><td>⑱ 26 兵 25 打卒</td></tr>
<tr><td>⑨ 61 楚象 44</td><td>⑲ 15 卒 25 打兵</td></tr>
<tr><td>⑩ 47 兵 37</td><td>⑳ 20 漢象 37</td></tr>
</table>

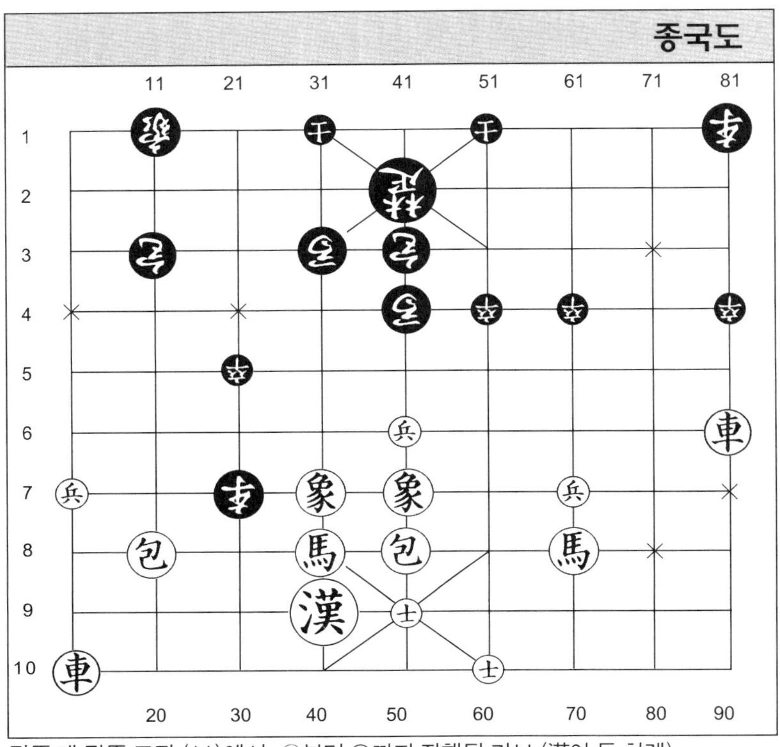

귀마 대 귀마 포진 (11)에서, ①부터 ㉛까지 진행된 기보 (漢이 둘 차례)

㉑ **4** 楚車 14

㉒ 49 漢將 39

㉓ 14 楚車 16

㉔ 90 漢車 86

㉕ 44 楚象 67 打兵

㉖ 77兵 67 打象

㉗ 63 楚馬 44

㉘ 36 兵 46

㉙ 16 楚車 26

㉚ 40 漢士 49

㉛ 26 楚車 27

24. 귀馬 대 귀馬 포진법(12)

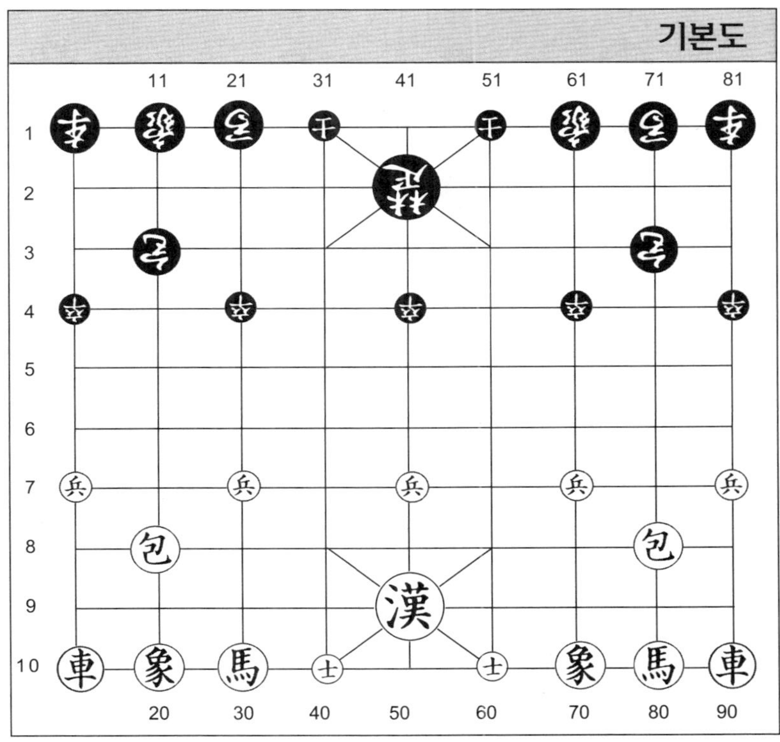

① 4 卒 14
② 87 兵 77
③ 71 楚馬 63
④ 80 漢馬 68
⑤ 73 楚包 43
⑥ 78 漢包 48
⑦ 44 卒 54
⑧ 30 漢馬 38
⑨ 61 楚象 44
⑩ 47 兵 37
⑪ 21 楚馬 33
⑫ 70 漢象 47
⑬ 24 卒 25
⑭ 37 兵 36
⑮ 1 楚車 4
⑯ 27 兵 26
⑰ 14 卒 15
⑱ 26 兵 25 打卒
⑲ 15 卒 25 打兵
⑳ 20 漢象 37

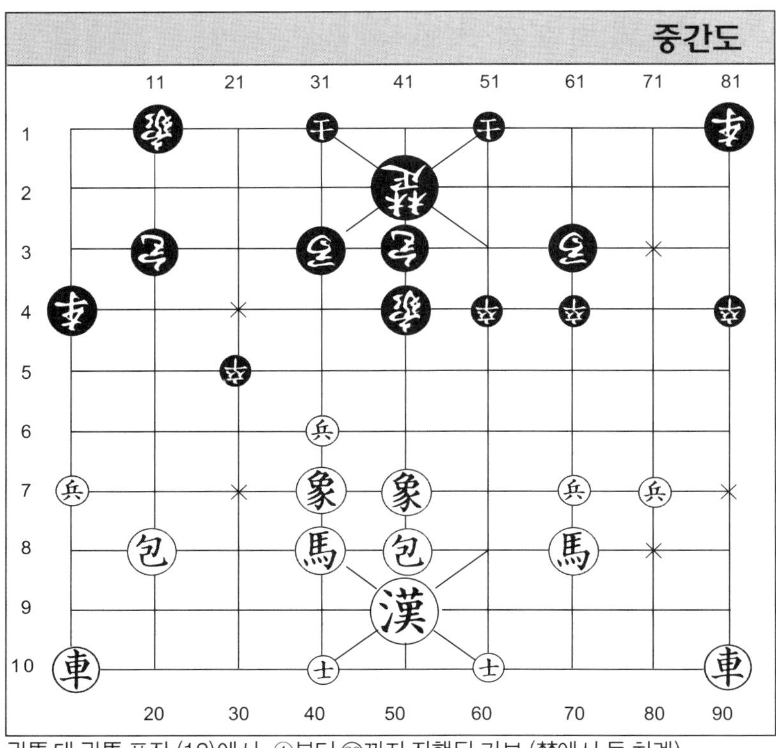

귀馬 대 귀馬 포진 (12)에서, ①부터 ⑳까지 진행된 기보 (楚에서 둘 차례)

㉑ 4 楚車 14

㉒ 49 漢將 39

㉓ 14 楚車 16

㉔ 90 漢車 86

㉕ 44 楚象 67 打兵

㉖ 77 兵 67 打象

㉗ 63 楚馬 44

㉘ 48 漢包 44 打馬

㉙ 54 卒 44 打包

㉚ 18 漢包 48

㉛ 64 卒 54

㉜ 7 兵 6

㉝ 16 楚車 14

㉞ 37 漢象 5

㉟ 25 卒 15

㊱ 47 漢象 15 打卒

㊲ 14 楚車 15 打象

㊳ 40 漢士 49

㊴ 81 楚車 61

㊵ 86 漢車 66

㊶ 61 楚車 66 打車

㊷ 67 兵 66 打車

종국도

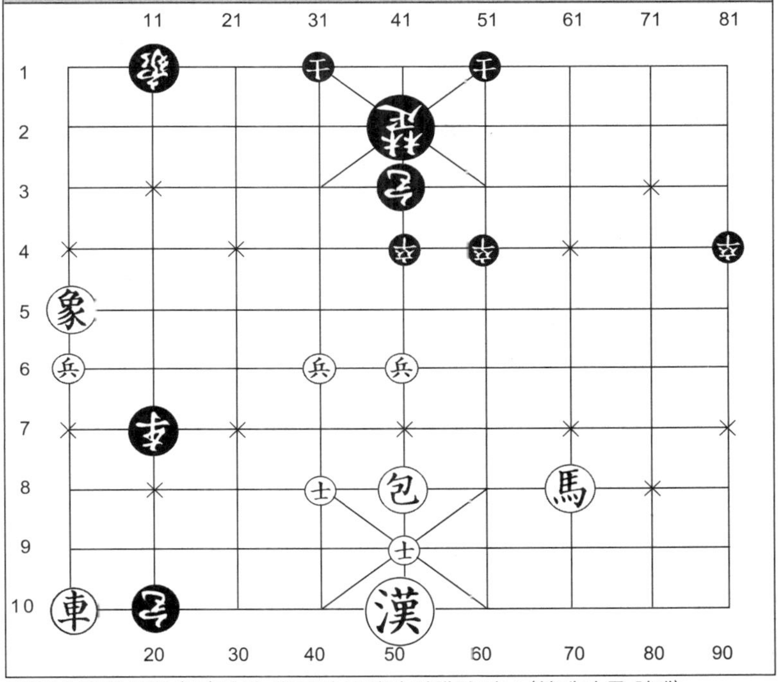

귀馬 대 귀馬 포진 (12)에서, ㉑부터 (54)까지 진행된 기보 (楚에서 둘 차례)

㊸ 33 楚馬 45

㊹ 66 兵 56

㊺ 45 楚馬 57

㊻ 56 兵 46

㊼ 57 楚馬 38 打馬

㊽ 49 漢士 38 打馬

㊾ 15 楚車 19 장

㊿ 39 漢將 40

(51) 13 楚包 20

(52) 60 漢士 49

(53) 19 楚車 17

(54) 40 漢將 50

25. 귀馬 대 귀馬 포진법(13)

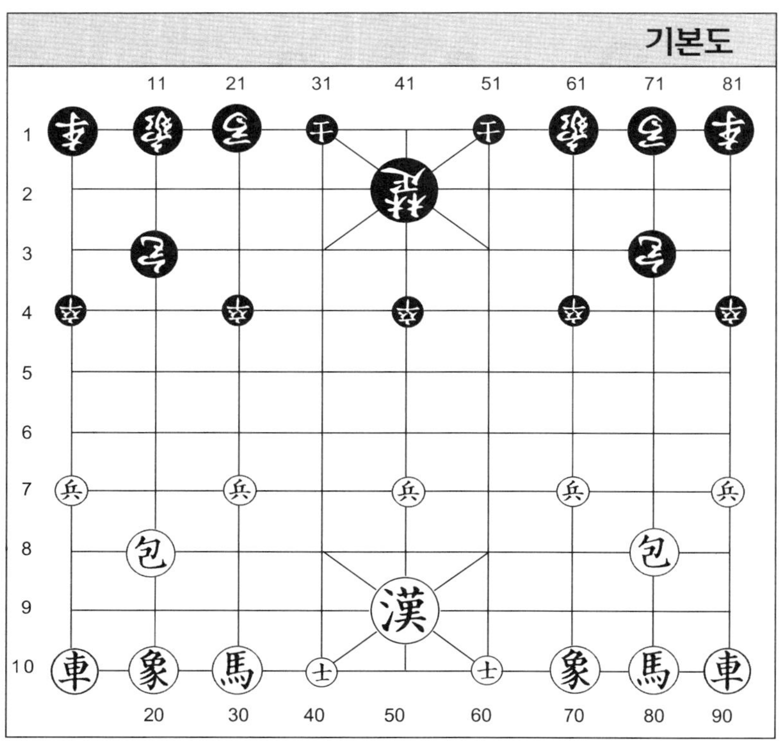

① 4 卒 14
② 87 兵 77
③ 71 楚馬 63
④ 80 漢馬 68
⑤ 73 楚包 43
⑥ 78 漢包 48
⑦ 44 卒 54
⑧ 30 漢馬 38
⑨ 61 楚象 44
⑩ 47 兵 37

⑪ 21 楚馬 33
⑫ 70 漢象 47
⑬ 24 卒 25
⑭ 37 兵 36
⑮ 81 楚車 82
⑯ 27 兵 26
⑰ 14 卒 15
⑱ 26 兵 25打卒
⑲ 15 卒 25打兵
⑳ 7 兵 6

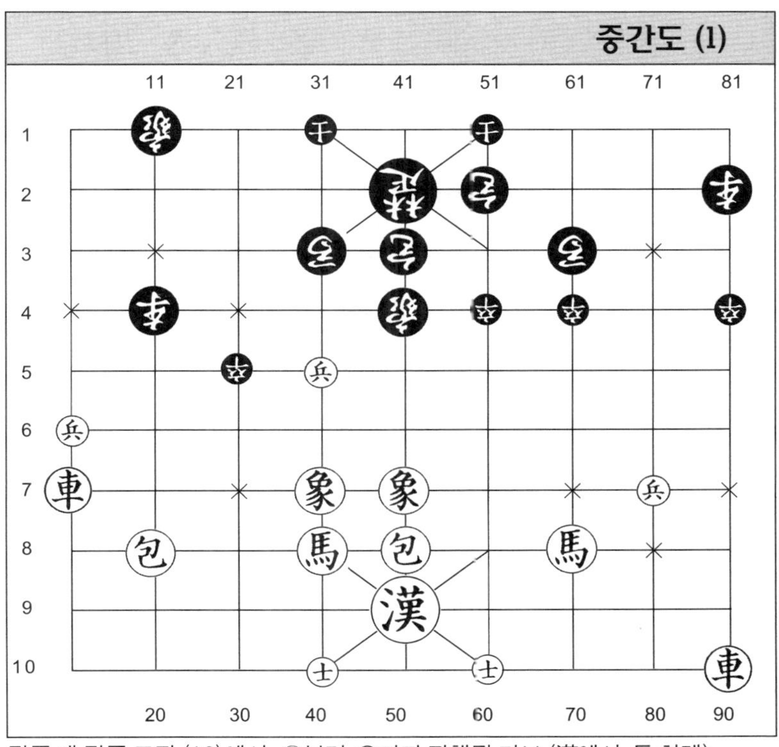

귀馬 대 귀馬 포진 (13)에서, ①부터 ㉝까지 진행된 기보 (漢에서 둘 차례)

㉑ 1 楚車 4

㉒ 20 漢象 37

㉓ 4 楚車 14

㉔ 49 漢將 59 할 경우

㉕ 43 楚包 45

㉖ 36 兵 35

㉗ 13 楚包 53 장

㉘ 67 兵 57

㉙ 45 楚包 43

㉚ 10 漢車 7

㉛ 53 楚包 57 打兵

㉜ 59 漢將 49

㉝ 57 楚包 52

중간도 (2)

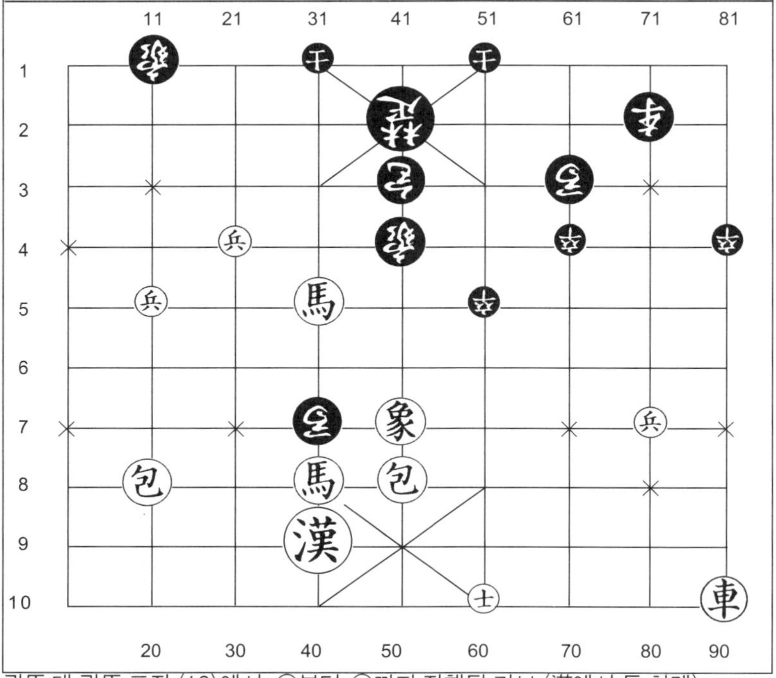

귀馬 대 귀馬 포진 (13)에서, ㉞부터 (55)까지 진행된 기보 (漢에서 둘 차례)

㉞ 38 漢馬 17

㉟ 14 楚車 24

㊱ 35 兵 25 打卒

㊲ 24 楚車 34

㊳ 17 漢馬 38

㊴ 34 楚車 36

㊵ 25 兵 24

㊶ 52 楚包 32

㊷ 40 漢士 39

㊸ 36 楚車 37 打象

㊹ 7 漢車 37 打車

㊺ 32 楚包 37 打車

㊻ 68 漢馬 56

㊼ 37 楚包 39 打士

㊽ 49 漢將 39 打包

㊾ 33 楚馬 25

㊿ 6 兵 16

(51) 82 楚車 72

(52) 16 兵 15

(53) 54 卒 55

(54) 56 漢馬 35

(55) 25 楚馬 37

종국도

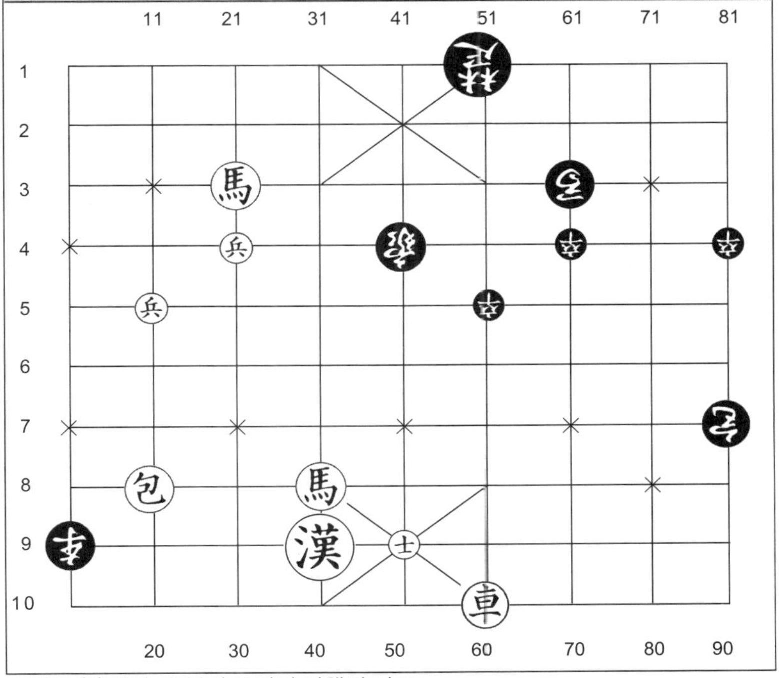

중간도 (2)에서, (56)부터 (75)까지 진행된 기보

(56) 35 漢馬 23 장

(57) 42 楚將 53

(58) 18 漢包 11 打象

(59) 72 楚車 77 打兵

(60) 23 漢馬 31 打士

(61) 43 楚包 47 打象

(62) 11 漢包 51 打士

(63) 53 楚將 42

(64) 31 漢馬 23 장

(65) 42 楚將 51 打包

(66) 60 漢士 49

(67) 37 楚馬 18 장

(68) 39 漢將 40

(69) 47 楚包 87

(70) 48 漢包 18 打馬

(71) 77 楚車 7

(72) 90 漢車 60

(73) 7 楚車 10 장

(74) 40 漢將 39

(75) 10 楚車 9 장으로 비긴다.

26. 귀馬 대 귀馬 포진법(14)

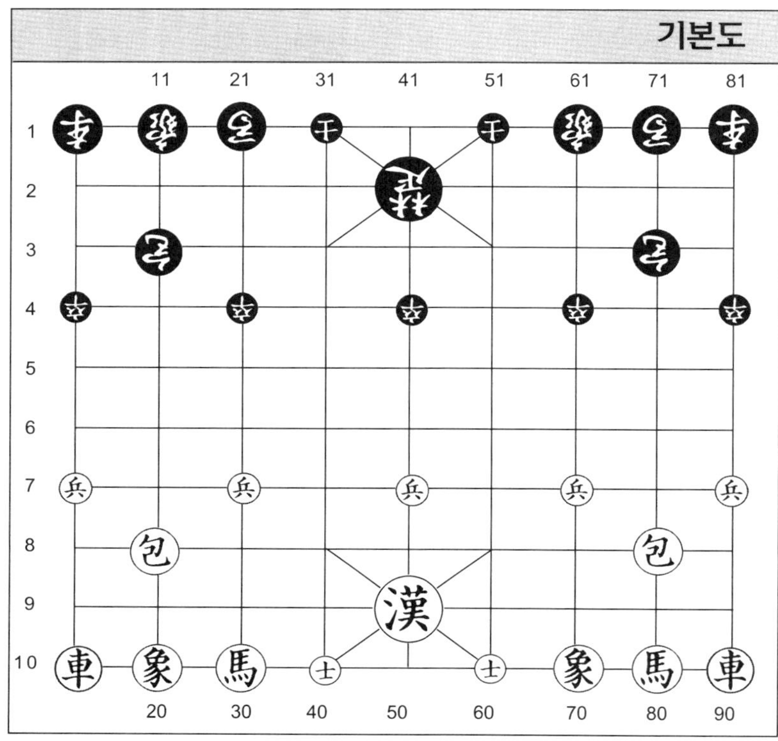

① 4 卒 14		⑪ 21 楚馬 33
② 87 兵 77		⑫ 70 漢象 47
③ 71 楚馬 63		⑬ 24 卒 25
④ 80 漢馬 68		⑭ 27 兵 17
⑤ 73 楚包 43		⑮ 13 楚包 15
⑥ 78 漢包 48		⑯ 10 漢車 9
⑦ 44 卒 54		⑰ 15 楚包 65
⑧ 30 漢馬 38		⑱ 90 漢車 88
⑨ 61 楚象 44		⑲ 81 楚車 71
⑩ 47 兵 37		⑳ 49 漢將 50

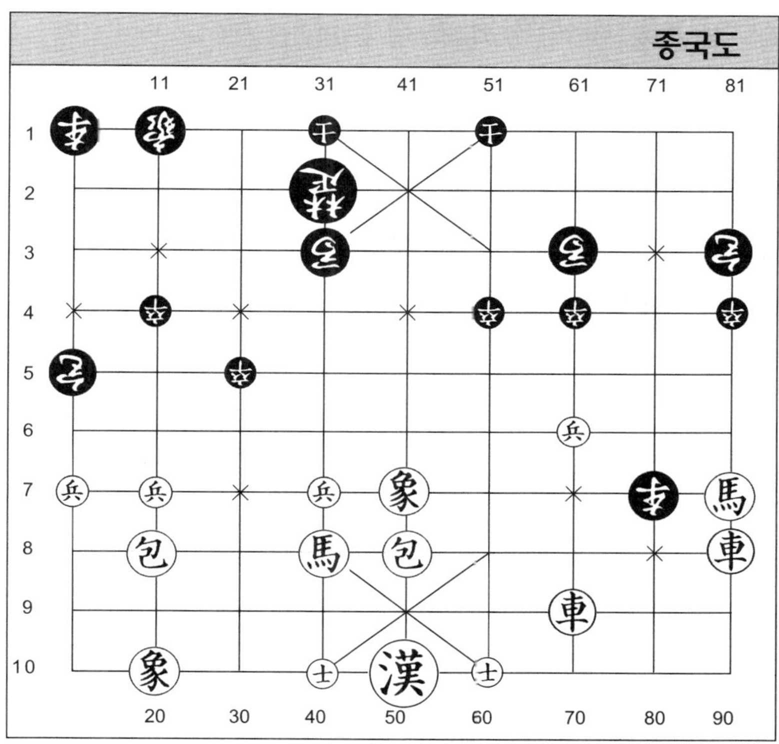

귀馬 대 귀馬 포진 (14)에서, ①부터 ㉙까지 진행된 기보 (漢에서 둘 차례)

㉑ ㉑ 44 楚象 67 打兵

㉒ ㉒ 77 兵 67 打象

㉓ ㉓ 42 楚將 32

㉔ ㉔ 67 兵 66

㉕ ㉕ 43 楚包 83

㉖ ㉖ 68 漢馬 87

㉗ ㉗ 65 楚包 5

㉘ ㉘ 9 漢車 69

㉙ ㉙ 71 楚亘 77

〈해설〉

㉕에서 43 楚包 83할 때 漢에서는 83에 있는 漢車를 죽이고 66兵으로 65 楚包를 취하였더라면 종국도 그림보다는 모양이 더 좋았을 것이다.

27. 양귀馬 대 원앙馬 포진법(양귀馬 선수)

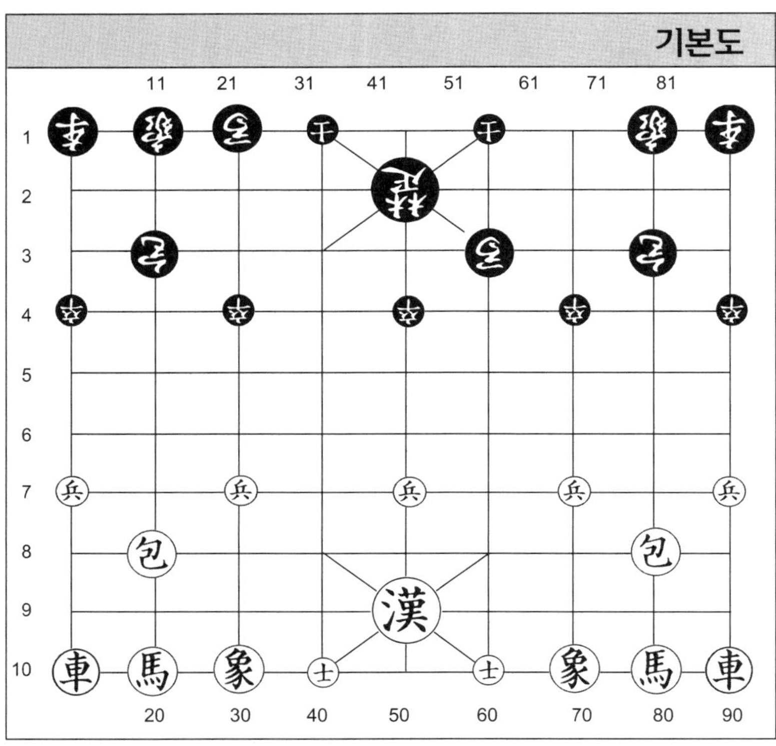

① 61 楚馬 53
② 80 漢馬 68
③ 73 楚包 43
④ 78 漢包 48
⑤ 44 卒 45
⑥ 20 漢馬 28
⑦ 21 楚馬 33
⑧ 87 兵 77
⑨ 71 楚象 54
⑩ 47 兵 37

⑪ 64 卒 74
⑫ 68 漢馬 47
⑬ 81 楚車 61
⑭ 67 兵 66
⑮ 11 楚象 34
⑯ 77 兵 76
⑰ 4 卒 14
⑱ 60 漢士 59
⑲ 51 楚士 52
⑳ 18 漢包 38

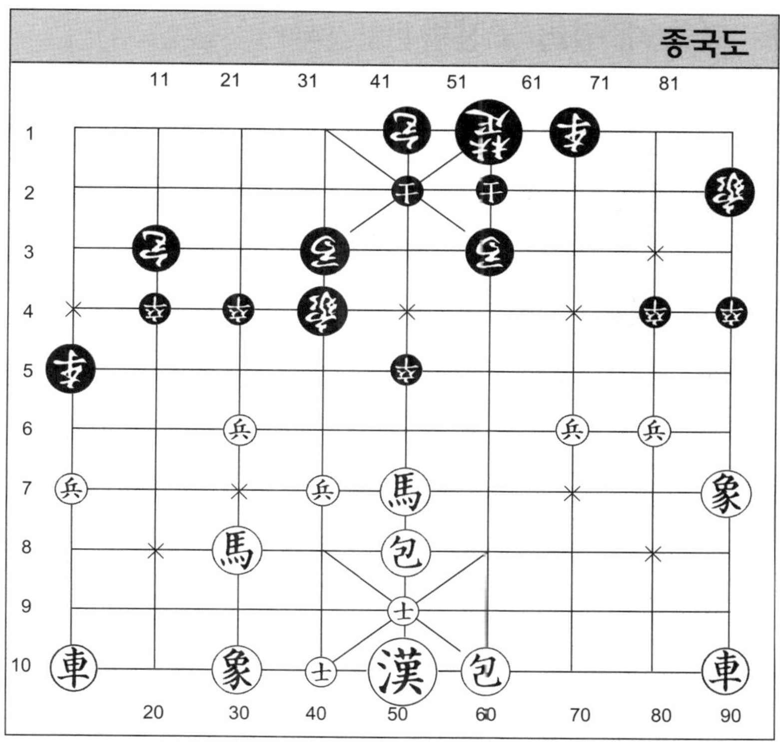

양귀馬 대 원앙馬 포진에서, ①부터 ㉚까지 진행된 기보

㉑ 1 楚車 5

㉒ 38 漢包 60

㉓ 54 楚象 82

㉔ 27 兵 26

㉕ 42 楚將 51

㉖ 49 漢將 50

㉗ 31 楚士 42

㉘ 70 漢象 87

㉙ 43 楚包 41

㉚ 59 漢士 49

28. 면象 대 귀馬 포진법(면象 선수)

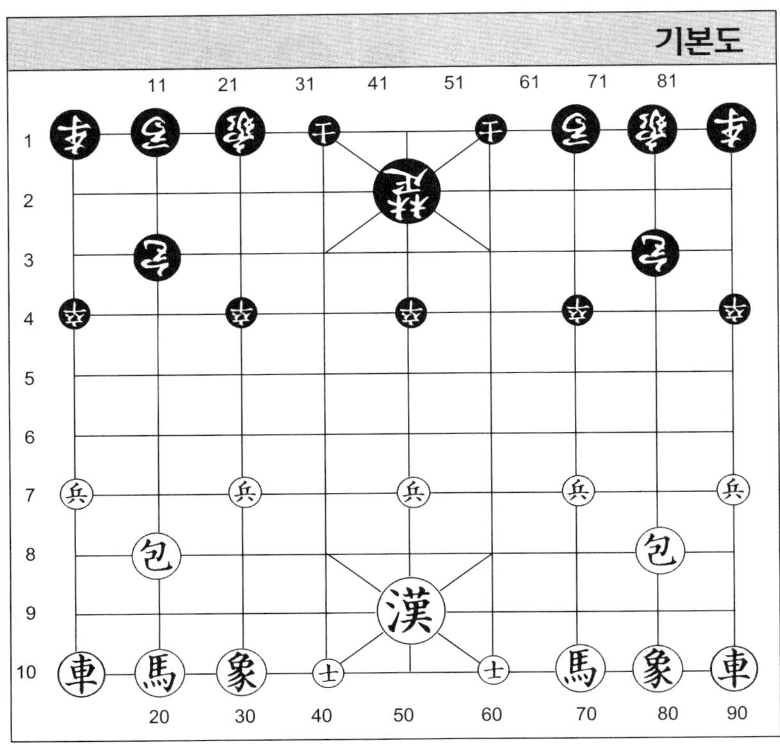

① 84 卒 74   ⑪ 64 卒 65

② 7 兵 17   ⑫ 10 漢車 6

③ 61 楚馬 53   ⑬ 65 卒 55

④ 20 漢馬 28   ⑭ 30 漢象 7

⑤ 13 楚包 63   ⑮ 24 卒 34

⑥ 18 漢包 48   ⑯ 6 漢車 26

⑦ 42 楚將 41   ⑰ 63 楚包 23

⑧ 70 漢馬 58   ⑱ 80 漢象 57

⑨ 31 楚士 42   ⑲ 71 楚象 43

⑩ 67 兵 66   ⑳ 27 兵 37

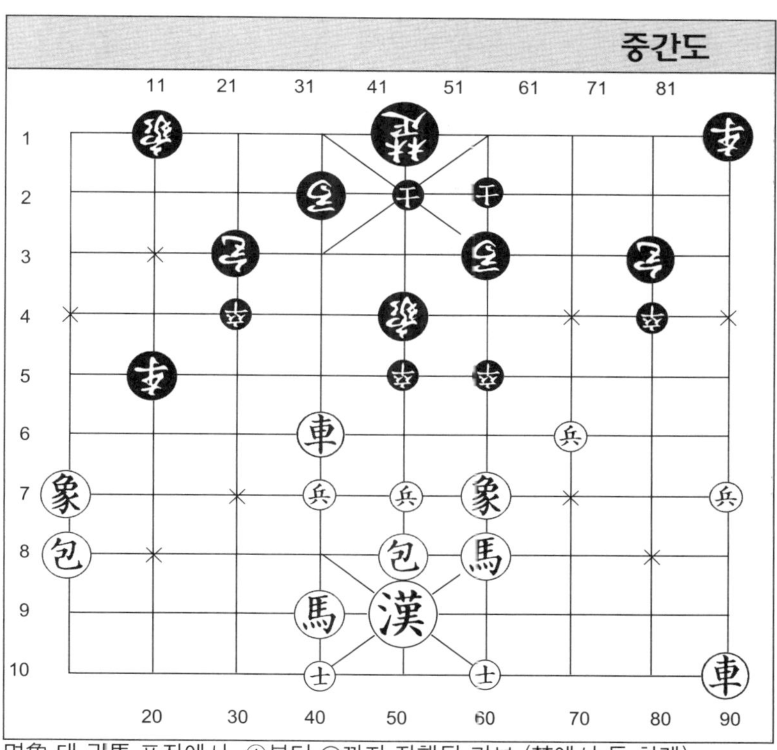

면象 대 귀馬 포진에서, ①부터 ㊷까지 진행된 기보 (楚에서 둘 차례)

㉑ 4 卒 14   ㉜ 26 漢車 36

㉒ 48 漢包 8   ㉝ 43 楚象 11

㉓ 14 卒 4   ㉞ 16 兵 15

㉔ 78 漢包 48   ㉟ 34 卒 24

㉕ 44 卒 45   ㊱ 28 漢馬 20

㉖ 26 漢車 16   ㊲ 3 楚車 13

㉗ 21 楚象 44   ㊳ 20 漢馬 39

㉘ 16 漢車 26   ㊴ 13 楚車 15 打兵

㉙ 1 楚車 3   ㊵ 8 漢包 4 打卒

㉚ 17 兵 16   ㊶ 51 楚士 52

㉛ 11 楚馬 32   ㊷ 4 漢包 8

종국도

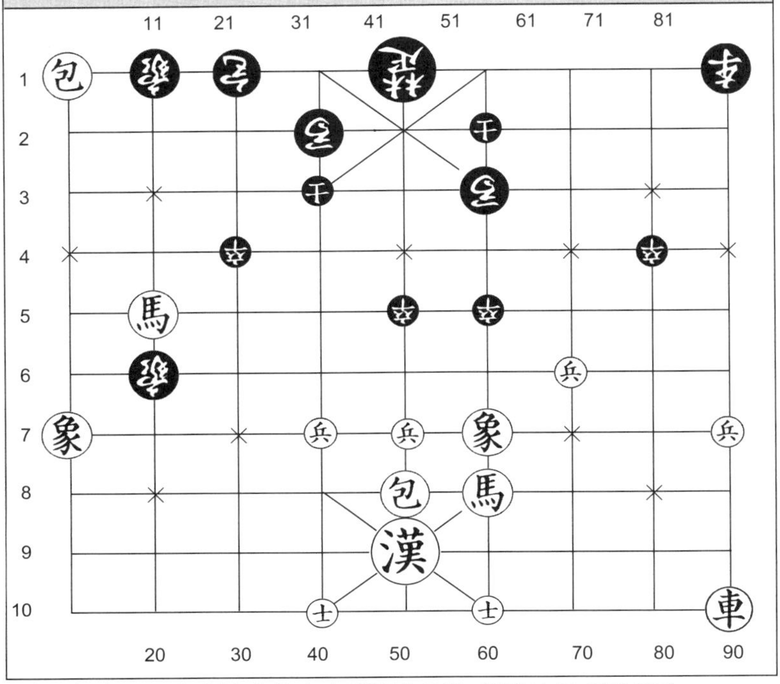

면象 대 귀馬 포진 ①부터 (54)까지 진행된 그림. 楚에서 둘 차례이다.

㊸ 73 楚包 33

㊹ 49 漢將 50

㊺ 44 楚象 16

㊻ 36 漢車 33 打包

㊼ 23 楚包 30 장

㊽ 50 漢將 49

㊾ 42 楚士 33 打車

㊿ 39 漢馬 27

(51) 30 楚包 26

(52) 8 漢包 1 장

(53) 26 楚包 21

(54) 27 漢馬 15 打車

㊶에서 51 士 52 한 게 잘못 두었다.

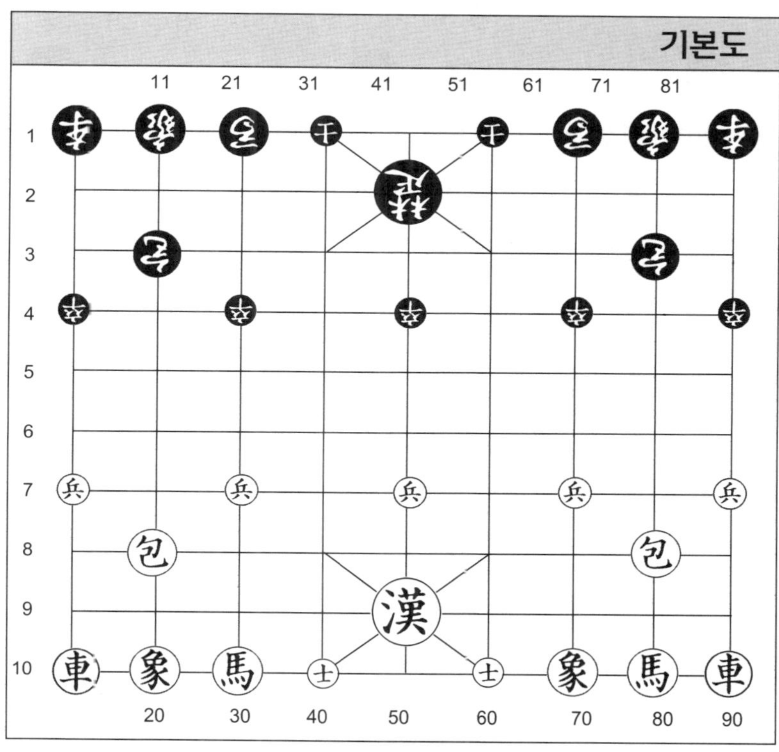

① 4 卒 14

② 80 漢馬 68

③ 61 楚馬 53

④ 78 漢包 48

⑤ 44 卒 45

⑥ 87 兵 77

⑦ 73 楚包 43

⑧ 30 漢馬 38

⑨ 21 楚馬 33

⑩ 90 漢車 86

⑪ 64 卒 74

⑫ 86 漢車 66

⑬ 11 楚象 34

⑭ 66 漢車 62 장

⑮ 51 楚士 52

⑯ 20 漢象 37

⑰ 71 楚象 54

⑱ 무심코 47 兵 57 하였다.

⑲ 33 楚馬 41

⑳ 62 漢車 65

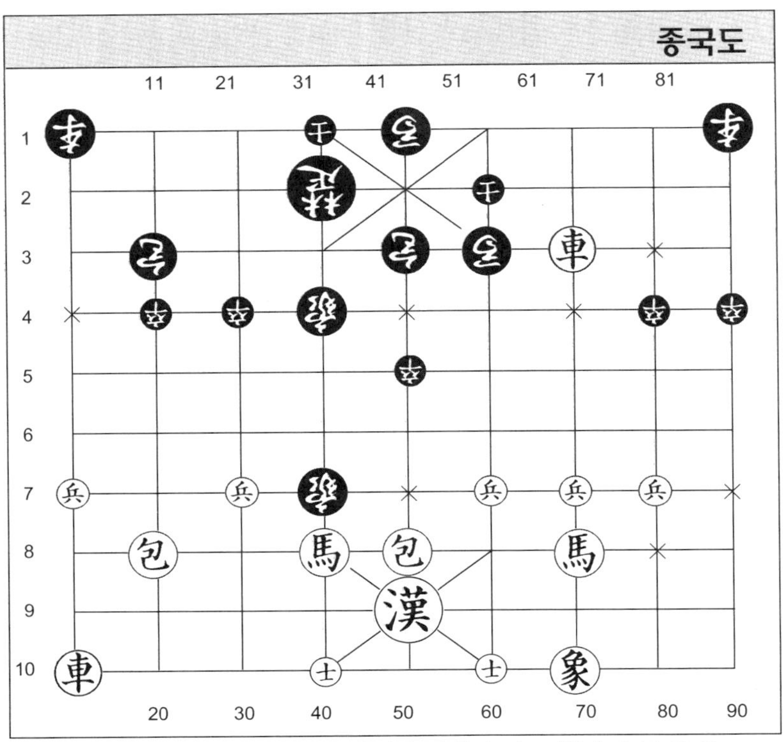

양귀馬 대 귀馬 포진에서, ①부터 ㉓까지 진행된 기보 (漢에서 둘 차례)

㉑ 54 楚象 37 打象

㉑ 65 漢車 63

㉒ 42 楚將 32

㉓ 여기서 漢車는 죽게 된다. 무
   심코 두다 보면 별로 잘못 둔
   것 같지도 않은데 기보와 같은
   형태가 되는 것이다.

30. 면象 대 귀馬 포진법(면象 선수)

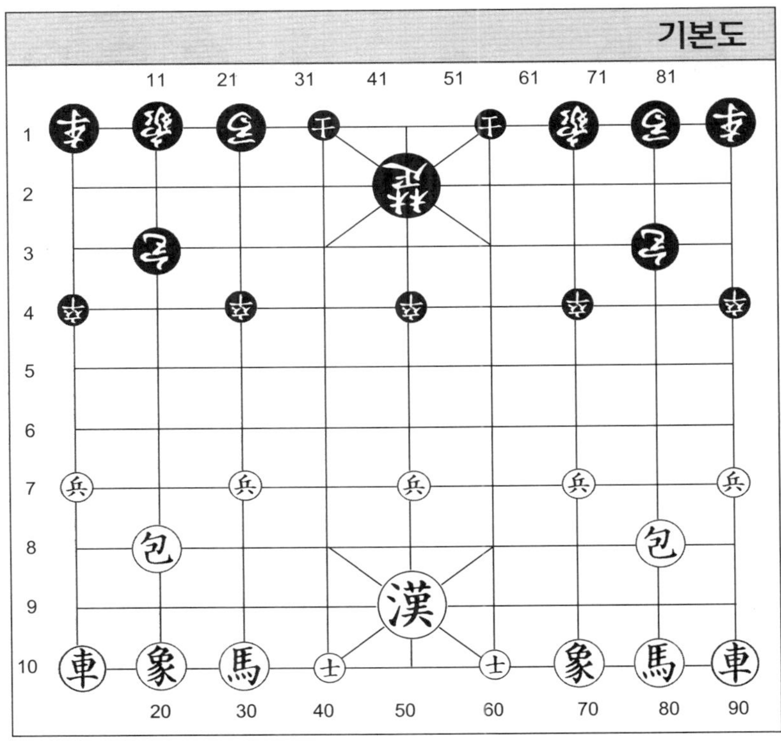

① 4 卒 14

② 87 兵 77

③ 21 楚馬 33

④ 80 漢馬 68

⑤ 73 楚包 23

⑥ 78 漢包 73

⑦ 33 楚馬 52

⑧ 18 漢包 88

여기서 정수는 52 楚馬 73 打包하는 것인데, 만약 71 楚馬 83 하면 잘못 두는 것이니 다음 수순을 잘 살펴보자.

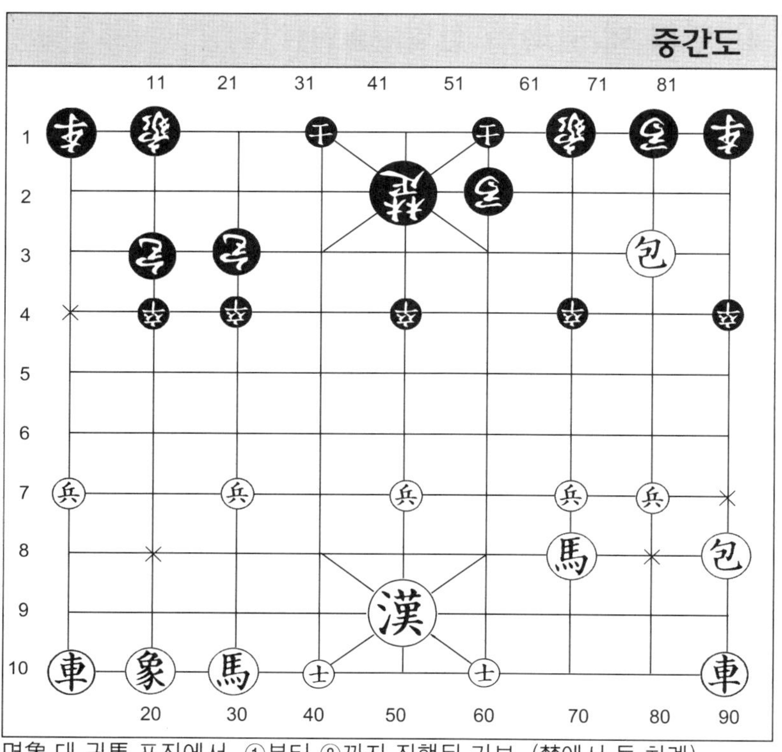

면象 대 귀馬 포진에서, ①부터 ⑧까지 진행된 기보 (楚에서 둘 차례)

① 71 楚馬 83
② 73 漢包 79
③ 23 楚包 27 打兵
④ 30 漢馬 38
⑤ 11 楚象 43
⑥ 47 兵 57
⑦ 27 楚包 23
⑧ 88 漢包 48
⑨ 83 楚馬 71
⑩ 79 漢包 72 장
⑪ 52 楚馬 73

⑫ 48 漢包 88
⑬ 73 楚馬 85
⑭ 70 漢象 47
⑮ 23 楚包 83
⑯ 77 兵 76
⑰ 81 楚車 82
⑱ 72 漢包 22
⑲ 42 楚將 41
⑳ 22 漢包 29
㉑ 84 卒 74
㉒ 76 兵 75

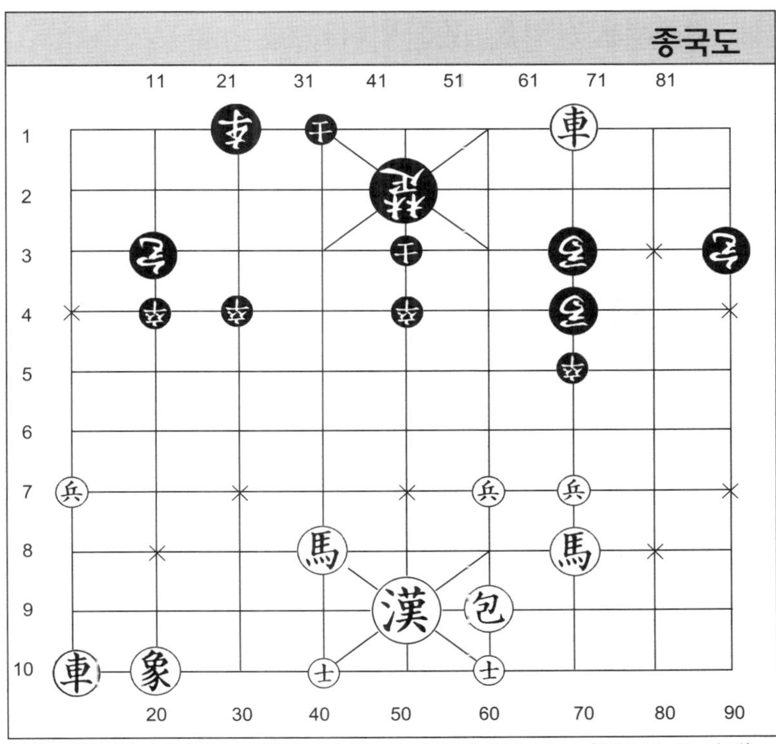

면象 대 귀馬 포진에서, 새로 ①부터 ⑫까지 진행된 기보 (楚에서 둘 차례)

⑳ 74 卒 75 打兵

㉔ 47 漢象 64 打卒 장

㉕ 71 楚馬 63

㉖ 90 漢車 80

㉗ 82 楚車 72

㉘ 88 漢包 48

㉙ 51 楚士 42

㉚ 29 漢包 79

㉛ 75 卒 65

㉜ 48 漢包 43 打象 장

㉝ 41 楚將 51

㉞ 79 漢包 9

㉟ 1 楚車 21

㊱ 80 漢車 72 打車

㊲ 42 楚士 43 打包

㊳ 72 漢車 62

㊴ 85 楚馬 64 打象

㊵ 62 漢車 61 打象 장

㊶ 51 楚將 42

㊷ 9 漢包 59

楚에서는 선수를 하고도 패하게 됐다.

㉛에서 75 卒 65 하지 말고 72 車 82 하는 게 정수였고,

㉜漢에서도 48 漢包 43 打象 장 하지 말고 79 包가 9로 가는 것이 정수였다.

31. 귀馬 대 원앙馬 포진법(1) (귀馬 선수)

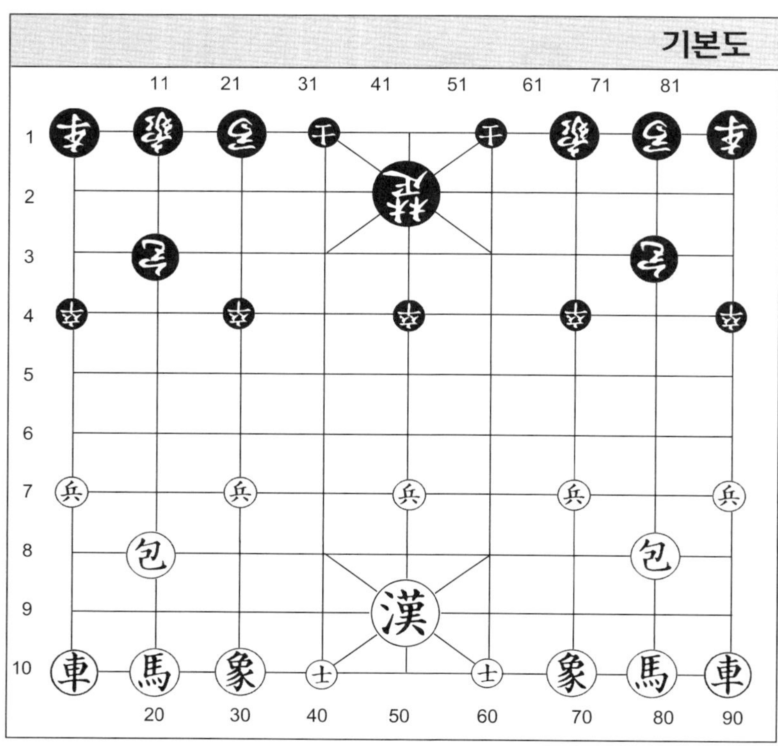

① 84 卒 74
② 80 漢馬 68
③ 71 楚馬 63
④ 78 漢包 48
⑤ 73 楚包 43
⑥ 20 漢馬 28
⑦ 4 卒 14
⑧ 18 漢包 38
⑨ 1 楚車 5
⑩ 67 兵 66

⑪ 11楚象 34
⑫ 47 兵 37
⑬ 44 卒 54
⑭ 66 兵 56
⑮ 5 楚車 65
⑯ 90 漢車 88
⑰ 65 楚車 67
⑱ 60 漢士 59
⑲ 81 楚車 85
⑳ 38 漢包 60

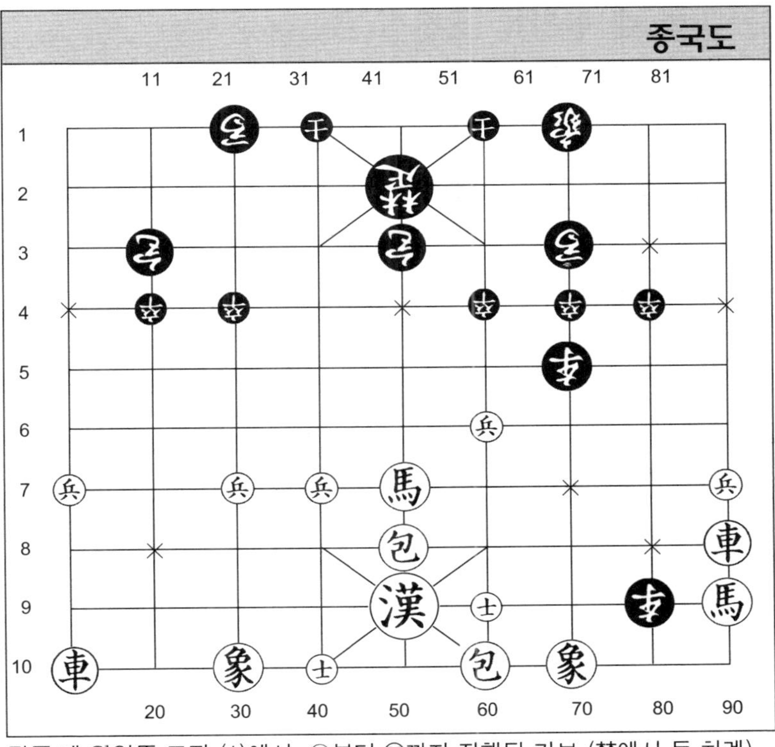

귀馬 대 원앙馬 포진 (1)에서, ①부터 ㉘까지 진행된 기보 (楚에서 둘 차례)

㉑ 85 楚車 65

㉒ 28 漢馬 47

㉓ 34 楚象 57

㉔ 68 漢馬 89

㉕ 67 楚車 69

㉖ 60 漢包 57 打象

㉗ 69 楚車 79

㉘ 57 漢包 60

32. 귀馬 대 원앙馬 포진법(2) (귀馬 선수)

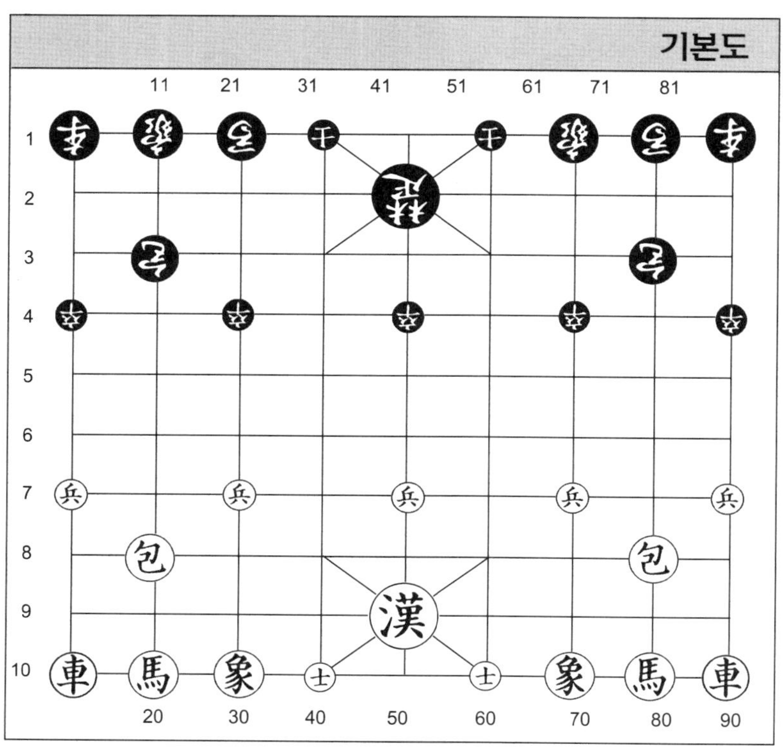

① 84 卒 74

② 80 漢馬 68

③ 71 楚馬 63

④ 78 漢包 48

⑤ 73 楚包 43

⑥ 20 漢馬 28

⑦ 4 卒 14

⑧ 18 漢包 38

⑨ 1 楚車 5

⑩ 67 兵 66

⑪ 11 楚象 34

⑫ 47 兵 37

⑬ 44 卒 54

⑭ 66 兵 56

⑮ 5 楚車 65

⑯ 90 漢車 88

⑰ 65 楚車 67

⑱ 60 漢士 59

⑲ 81 楚車 85

⑳ 38 漢包 60

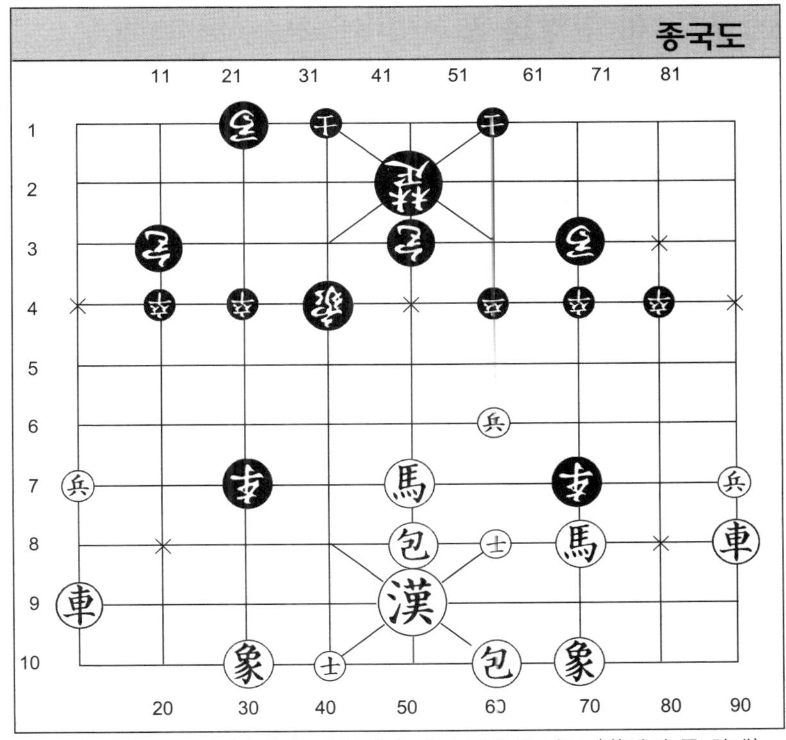

귀馬 대 원앙馬 포진 (2)에서, ①부터 ㉙까지 진행된 기보 (漢에서 둘 차례)

㉑ 85 楚車 65

㉒ 59 漢士 58

㉓ 61 楚象 44

㉔ 28 漢馬 47

㉕ 65 楚車 25

㉖ 10 漢車 9

㉗ 44 楚象 27 打兵

㉘ 37 兵 27 打象

㉙ 25 楚車 27 打兵

33. 귀馬 대 원앙馬 포진법(3) (귀馬 선수)

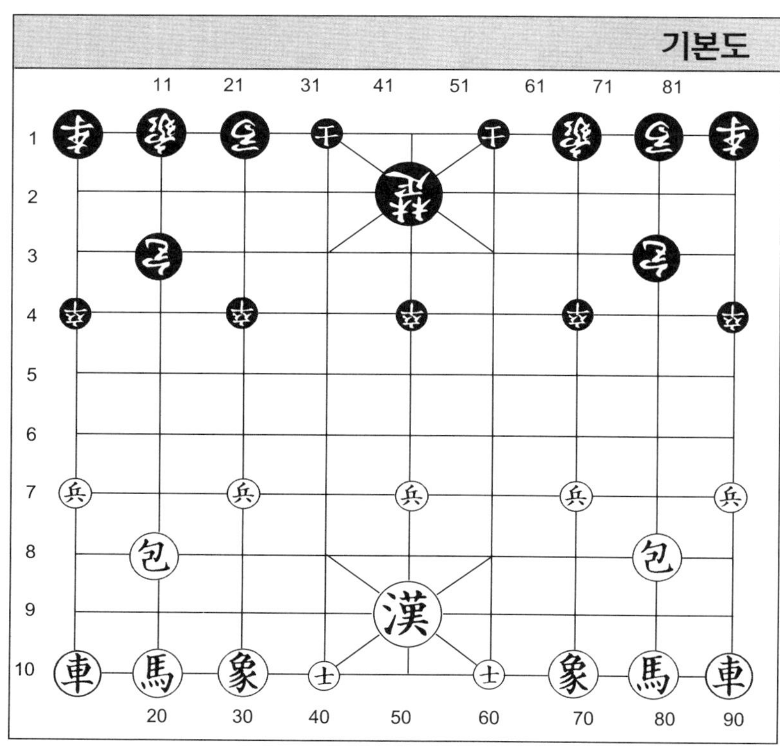

① 84 卒 74

② 80 漢馬 68

③ 71 楚馬 63

④ 78 漢包 48

⑤ 73 楚包 43

⑥ 7 兵 17

⑦ 11 楚象 34

⑧ 20 漢馬 28

⑨ 21 楚馬 33

⑩ 17 兵 16

⑪ 24 卒 25

⑫ 47 兵 37

⑬ 31 楚士 32

⑭ 18 漢包 38

⑮ 61 楚象 84

⑯ 87 兵 77

⑰ 51 楚士 52

⑱ 67 兵 66

⑲ 4 卒 14

⑳ 10 漢車 1 打車

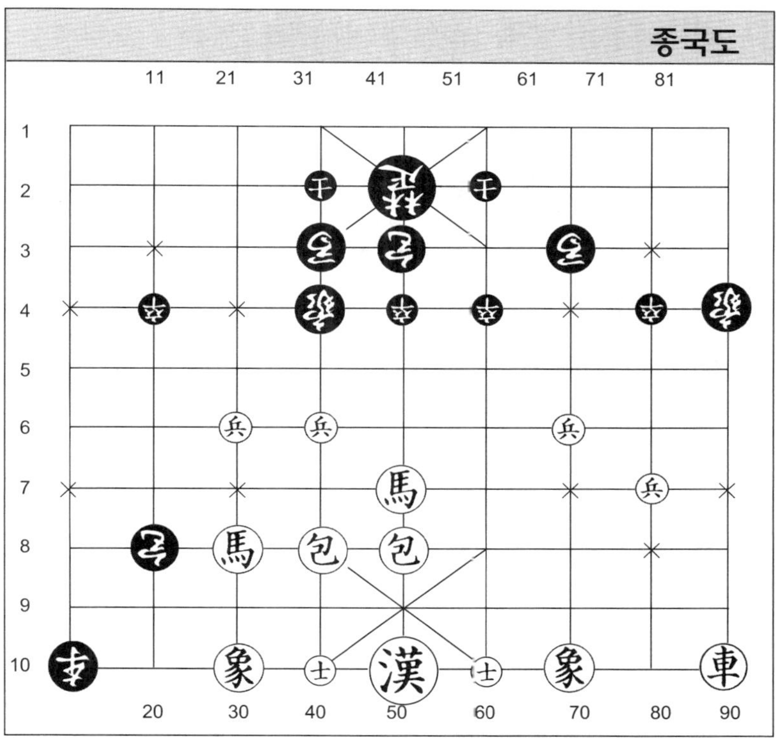

귀馬 대 원앙馬 포진 (3)에서, ①부터 ㉚까지 진행된 기보 (楚에서 둘 차례)

㉑ 81 楚車 1 打車

㉒ 27 兵 26

㉓ 25 卒 26 打兵

㉔ 16 兵 26 打卒

㉕ 13 楚包 18

㉖ 37 兵 36

㉗ 1 楚車 10

㉘ 68 漢馬 47

㉙ 64 卒 54

㉚ 49 漢將 50

34. 귀馬 대 원앙馬 포진법(4) (귀馬 선수)

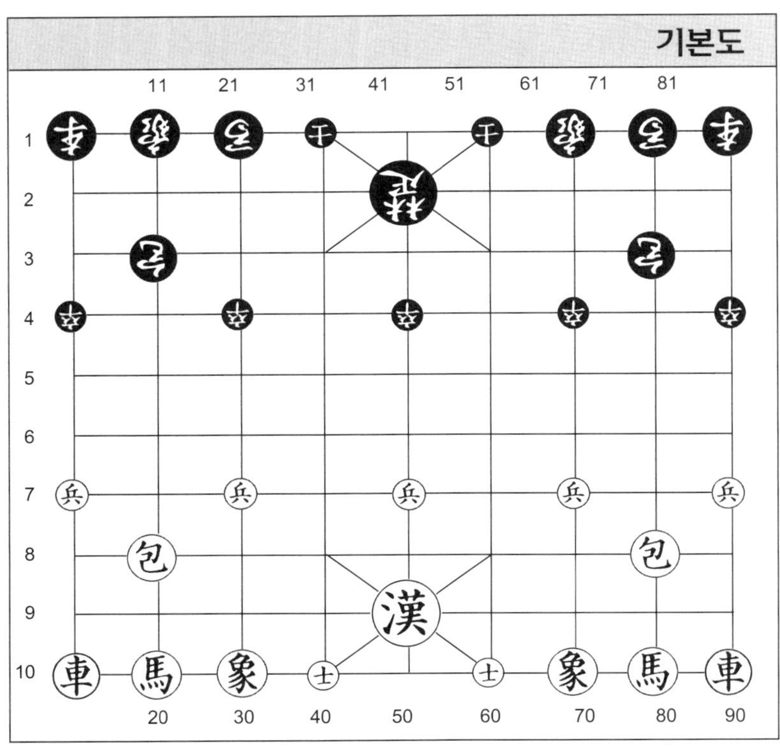

① 84 卒 74
② 80 漢馬 68
③ 71 楚馬 63
④ 78 漢包 48
⑤ 73 楚包 43
⑥ 20 漢馬 28
⑦ 4 卒 14
⑧ 18 漢包 38
⑨ 1 楚車 5
⑩ 67 兵 66

⑪ 11 楚象 34
⑫ 47 兵 37
⑬ 44 卒 54
⑭ 68 漢馬 47
⑮ 5 楚車 75
⑯ 49 漢將 39
⑰ 75 楚車 79 장
⑱ 40 漢士 49
⑲ 79 楚車 69
⑳ 66 兵 56

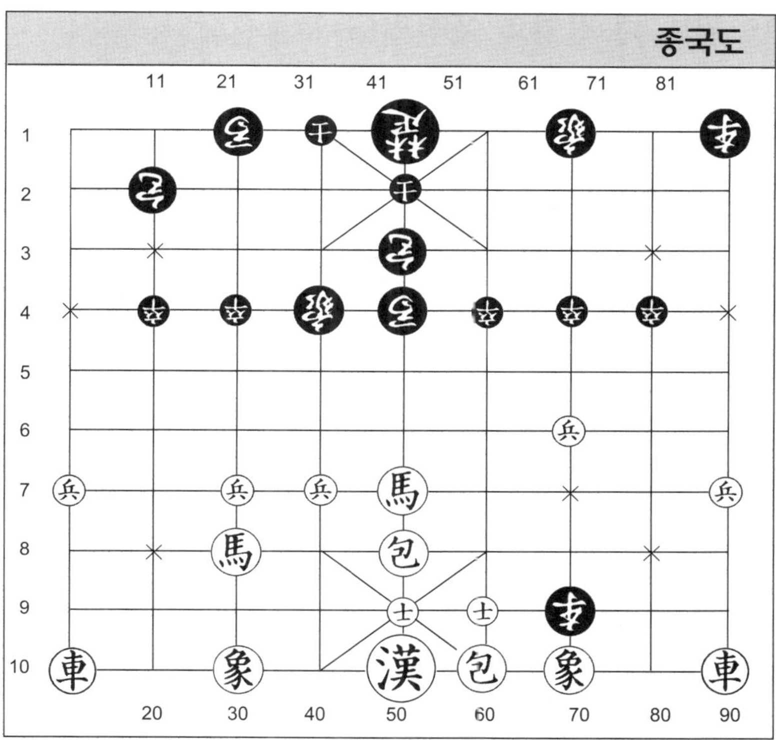

귀馬 대 원앙馬 포진 (4)에서, ①부터 ㉚까지 진행된 기보 (楚에서 둘 차례)

㉑ 63 楚馬 44

㉒ 56 兵 66

㉓ 42 楚將 41

㉔ 39 漢將 40

㉕ 51 楚士 42

㉖ 40 漢將 50

㉗ 13 楚包 15

㉘ 60 漢士 59

㉙ 15 楚包 12

㉚ 38 漢包 60

35. 귀馬 대 원앙馬 포진법(5) (귀馬 선수)

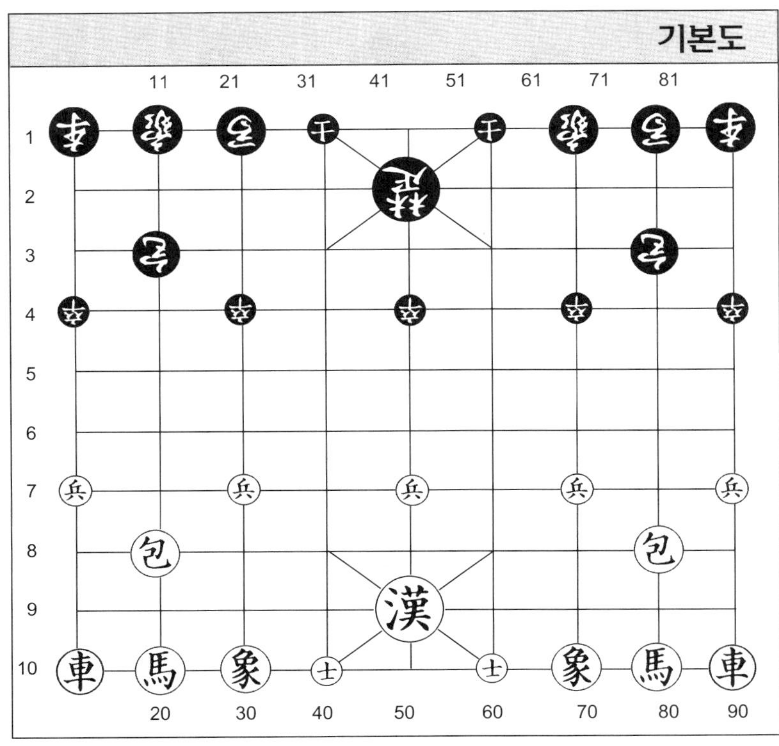

① 84 卒 74
② 80 漢馬 68
③ 71 楚馬 63
④ 78 漢包 48
⑤ 73 楚包 43
⑥ 20 漢馬 28
⑦ 4 卒 14
⑧ 18 漢包 38
⑨ 1 楚車 5
⑩ 67 兵 66

⑪ 11 楚象 34
⑫ 47 兵 37
⑬ 44 卒 54
⑭ 66 兵 56
⑮ 5 楚車 65
⑯ 90 漢車 88
⑰ 65 楚車 67
⑱ 60 漢士 59
⑲ 61 楚象 44
⑳ 70 漢象 47

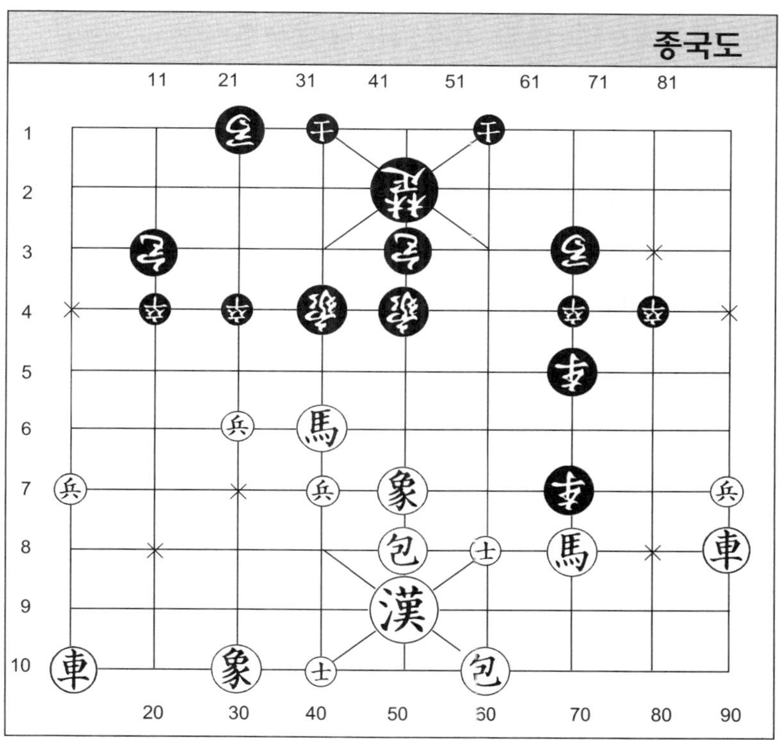

귀馬 대 욘앙馬 포진 (5)에서, ①에서 ㉚까지 진행된 기보 (楚에서 둘 차례)

㉑ 81 楚車 85

㉒ 27 兵 26

㉓ 85 楚車 65

㉔ 59 漢士 58

㉕ 54 卒 55

㉖ 56 兵 55 打卒

㉗ 65 車楚 55 打兵

㉘ 38 漢包 60

㉙ 55 楚車 65

㉚ 28 漢馬 36

36. 원앙馬 대 귀馬 포진법(1) (원앙馬 선수)

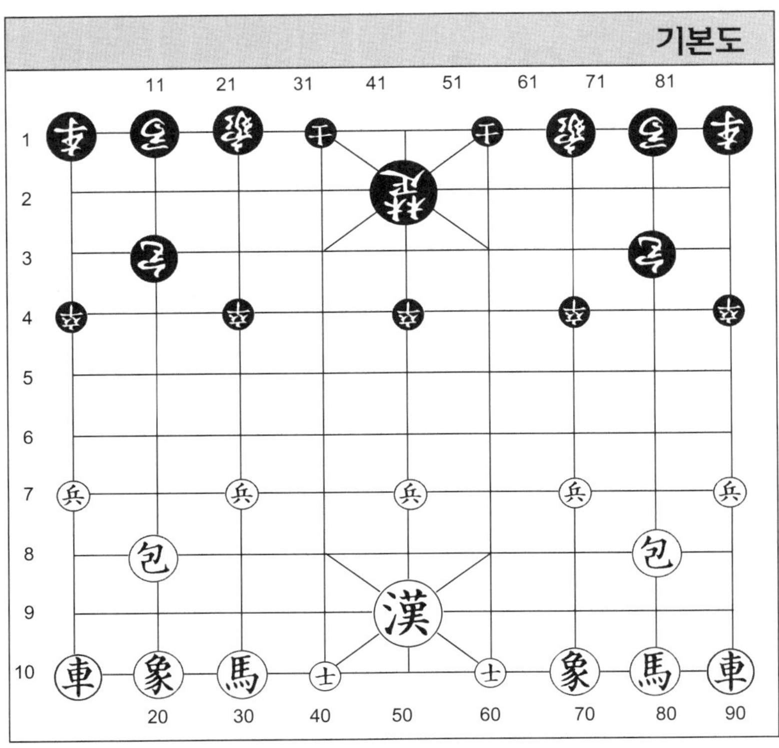

① 84 卒 74

② 80 漢馬 68

③ 71 楚馬 63

④ 78 漢包 48

⑤ 73 楚包 43

⑥ 7 兵 17

⑦ 11 楚馬 23

⑧ 20 漢象 37

⑨ 44 卒 34

⑩ 27 兵 26

⑪ 13 楚包 33

⑫ 30 漢馬 38

⑬ 51 楚士 52

⑭ 18 漢包 16

⑮ 63 楚馬 44

⑯ 67 兵 57

⑰ 64 卒 65

⑱ 16 漢包 19

⑲ 34 卒 35

⑳ 19 漢包 89

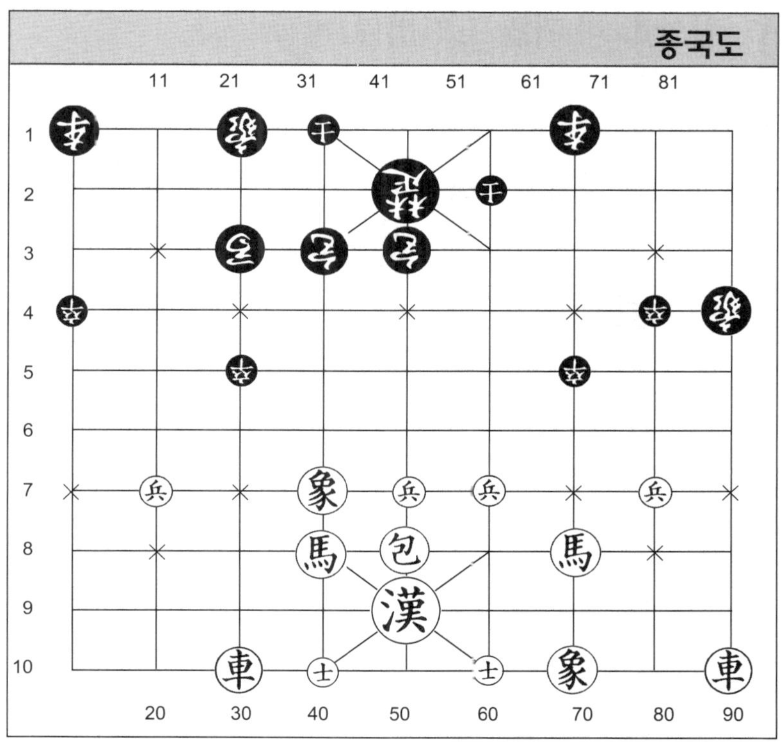

원앙馬 대 귀馬 포진 (1)에서, ①부터 ㉚까지 진행된 기보(楚에서 둘 차례)

㉑ 61 楚象 84

㉒ 87 兵 77

㉓ 81 楚車 61

㉔ 89 漢包 29

㉕ 24 卒 25

㉖ 26 兵 25 打卒

㉗ 35 卒 25 打兵

㉘ 29 漢包 23 打馬

㉙ 44 楚馬 23 打包

㉚ 10 漢車 30

37. 원앙馬 대 귀馬 포진법(2) (원앙馬 선수)

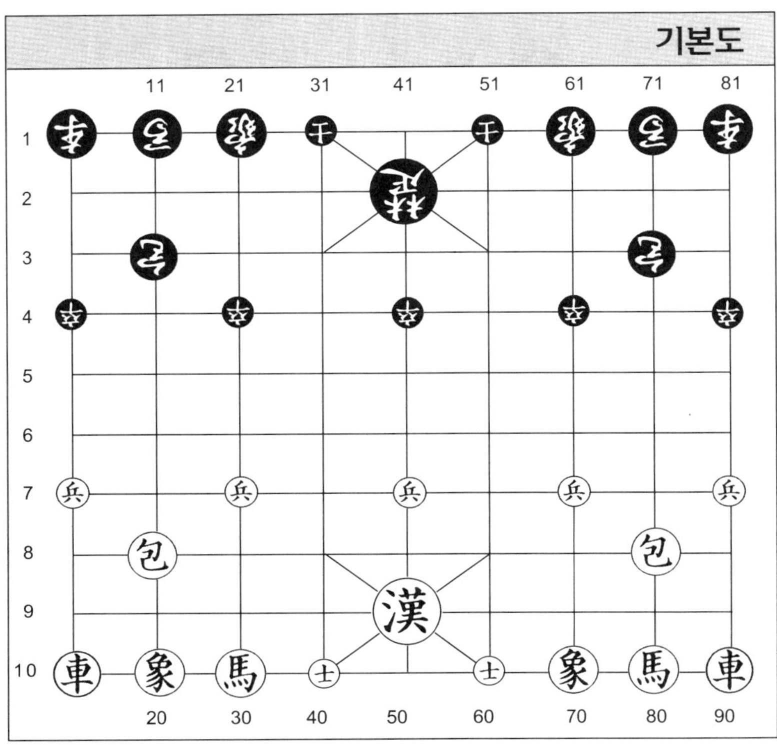

① 84 卒 74　　⑪ 13 楚包 33

② 80 漢馬 68　　⑫ 30 漢馬 38

③ 71 楚馬 63　　⑬ 51 楚士 52

④ 78 漢包 48　　⑭ 18 漢包 16

⑤ 73 楚包 43　　⑮ 63 楚馬 44

⑥ 7 兵 17　　⑯ 67 兵 57

⑦ 11 楚馬 23　　⑰ 64 卒 65

⑧ 20 漢象 37　　⑱ 16 漢包 19

⑨ 44 卒 34　　⑲ 33 楚包 51

⑩ 27 兵 26　　⑳ 19 漢包 89

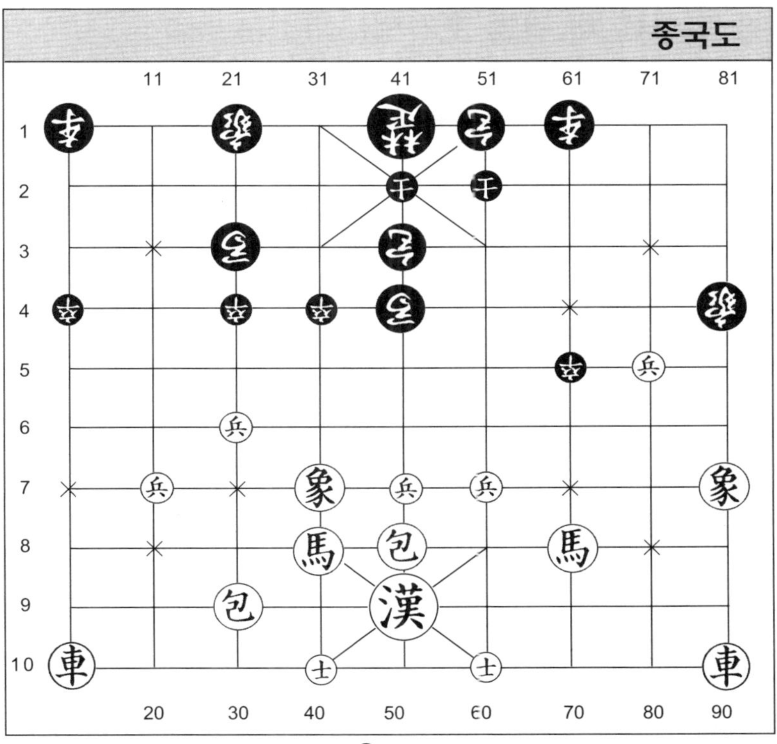

원앙馬 대 귀馬 포진 (2)에서, ①부터 ㉚까지 진행된 기보

㉑ 61 楚象 84

㉒ 87 兵 77

㉓ 81 楚車 61

㉔ 89 漢包 29

㉕ 42 楚將 41

㉖ 70 漢象 87

㉗ 31 楚士 42

㉘ 77 兵 76

㉙ 74 卒 75

㉚ 76 兵 75 打卒

38. 원앙馬 대 귀馬 포진법(3) (원앙馬 선수)

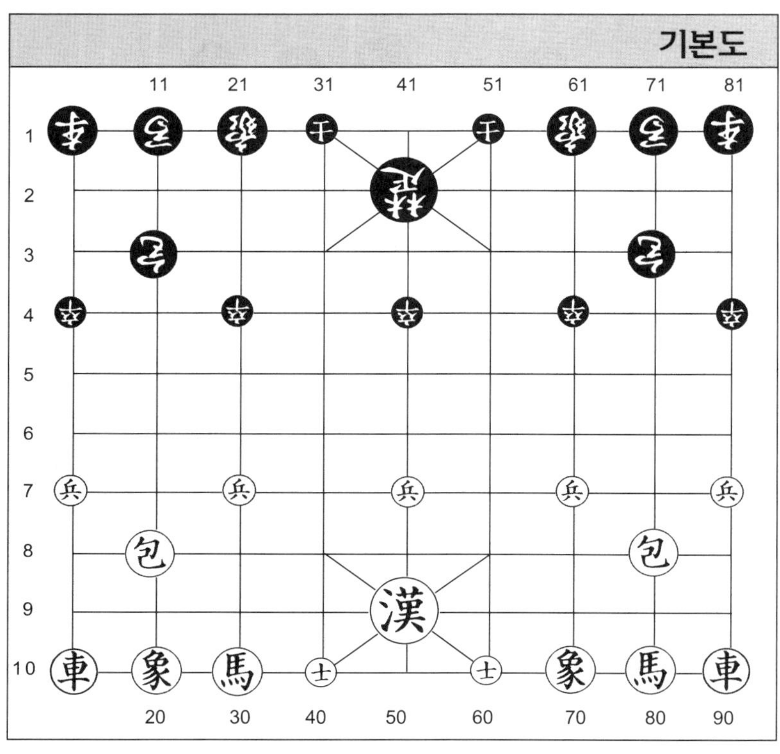

① 84 卒 74		⑪ 44 卒 34
② 30 漢馬 38		⑫ 27 兵 26
③ 71 楚馬 63		⑬ 51 楚士 52
④ 18 漢包 48		⑭ 67 兵 57
⑤ 73 楚包 43		⑮ 33 楚包 51
⑥ 80 漢馬 68		⑯ 78 漢包 58
⑦ 11 楚馬 23		⑰ 64 卒 65
⑧ 7 兵 17		⑱ 58 漢包 88
⑨ 13 楚包 33		⑲ 61 楚象 84
⑩ 20 漢象 37		⑳ 87 兵 77

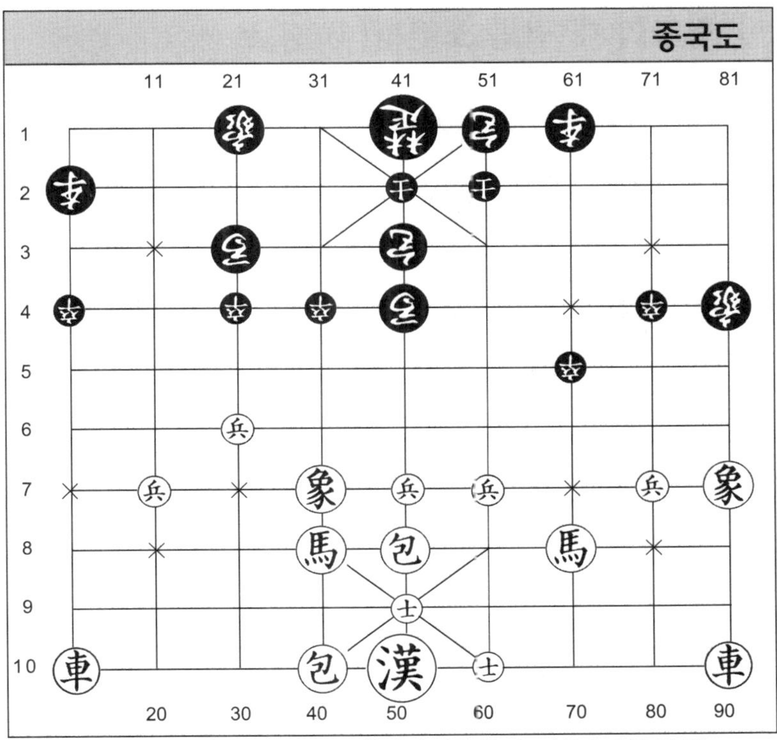

원앙馬 대 귀馬 포진 (3)에서, ①부터 ㉚까지 진행된 기보 (楚에서 둘 차례)

㉑ 81 楚車 61

㉒ 70 漢象 87

㉓ 63 楚馬 44

㉔ 88 漢包 58

㉕ 1 楚車 2

㉖ 49 漢將 50

㉗ 42 楚將 41

㉘ 40 漢士 49

㉙ 31 楚士 42

㉚ 58 漢包 40

39. 원앙馬 대 귀馬 포진법(4) (원앙馬 선수)

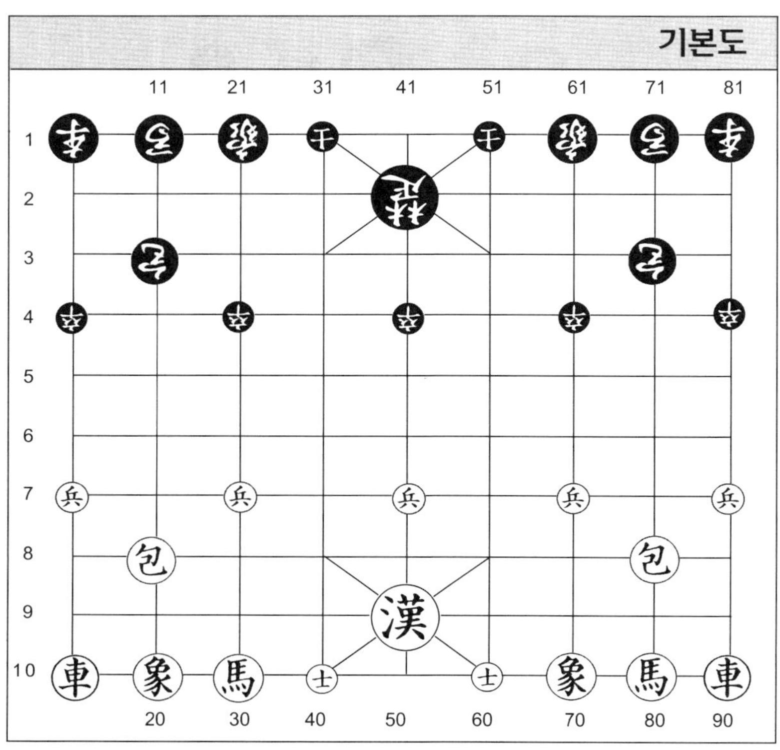

① 84 卒 74	⑪ 11 楚馬 23
② 30 漢馬 38	⑫ 10 漢車 30
③ 71 楚馬 63	⑬ 24 卒 25
④ 18 漢包 48	⑭ 78 漢包 58
⑤ 73 楚包 43	⑮ 44 卒 34
⑥ 80 漢馬 68	⑯ 49 漢將 50
⑦ 4 卒 14	⑰ 34 卒 35
⑧ 20 漢象 37	⑱ 40 漢士 49
⑨ 14 卒 15	⑲ 13 楚包 33
⑩ 27 兵 17	⑳ 58 漢包 40

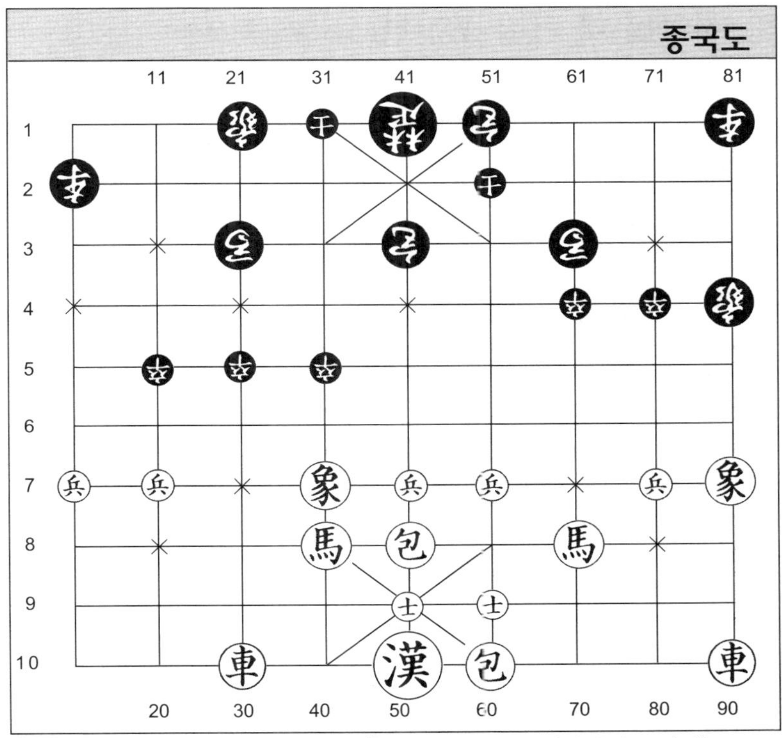

원앙馬 대 귀馬 포진 (4)에서, ①부터 ㉚까지 진행된 기보 (楚에서 둘 차례)

㉑ 51 楚士 52

㉒ 60 漢士 59

㉓ 33 楚包 51

㉔ 40 漢包 60

㉕ 1 楚車 2

㉖ 87 兵 77

㉗ 61 楚象 84

㉘ 70 漢象 87

㉙ 42 楚將 41

㉚ 67 兵 57

40. 원앙馬 대 귀馬 포진법(5) (원앙馬 선수)

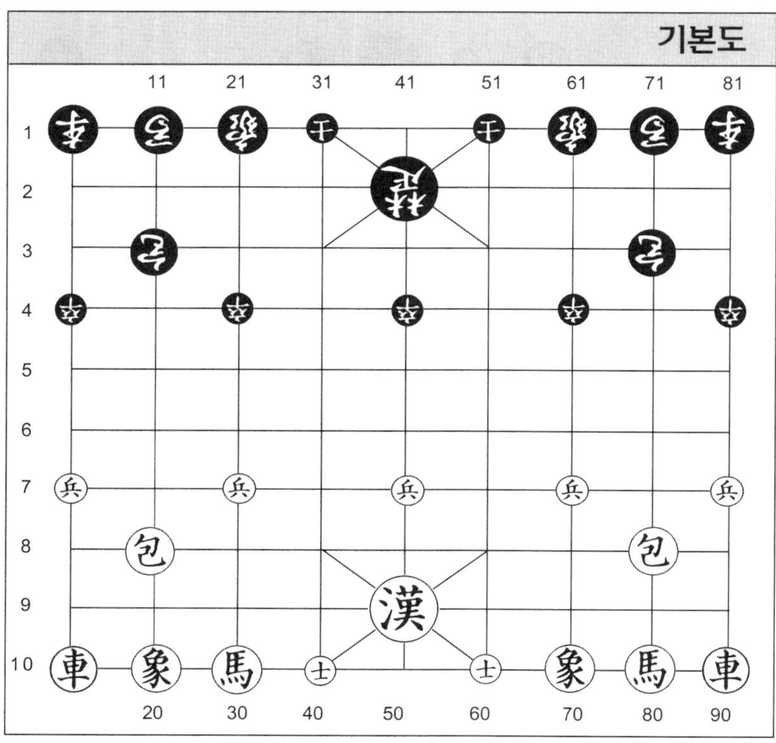

① 84 卒 74
② 80 漢馬 68
③ 71 楚馬 63
④ 78 漢包 48
⑤ 73 楚包 43
⑥ 7 兵 17
⑦ 11 楚馬 23
⑧ 20 漢象 37
⑨ 13 楚包 33
⑩ 30 漢馬 38
⑪ 51 楚士 52
⑫ 40 漢士 39
⑬ 33 楚包 51
⑭ 48 漢包 50
⑮ 44 卒 34 장
⑯ 49 漢將 40
⑰ 34 卒 35
⑱ 27 兵 26
⑲ 63 楚馬 44
⑳ 60 漢士 49

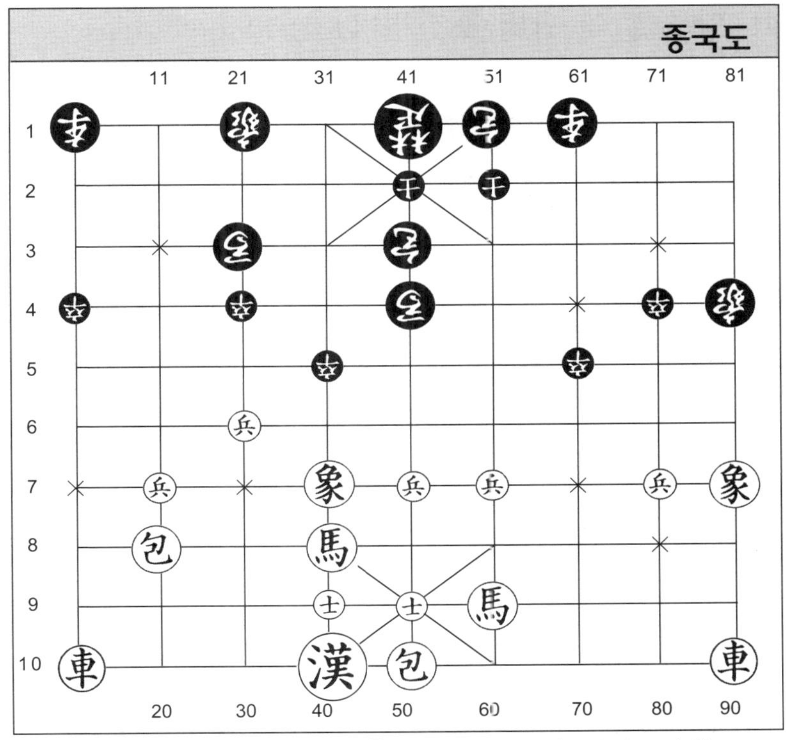

원앙馬 대 귀馬 포진 (5)에서, ①부터 ㉚까지 진행된 기보 (楚에서 둘 차례)

㉑ 42 楚將 41

㉒ 67 兵 57

㉓ 31 楚士 42

㉔ 87 兵 77

㉕ 61 楚象 84

㉖ 70 漢象 87

㉗ 64 卒 65

㉘ 68 漢馬 80

㉙ 81 楚車 61

㉚ 80 漢馬 59

41. 양귀馬 대 귀馬 포진법(1) (양귀馬 선수)

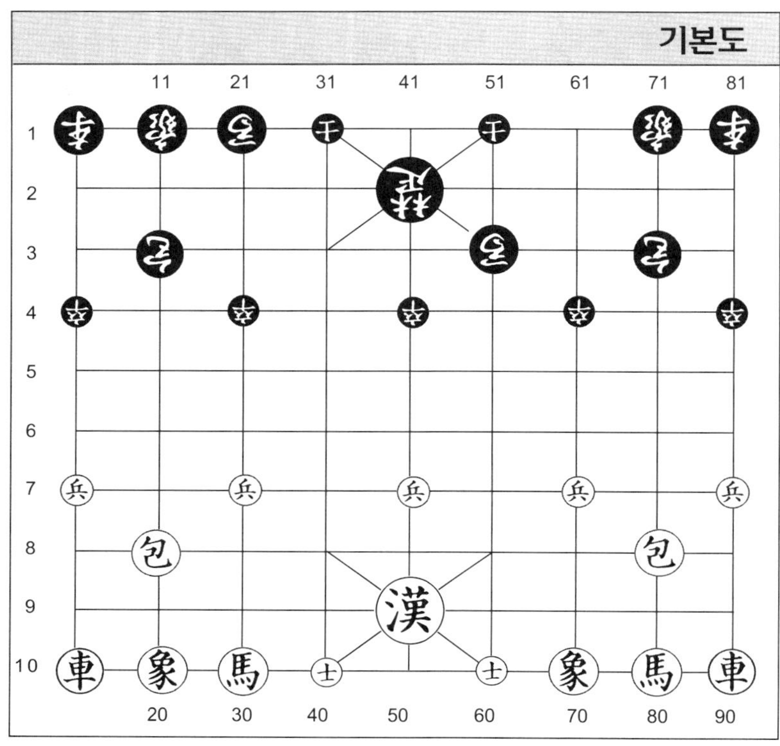

① 61 楚馬 53
② 80 漢馬 68
③ 73 楚包 43
④ 78 漢包 48
⑤ 44 卒 45
⑥ 7 兵 17
⑦ 21 楚馬 33
⑧ 30 漢馬 38
⑨ 71 楚象 54
⑩ 47 兵 57
⑪ 64 卒 74
⑫ 70 漢象 47
⑬ 24 卒 25
⑭ 87 兵 77
⑮ 81 楚車 61
⑯ 77 兵 76
⑰ 11 楚象 34
⑱ 67 兵 66
⑲ 31 楚士 32
⑳ 57 兵 56

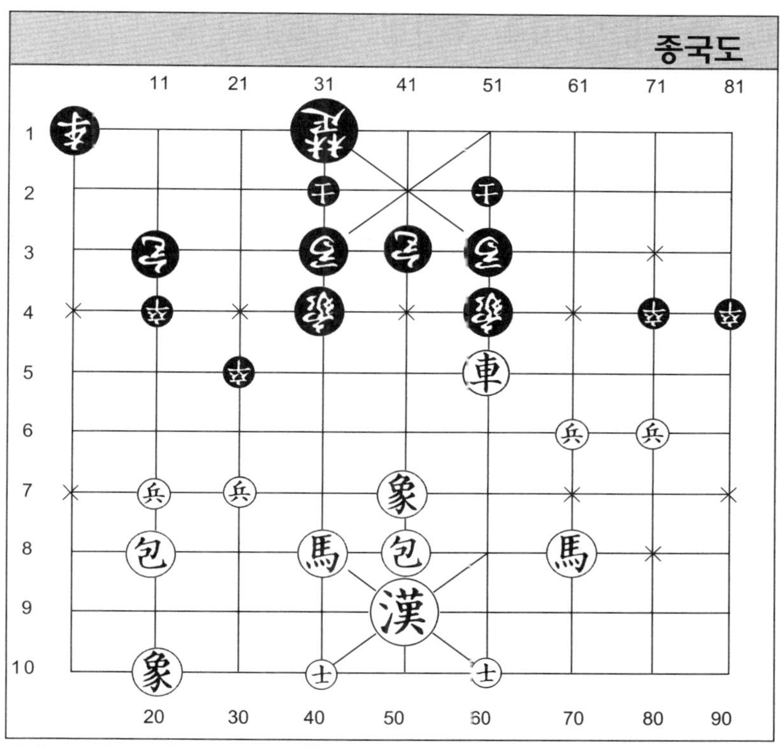

양귀馬 대 귀馬 포진 (1)에서, ①부터 ⑳까지 진행된 기보 (楚에서 둘 차례) 52士42 하면,

㉑ 51 楚士 52

㉒ 90 漢車 89

㉓ 4 卒 14

㉔ 10 漢車 1 打車

㉕ 61 楚車 1 打車

㉖ 89 漢車 59

㉗ 42 楚將 31

㉘ 56 兵 55

㉙ 45 卒 55 打兵

㉚ 59 漢車 55 打卒

42. 양귀馬 대 귀馬 포진법(2) (양귀馬 선수)

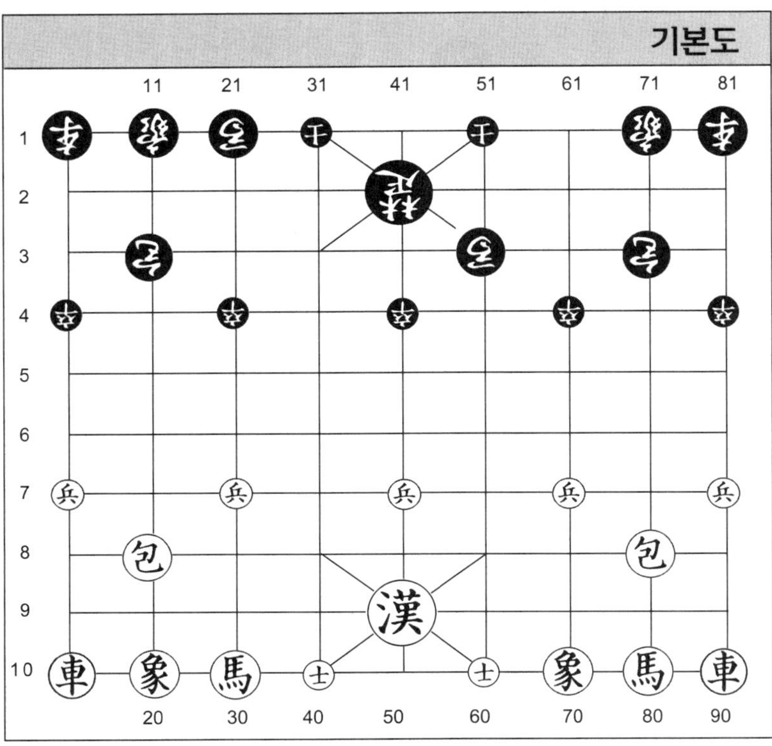

① 61 楚馬 53

② 80 漢馬 68

③ 4 卒 14

④ 78 漢包 48

⑤ 44 卒 45

⑥ 87 兵 77

⑦ 73 楚包 43

⑧ 30 漢馬 38

⑨ 71 楚象 54

⑩ 77 兵 76

⑪ 64 卒 74

⑫ 47 兵 57

⑬ 81 楚車 61

⑭ 67 兵 66

⑮ 11楚象 34

⑯ 57 兵 56

⑰ 21 楚馬 33

⑱ 90 漢車 87

⑲ 31 楚士 32

⑳ 40 漢士 39

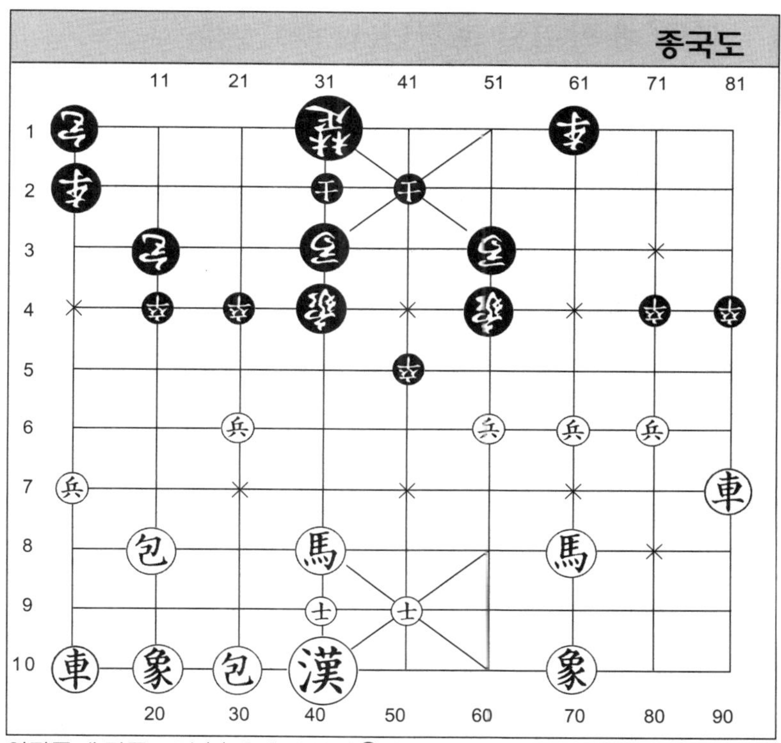

양귀馬 대 귀馬 포진 (2)에서, ①부터 ㉚까지 진행된 기보 (楚에서 둘 차례)

㉑ 42 楚將 31

㉒ 49 漢將 40

㉓ 51 楚士 42

㉔ 60 漢士 49

㉕ 43 楚包 41

㉖ 48 漢包 50

㉗ 1 楚車 2

㉘ 50 漢包 30

㉙ 41 楚包 1

㉚ 27 兵 26

43. 귀馬 대 양귀馬 포진법(1) (귀馬 선수)

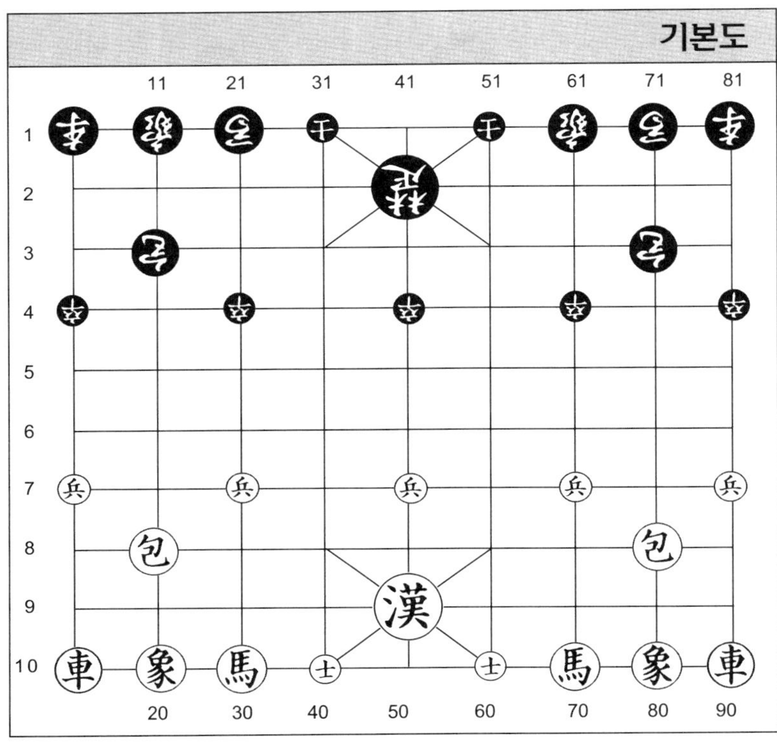

① 71 楚馬 63
② 70 漢馬 58
③ 73 楚包 43
④ 27 兵 37
⑤ 4 卒 14
⑥ 78 漢包 48
⑦ 21 楚馬 33
⑧ 30 漢馬 38
⑨ 81 楚車 82
⑩ 90 漢車 89
⑪ 42 楚將 41
⑫ 49 漢將 50
⑬ 82 楚車 2
⑭ 89 漢車 9
⑮ 13 楚包 15
⑯ 9 漢車 69
⑰ 2 楚車 7 打兵
⑱ 10 漢車 7 打車
⑲ 1 楚車 7 打車
⑳ 67 兵 77

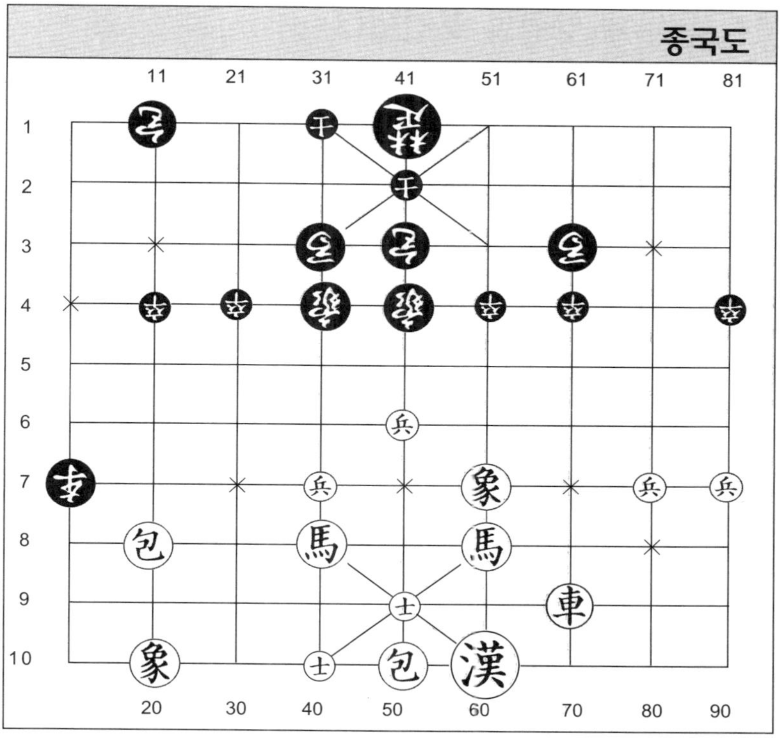

귀馬 대 양귀馬 포진 (1)에서, ①부터 ㉚까지 진행된 기보 (楚에서 둘 차례)

㉑ 44 卒 54

㉒ 60 漢士 49

㉓ 61 楚象 44

㉔ 50 漢將 60

㉕ 51 楚士 42

㉖ 48 漢包 50

㉗ 11 楚象 34

㉘ 47 兵 46

㉙ 15 楚包 11

㉚ 80 漢象 57

44. 귀馬 대 양귀馬 포진법(2) (귀馬 선수)

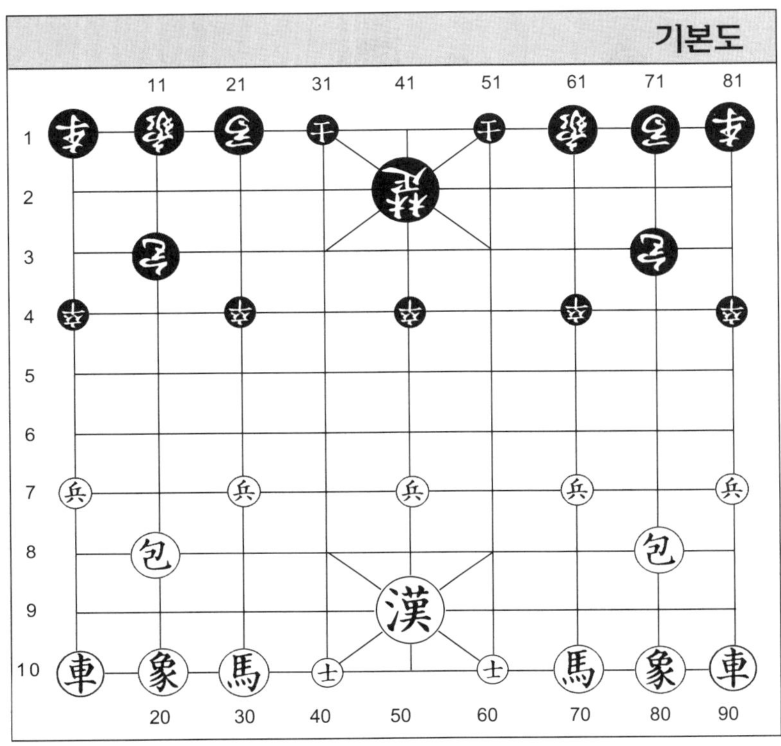

① 71 楚馬 63		⑪ 81 楚車 85
② 30 漢馬 38		⑫ 27 兵 26
③ 73 楚包 43		⑬ 85 楚車 65
④ 67 兵 57		⑭ 70 漢馬 58
⑤ 11 楚象 34		⑮ 65 楚車 66
⑥ 18 漢包 48		⑯ 37 漢象 14 打卒
⑦ 84 卒 74		⑰ 66 楚車 65
⑧ 90 漢車 89		⑱ 49 漢將 50
⑨ 4 卒 14		⑲ 34 楚象 57 打兵
⑩ 20 漢象 37		⑳ 47 兵 57 打象

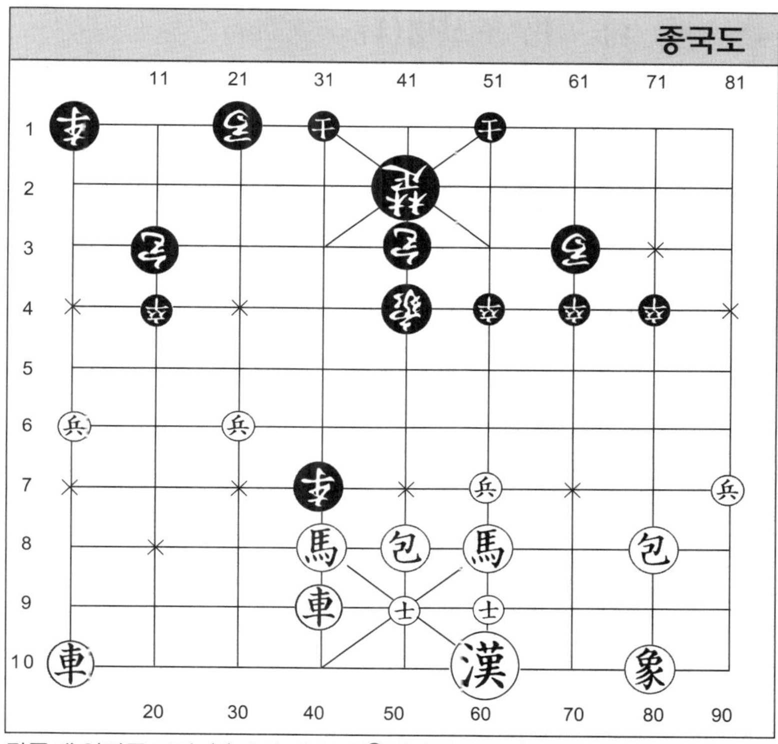

귀馬 대 양귀馬 포진 (2)에서, ①부터 ㉚까지 진행된 기보 (楚에서 둘 차례)

㉑ 65 楚車 35
㉒ 89 漢車 39
㉓ 35 楚車 37
㉔ 7 兵 6
㉕ 24 卒 14 打象
㉖ 40 漢士 49
㉗ 44 卒 54
㉘ 60 漢士 59
㉙ 61 楚象 44
㉚ 50 漢將 60

45. 면象 대 귀馬 포진법(1) (면象 선수)

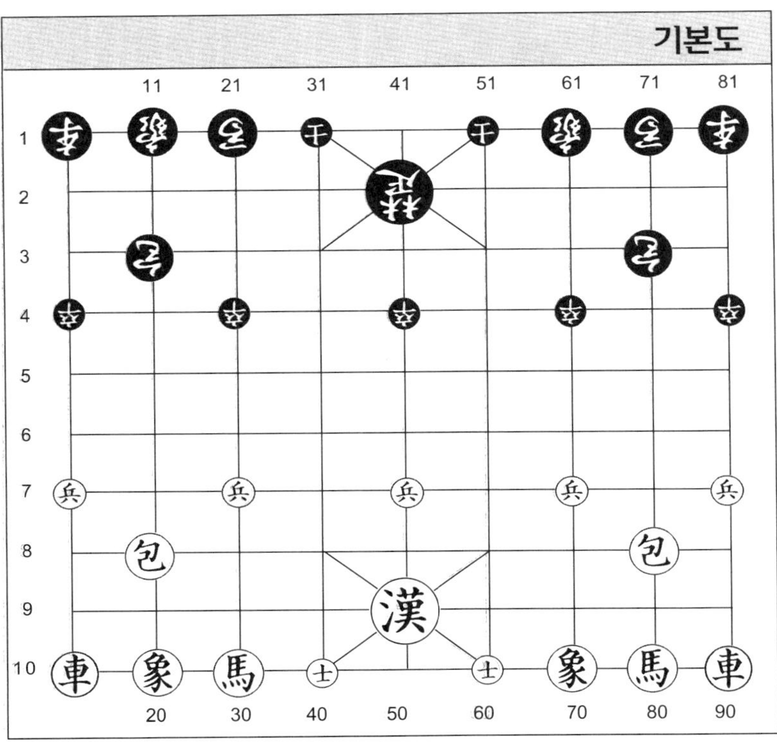

① 4 卒 14	⑪ 64 卒 54
② 87 兵 77	⑫ 90 漢車 86
③ 21 楚馬 33	⑬ 11 楚象 43
④ 80 漢馬 68	⑭ 48 漢包 88
⑤ 73 楚包 23	⑮ 33 楚馬 45
⑥ 78 漢包 48	⑯ 86 漢車 6
⑦ 42 楚將 41	⑰ 1 楚車 6 打車
⑧ 47 兵 37 장	⑱ 88 漢包 81 打車
⑨ 51 楚士 42	⑲ 6 楚車 5
⑩ 70 漢象 47	⑳ 81 漢包 61 打象

136

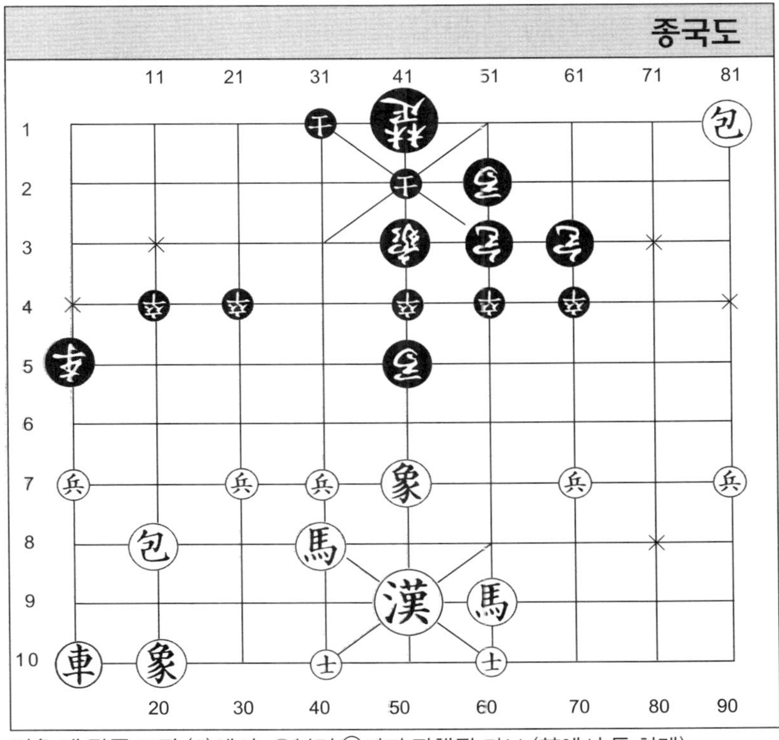

면象 대 귀馬 포진 (1)에서, ①부터 ㉚까지 진행된 기보 (楚에서 둘 차례)

㉑ 23 楚包 63

㉒ 61 漢包 81 장

㉓ 71 楚馬 52

㉔ 68 漢馬 80

㉕ 84 卒 74

㉖ 77 兵 87

㉗ 74 卒 54

㉘ 80 漢馬 59

㉙ 13 楚包 53

㉚ 30 漢馬 38

46. 면象 대 귀馬 포진법(2) (면象 선수)

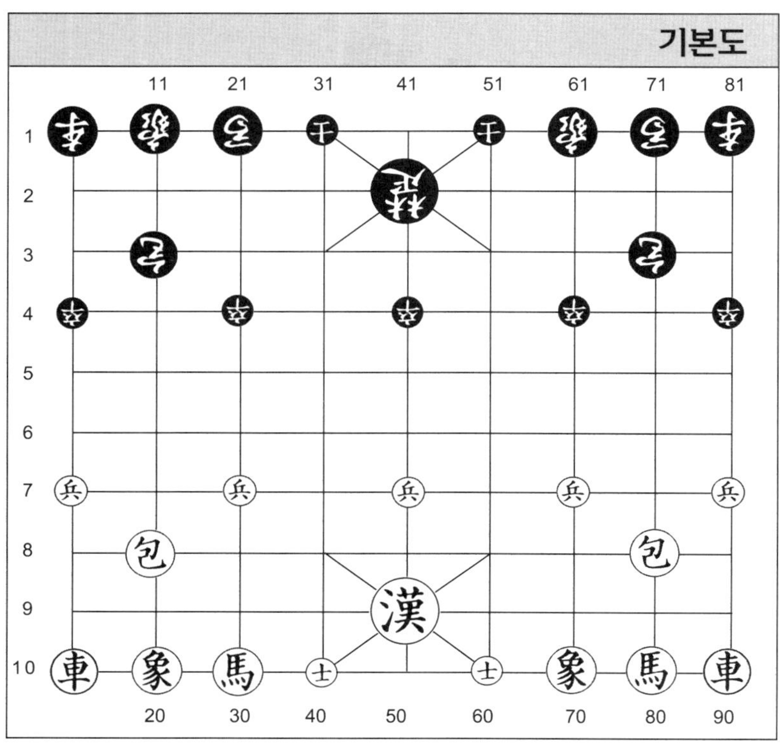

① 4 卒 14　　　　　⑪ 33 楚馬 45

② 87 兵 77　　　　　⑫ 70 漢象 47

③ 21 楚馬 33　　　　⑬ 64 卒 54

④ 80 漢馬 68　　　　⑭ 37 兵 36

⑤ 73 楚包 23　　　　⑮ 24 卒 34

⑥ 78 漢包 48　　　　⑯ 20 漢象 37

⑦ 23 楚包 83 할 경우　⑰ 14 卒 24

⑧ 47 兵 37 장　　　　⑱ 36 兵 46

⑨ 11 楚象 43　　　　⑲ 45 楚馬 64

⑩ 90 漢車 80　　　　⑳ 37 漢象 54 打卒

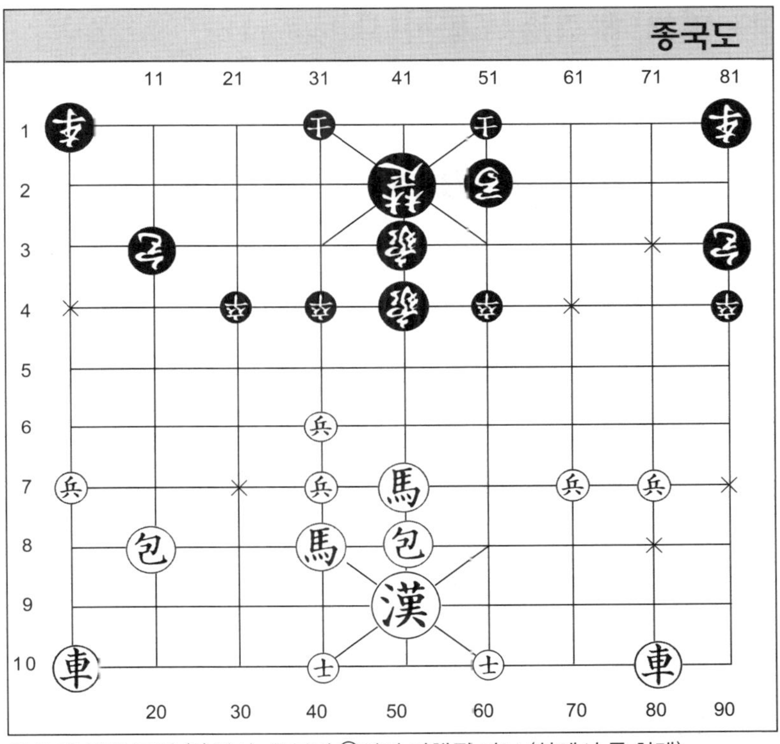

면象 대 귀馬 포진 (2)에서, ①부터 ㉚까지 진행된 기보 (楚에서 둘 차례)

㉑ 44 卒 54 打象
㉒ 46 兵 36
㉓ 61 楚象 44
㉔ 47 漢象 64 打馬
㉕ 54 卒 64 打象
㉖ 30 漢馬 38
㉗ 71 楚馬 52
㉘ 68 漢馬 47
㉙ 64 卒 54
㉚ 27 兵 37

47. 면象 대 귀馬 포진법(3) (면象 선수)

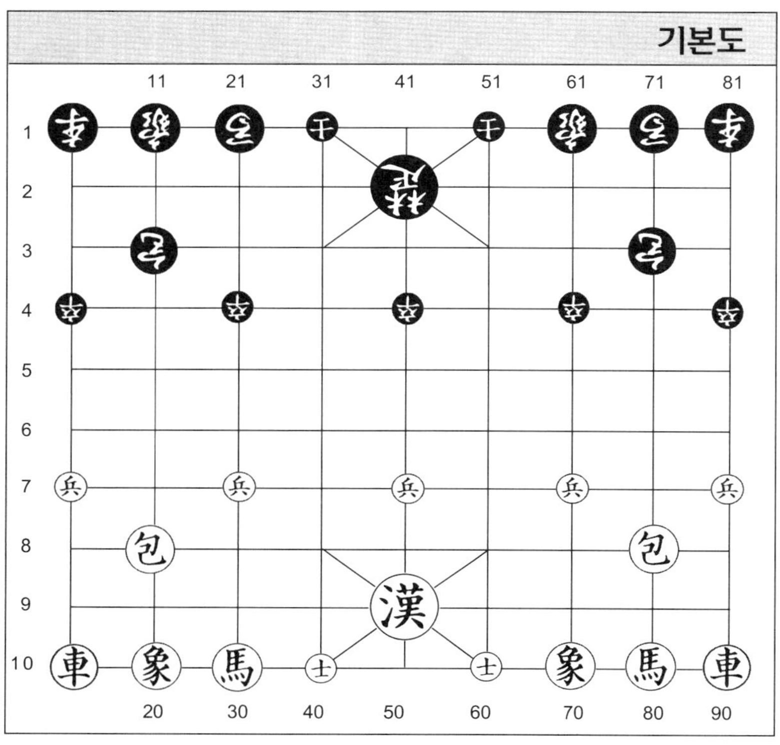

① 4 卒 14	⑪ 51 楚士 42
② 87 兵 77	⑫ 78 漢包 28
③ 21 楚馬 33	⑬ 24 卒 25
④ 90 漢車 86	⑭ 28 漢包 88
⑤ 73 楚包 23	⑮ 23 楚包 83
⑥ 47 兵 37	⑯ 86 漢車 66
⑦ 42 楚將 41	⑰ 71 楚馬 63
⑧ 70 漢象 47	⑱ 27 兵 17
⑨ 64 卒 54	⑲ 1 楚車 2
⑩ 30 漢馬 38	⑳ 18 漢包 14 打卒

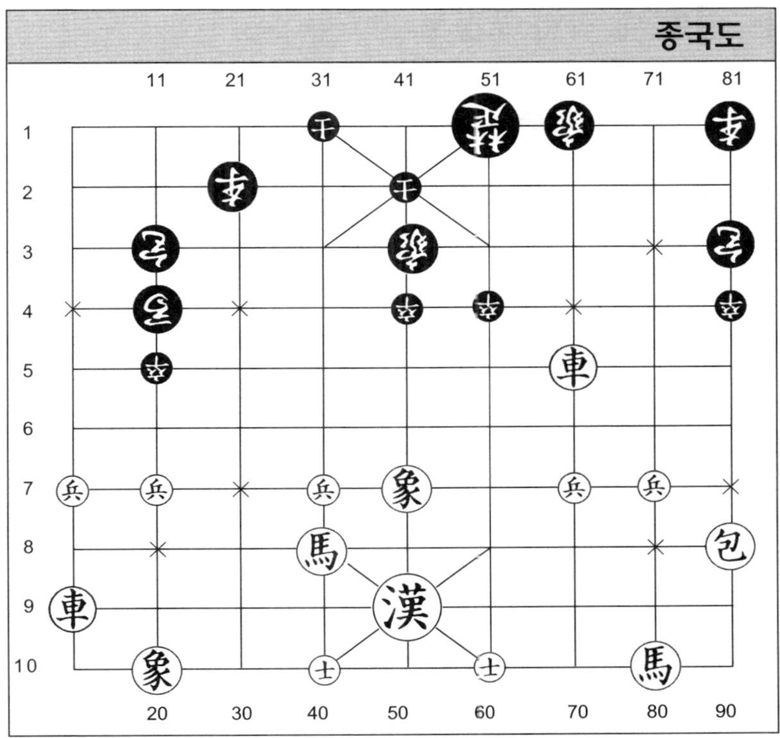

면象 대 귀馬 포진 (3)에서, ①부터 ㉚까지 진행된 기보 (楚에서 둘 차례)

㉑ 33 楚馬 14 打包

㉒ 47 漢象 24 장

㉓ 41 楚將 51

㉔ 66 漢車 63 打馬

㉕ 11 楚象 43

㉖ 63 漢車 65

㉗ 25 卒 15

㉘ 10 漢車 9

㉙ 2 楚車 22

㉚ 24 漢象 47

48. 면象 대 귀馬 포진법(4) (면象 선수)

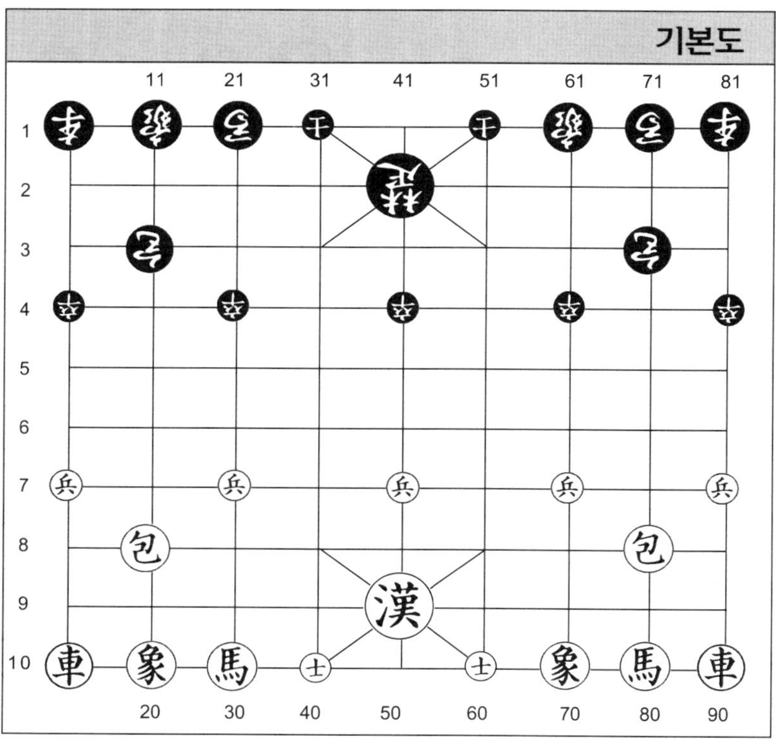

① 4 卒 14

② 87 兵 77

③ 21 楚馬 33

④ 90 漢車 86

⑤ 73 楚包 23

⑥ 47 兵 37

⑦ 42 楚將 41

⑧ 70 漢象 47

⑨ 64 卒 54

⑩ 30 漢馬 38

⑪ 51 楚士 42

⑫ 78 漢包 28

⑬ 24 卒 25

⑭ 28 漢包 88

⑮ 11 楚象 43으로 하면

⑯ 86 漢車 6

⑰ 1 楚車 6 打車

⑱ 88 漢包 81 打車

⑲ 6 楚車 56

⑳ 81 漢包 61 打象

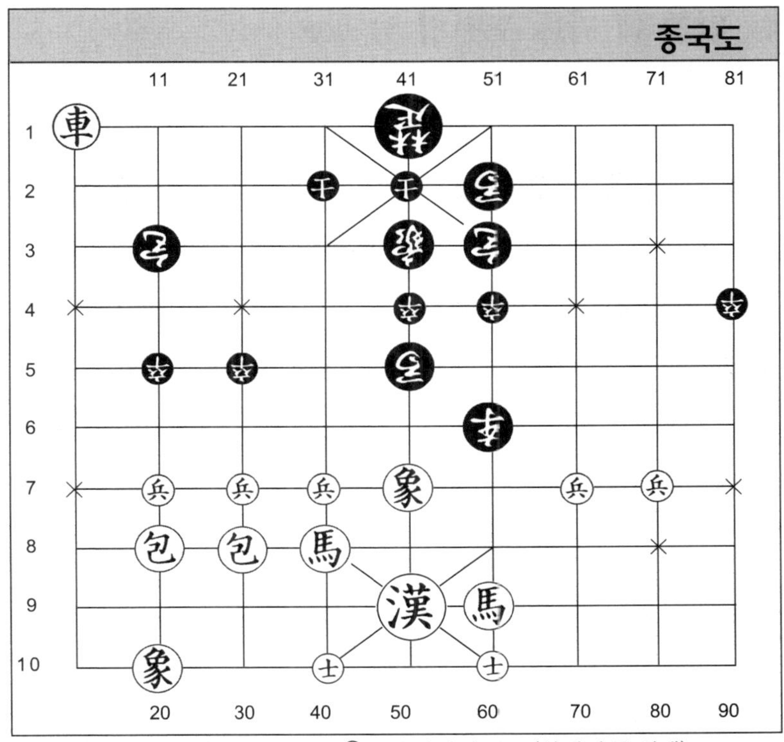

면象 대 귀馬 포진 (4)에서, ①부터 ㉚까지 진행된 フ 보 (楚에서 둘 차례)

㉑ 33 楚馬 45

㉒ 61 漢包 68

㉓ 23 楚包 53

㉔ 80 漢馬 59

㉕ 71 楚馬 52

㉖ 7 兵 17

㉗ 14 卒 15

㉘ 68 漢包 28

㉙ 31 楚士 32

㉚ 10 漢車 1 장

49. 면象 대 귀馬 포진법(5) (면象 선수)

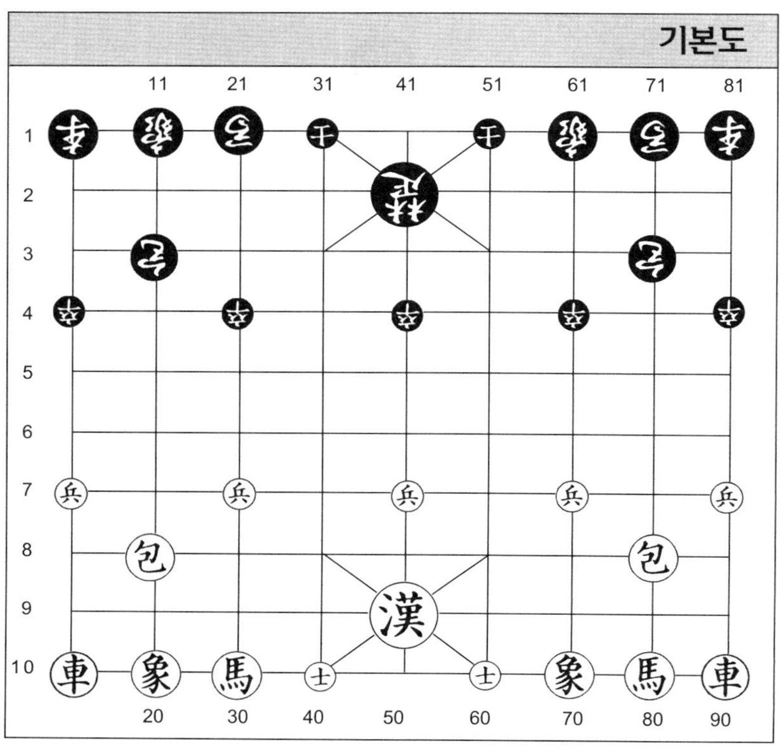

① 4 卒 14
② 87 兵 77
③ 21 楚馬 33
④ 90 漢車 86
⑤ 73 楚包 23
⑥ 47 兵 37
⑦ 23 楚包 83
⑧ 86 漢車 76
⑨ 84 卒 74
⑩ 70 漢象 47
⑪ 33 楚馬 52
⑫ 30 漢馬 38
⑬ 11 楚象 43
⑭ 18 漢包 48
⑮ 83 楚包 23
⑯ 80 漢馬 59
⑰ 81 楚車 83
⑱ 40 漢士 39
⑲ 42 楚將 41
⑳ 47 漢象 24 打卒

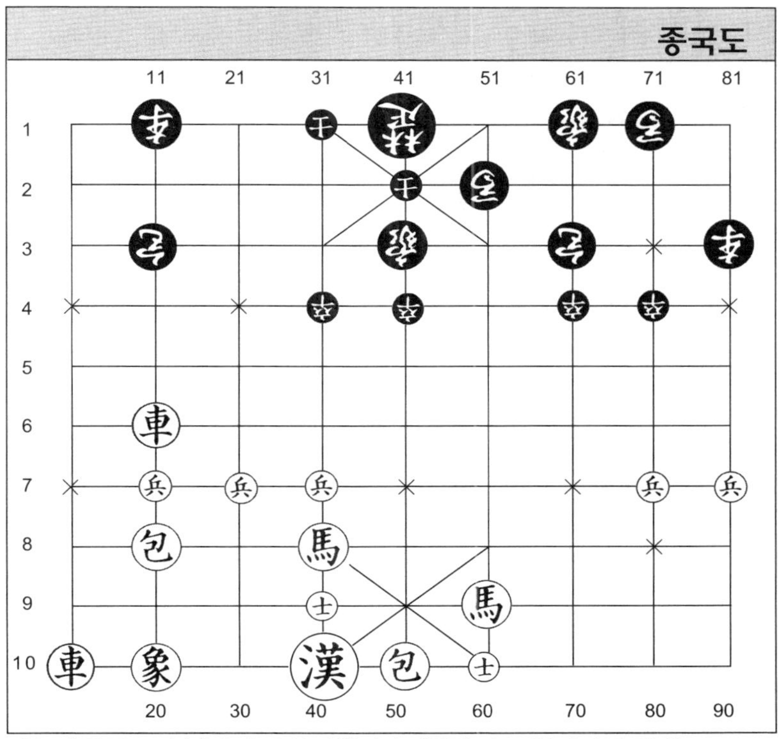

면象 대 귀馬 포진 (5)에서, ①부터 ㉚까지 진행된 기보 (楚에서 둘 차례)

㉑ 14 卒 24 打象

㉒ 76 漢車 16

㉓ 1 楚車 11

㉔ 7 兵 17

㉕ 51 楚士 42

㉖ 48 漢包 50

㉗ 24 卒 34

㉘ 78 漢包 18

㉙ 23 楚包 63

㉚ 49 漢將 40

50. 면象 대 귀馬 포진법(6) (면象 선수)

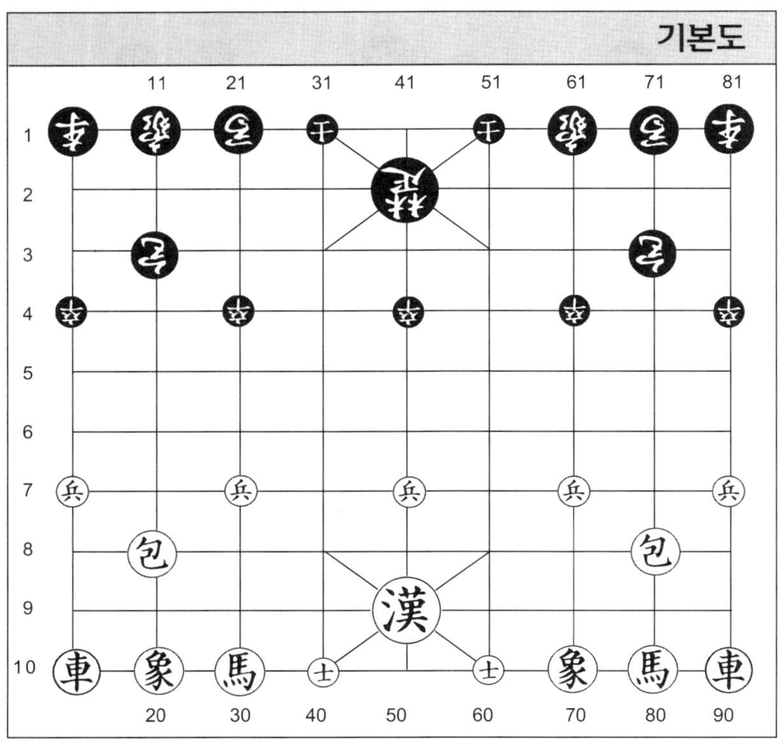

① 4 卒 14
② 87 兵 77
③ 21 楚馬 33
④ 90 漢車 86
⑤ 73 楚包 23
⑥ 47 兵 37
⑦ 23 楚包 83
⑧ 86 漢車 76
⑨ 84 卒 74
⑩ 70 漢象 47
⑪ 11 楚象으로 43 하면
⑫ 47 漢象 64 打卒
⑬ 74 卒 64 打象
⑭ 76 漢車 72 장
⑮ 42 楚將 41
⑯ 72 漢車 62
⑰ 33 楚馬 45
⑱ 62 漢車 61 打象
⑲ 13 楚包 63
⑳ 61 漢車 62 하는 것이 정수인데,

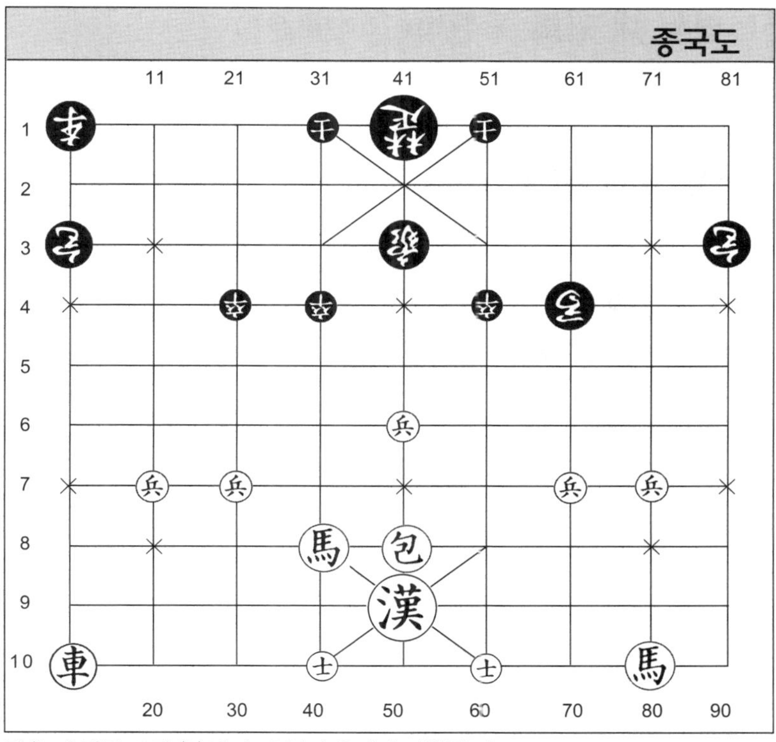

면象 대 귀馬 포진 (6)에서, ①부터 ㉘까지 진행된 기보

만약 78 漢包 71 打馬 하면,

㉑ 63 楚包 3

㉒ 7 兵 17

㉓ 81 楚車 71 打包

㉔ 61 漢車 71 打車

㉕ 43 楚象 71 打車

㉖ 30 漢馬 38

㉗ 71 楚象 43

㉘ 18 漢包 48

㉙ 64 卒 54

㉚ 37 兵 36

㉜ 24 卒 34

㉝ 20 漢象 37

㉞ 14 卒 24

㉟ 36 兵 46

㊱ 45 楚馬 64

㊲ 37 漢象 54 打卒

㊳ 44 卒 54 打象

여기서 漢이 둘 차례인데, 包로 象을 잡을 수 없다는 것이 한 눈에 들어올 것이다.

51. 면象 대 귀馬 포진법(7) (면象 선수)

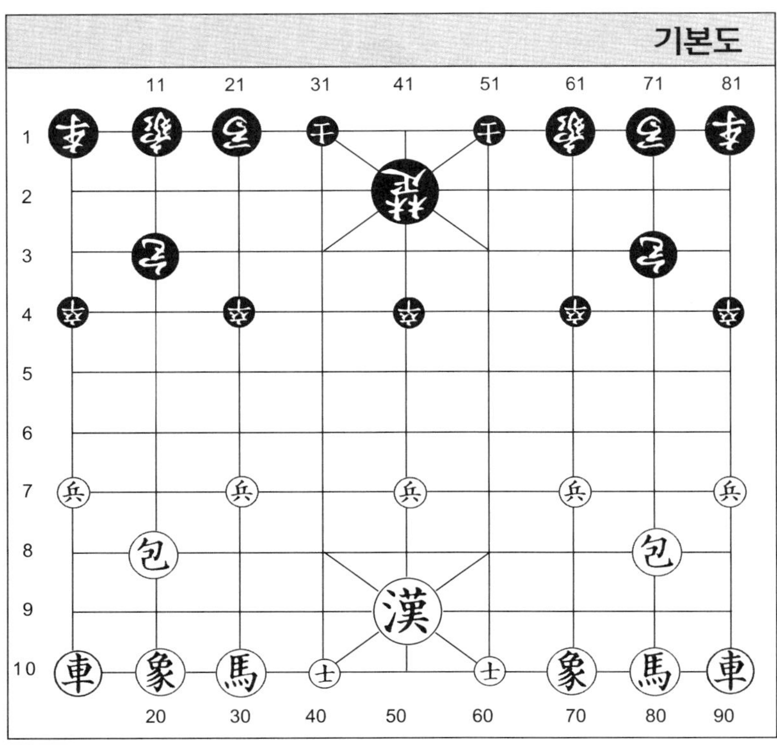

① 4 卒 14	⑪ 61 楚象 44
② 87 兵 77	⑫ 70 漢象 47
③ 21 楚馬 33	⑬ 24 卒 25
④ 90 漢車 86	⑭ 80 漢馬 59
⑤ 73 楚包 23	⑮ 13 楚包 15
⑥ 47 兵 37	⑯ 18 漢包 48
⑦ 23 楚包 43 장	⑰ 15 楚包 55
⑧ 49 漢將 39	⑱ 39 漢將 49
⑨ 44 卒 54	⑲ 71 楚馬 63
⑩ 30 漢馬 38	⑳ 48 漢包 46

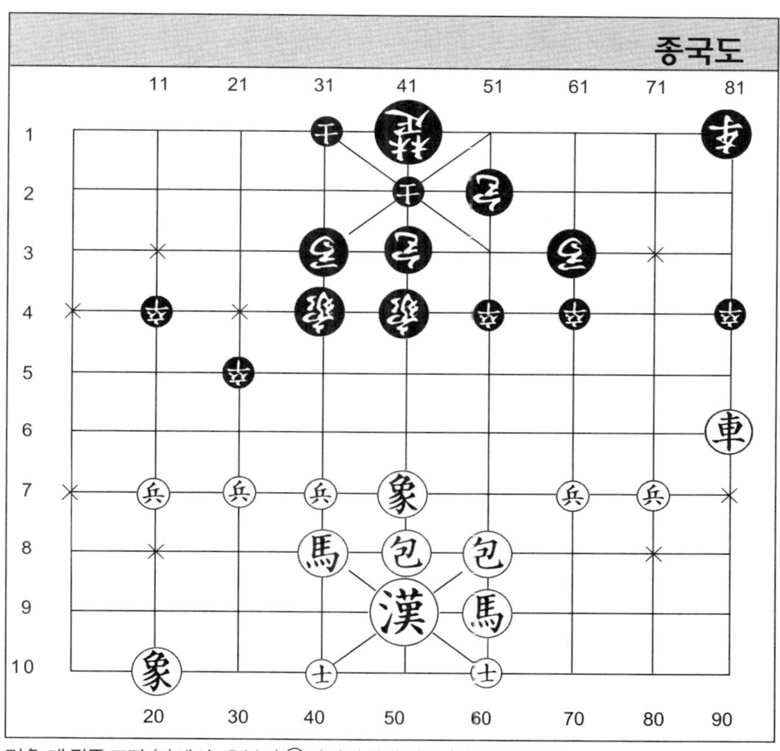

면象 대 귀馬 포진 (7)에서, ①부터 ㉚까지 진행된 기보 (楚에서 둘 차례)

㉑ 55 楚包 52

㉒ 10 漢車 8

㉓ 11 楚象 34

㉔ 7 兵 17

㉕ 1 楚車 8 打車

㉖ 78 漢包 8 打車

㉗ 42 楚將 41

㉘ 8 漢包 58

㉙ 51 楚士 42

㉚ 46 漢包 48

처음에 면象을 차리려고 포진을 하다가 도 때에 따라서는 면包로 바꿔 차리는 것도 장기 두는 좋은 지혜라고 할 수 있을 것이다.

52. 귀馬 대 면象 포진법(1) (귀馬 선수)

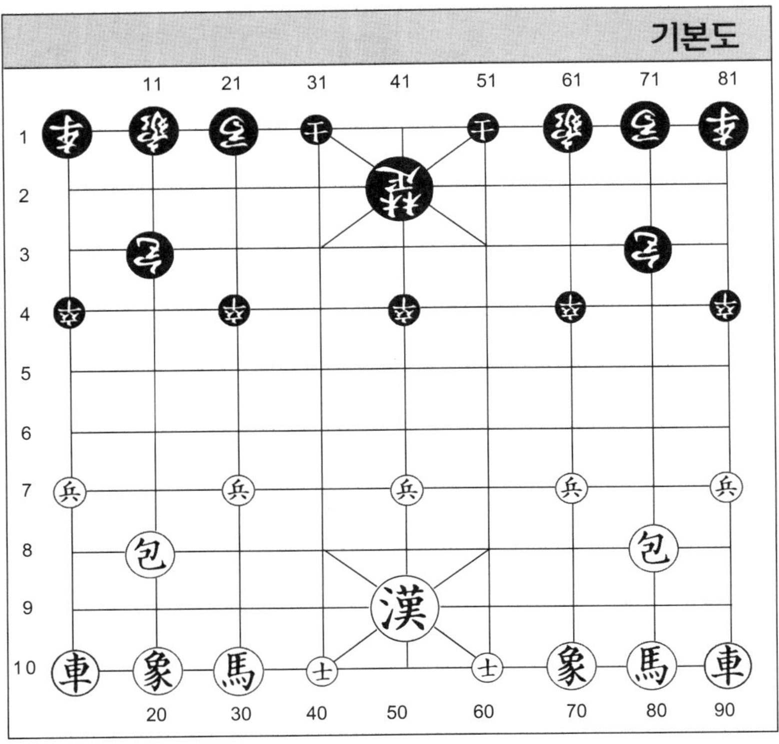

① 4 卒 14		⑪ 21 楚馬 33
② 87 兵 77		⑫ 67 兵 57
③ 71 楚馬 63		⑬ 11 楚象 34
④ 90 漢車 89		⑭ 38 漢馬 46
⑤ 73 楚包 43		⑮ 54 卒 55
⑥ 30 漢馬 38		⑯ 18 漢包 68
⑦ 44 卒 54 장		⑰ 81 楚車 83
⑧ 20 漢象 48		⑱ 77 兵 67
⑨ 61 楚象 44		⑲ 55 卒 45
⑩ 27 兵 26		⑳ 46 漢馬 27

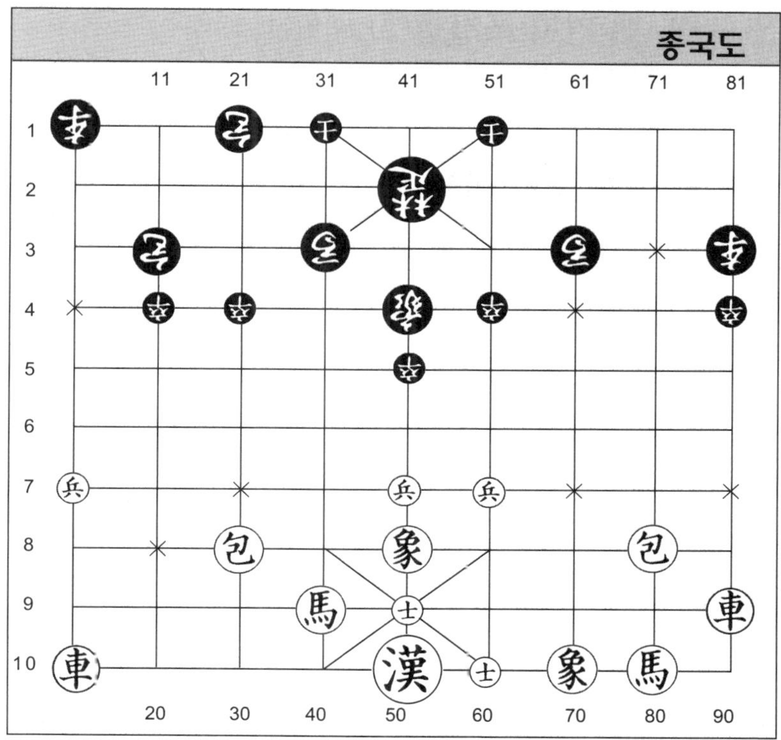

귀馬 대 면象 포진 (1)에서, ①부터 ㉚까지 진행된 기보 (楚에서 둘 차례)

㉑ 34 楚象 57 打兵

㉒ 67 兵 57 打象

㉓ 43 楚包 23

㉔ 27 漢馬 39

㉕ 23 楚包 26 打兵

㉖ 49 漢將 50

㉗ 64 卒 54

㉘ 40 漢士 49

㉙ 26 楚包 21

㉚ 68 漢包 28

53. 귀馬 대 면象 포진법(2) (귀馬 선수)

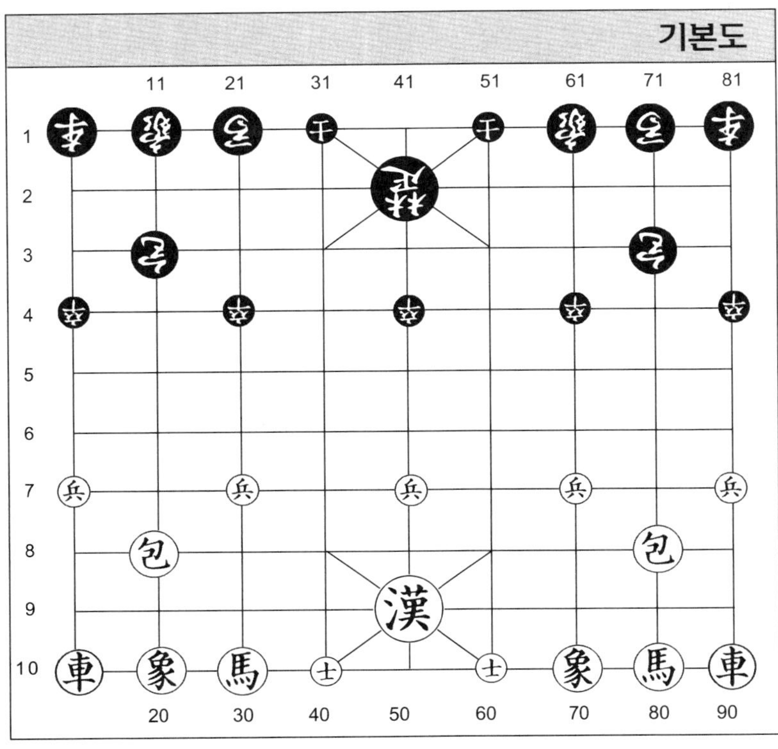

① 4 卒 14

② 87 兵 77

③ 71 楚馬 63

④ 90 漢車 89

⑤ 73 楚包 43

⑥ 30 漢馬 38

⑦ 44 卒 54 장

⑧ 20 漢象 48

⑨ 61 楚象 44

⑩ 27 兵 26

⑪ 81 楚車 82

⑫ 38 漢馬 46

⑬ 42 楚將 41

⑭ 18 漢包 68

⑮ 43 楚包 46 打馬

⑯ 47 兵 46 打包

⑰ 44 楚象 27

⑱ 10 漢車 9

⑲ 82 楚車 2

⑳ 67 兵 57

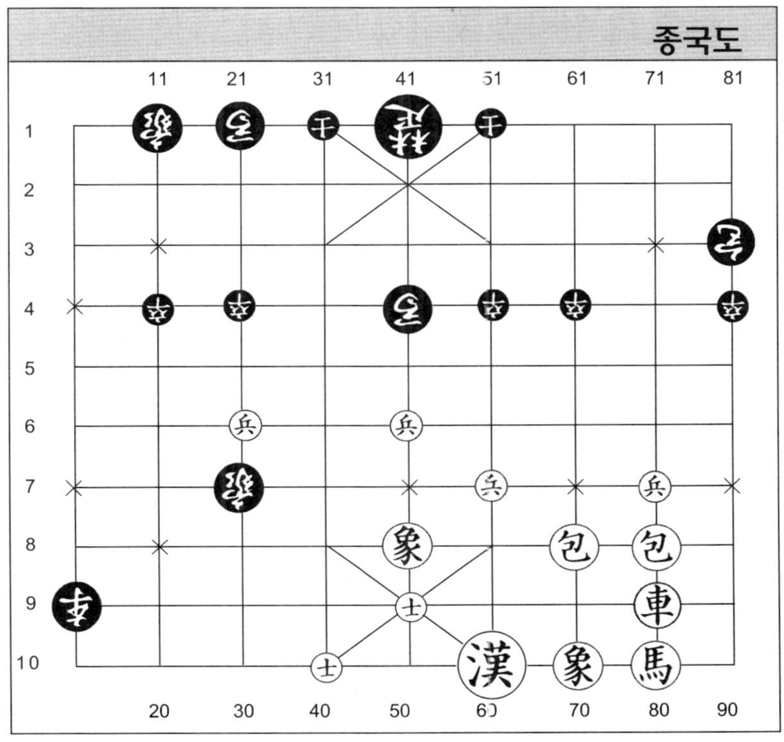

귀馬 대 면象 포진 (2)에서, ①부터 ⑳까지 진행된 기보 (楚에서 둘 차례)

㉑ 2 楚車 7 打兵

㉒ 9 漢車 7 打車

㉓ 1 楚車 7 打車

㉔ 60 漢士 59

㉕ 7 楚車 9 장

㉖ 49 漢將 60

㉗ 13 楚包 83

㉘ 89 漢車 79

㉙ 63 楚馬 44

㉚ 59 漢士 49

54. 면象 대 원앙馬 포진법 (면象 선수)

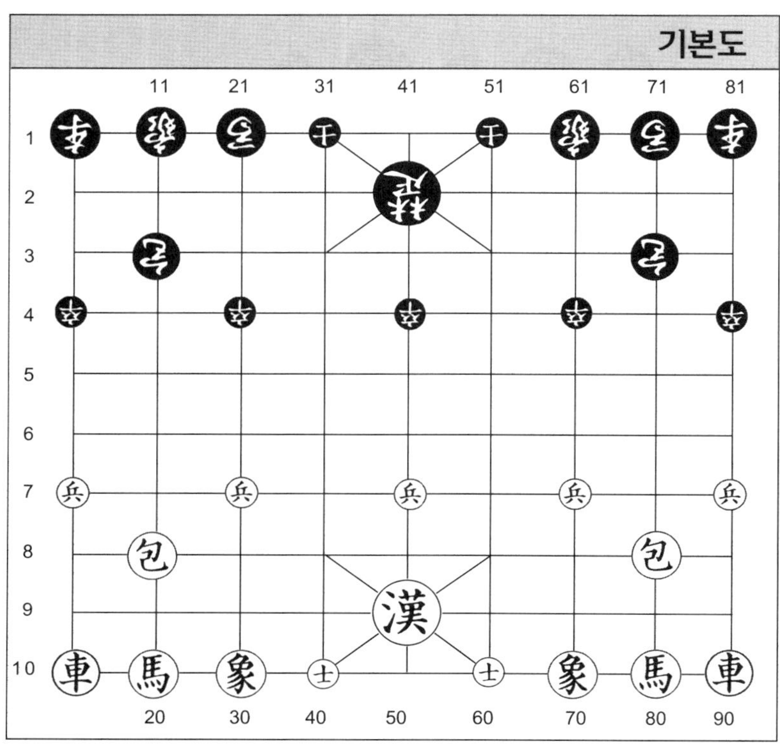

① 4 卒 14
② 87 兵 77
③ 21 楚馬 33
④ 80 漢馬 68
⑤ 73 楚包 23
⑥ 78 漢包 48
⑦ 23 楚包 83
⑧ 47 兵 37 장
⑨ 11 楚象 43
⑩ 48 漢包 88

⑪ 84 卒 74
⑫ 70 漢象 87
⑬ 64 卒 54
⑭ 20 漢馬 28
⑮ 33 楚馬 45
⑯ 18 漢包 48
⑰ 13 楚包 63
⑱ 28 漢馬 47
⑲ 24 卒 34
⑳ 37 兵 36

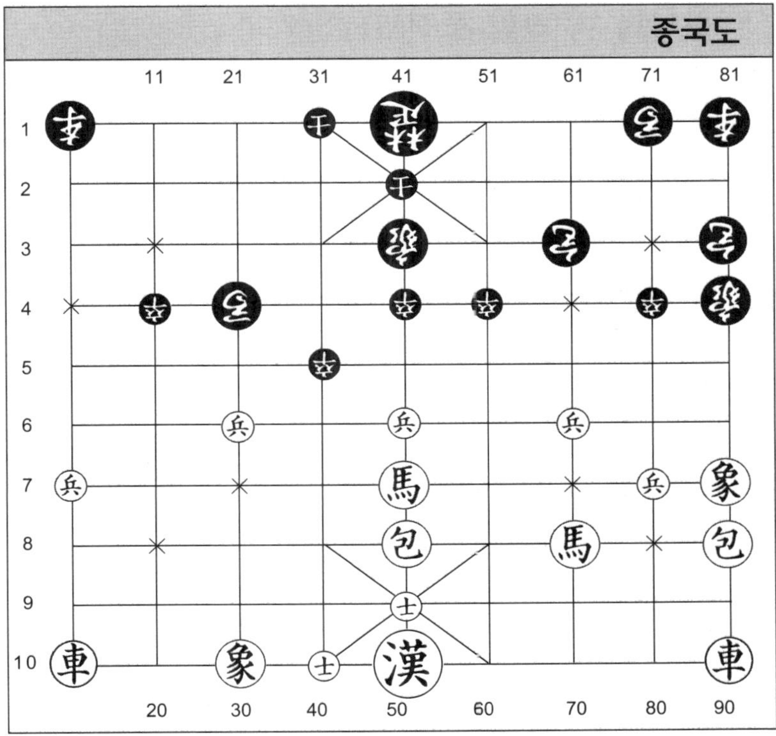

면象 대 원앙馬 포진에서, ①부터 ㉚까지 진행된 기보 (楚에서 둘 차례)

㉑ 61 楚象 84

㉒ 36 兵 46

㉓ 45 楚馬 24

㉔ 67 兵 66

㉕ 42 楚將 41

㉖ 27 兵 26

㉗ 34 卒 35

㉘ 49 漢將 50

㉙ 51 楚士 42

㉚ 60 漢士 49

55. 원앙馬 대 면象 포진법(1) (원앙馬 선수)

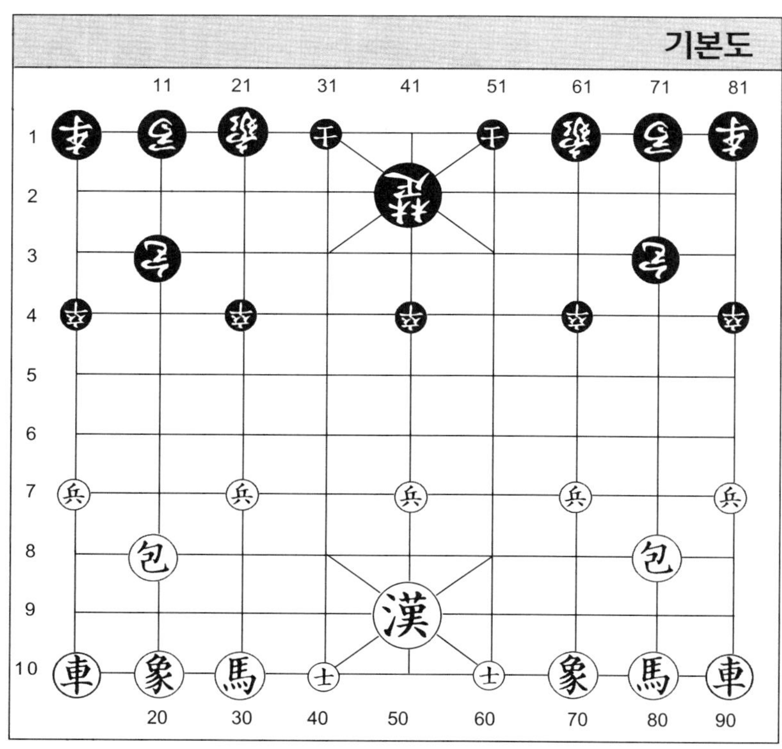

① 84 卒 74

② 7 兵 17

③ 71 楚馬 63

④ 30 漢馬 38

⑤ 73 楚包 43

⑥ 90 漢車 89

⑦ 44 卒 34 장

⑧ 20 漢象 48

⑨ 11 楚馬 23

⑩ 67 兵 57

⑪ 13 楚包 33

⑫ 38 漢馬 46

⑬ 63 楚馬 44

⑭ 27 兵 37

⑮ 34 卒 35

⑯ 17 兵 27

⑰ 35 卒 45

⑱ 46 漢馬 67

⑲ 64 卒 65

⑳ 49 漢將 50

종국도

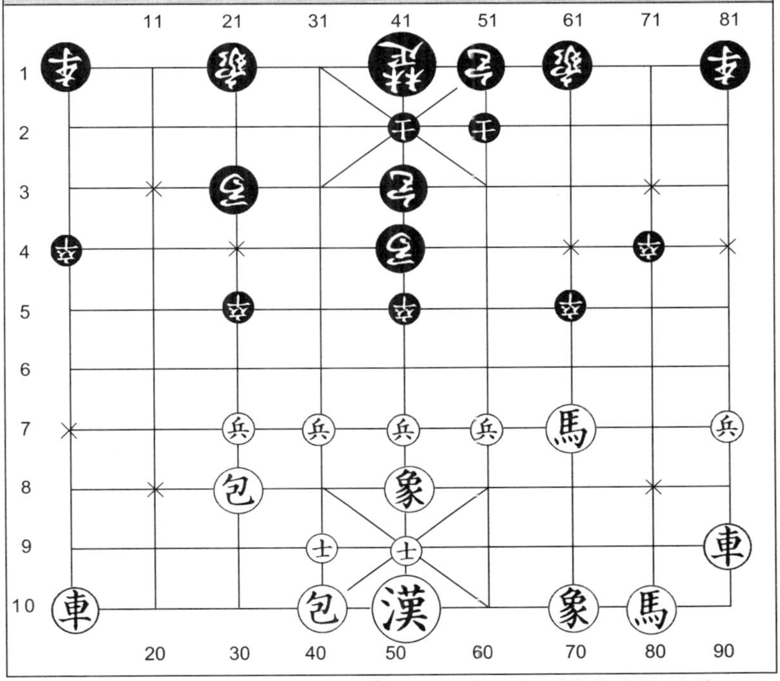

원앙馬 대 면象 포진 (1)에서, ①부터 ㉚까지 진행된 기보 (楚에서 둘 차례)

㉑ 51 楚士 52

㉒ 60 漢士 49

㉓ 33 楚包 51

㉔ 18 漢包 58

㉕ 42 楚將 41

㉖ 40 漢士 39

㉗ 31 楚士 42

㉘ 58 漢包 40

㉙ 24 卒 25

㉚ 78 漢包 28

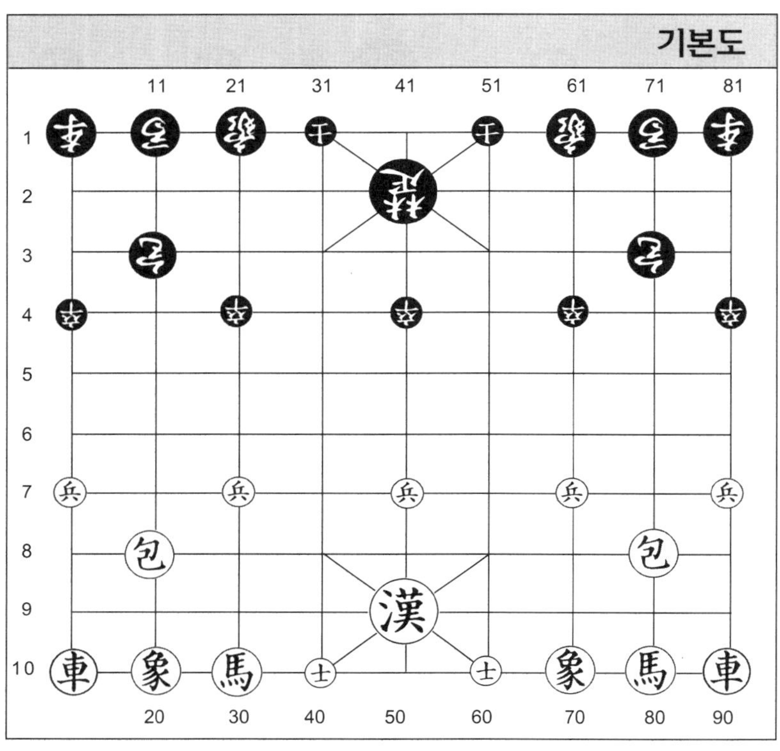

① 84 卒 74
② 7 兵 17
③ 71 楚馬 63
④ 30 漢馬 38
⑤ 73 楚包 43
⑥ 90 漢車 89
⑦ 44 卒 34 장
⑧ 20 漢象 48
⑨ 11 楚馬 23
⑩ 67 兵 57
⑪ 13 楚包 33
⑫ 38 漢馬 46
⑬ 63 楚馬 44
⑭ 27 兵 37
⑮ 51 楚士 52
⑯ 49 漢將 50
⑰ 33 楚包 51
⑱ 60 漢士 49
⑲ 42 楚將 41
⑳ 78 漢包 28

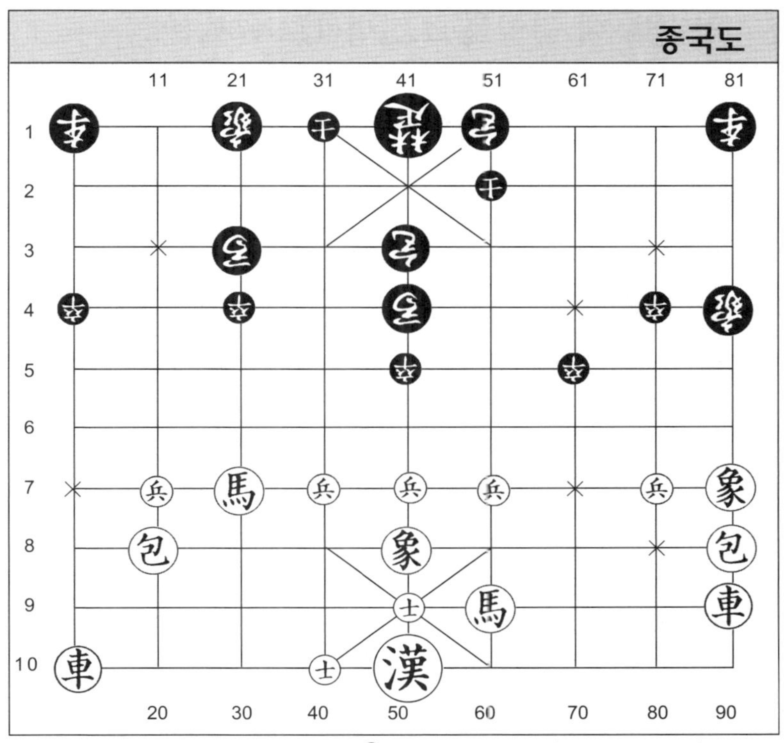

원앙馬 대 면象 포진 (2)에서, ①부터 ㉚까지 진행된 기보 (楚에서 둘 차례)

㉑ 34 卒 35

㉒ 28 漢包 88

㉓ 61 楚象 84

㉔ 87 兵 77

㉕ 81 楚車 61

㉖ 70 漢象 87

㉗ 35 卒 45

㉘ 46 漢馬 27

㉙ 64 卒 65

㉚ 80 漢馬 59

57. 양귀馬 대 원앙馬 포진법(1) (양귀馬 선수)

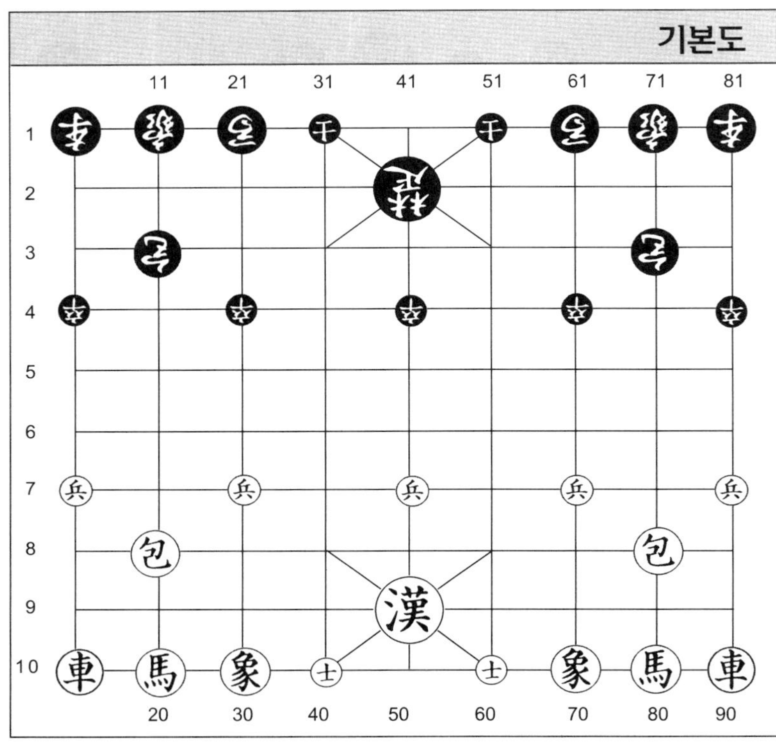

① 61 楚馬 53

② 80 漢馬 68

③ 73 楚包 43

④ 78 漢包 48

⑤ 44 卒 45

⑥ 20 漢馬 28

⑦ 21 楚馬 33

⑧ 87 兵 77

⑨ 71 楚象 54

⑩ 47 兵 37

⑪ 64 卒 74

⑫ 68 漢馬 47

⑬ 81 楚車 61

⑭ 67 兵 66

⑮ 11 楚象 34

⑯ 77 兵 76

⑰ 4 卒 14

⑱ 60 漢士 59

⑲ 51 楚士 52

⑳ 18 漢包 38

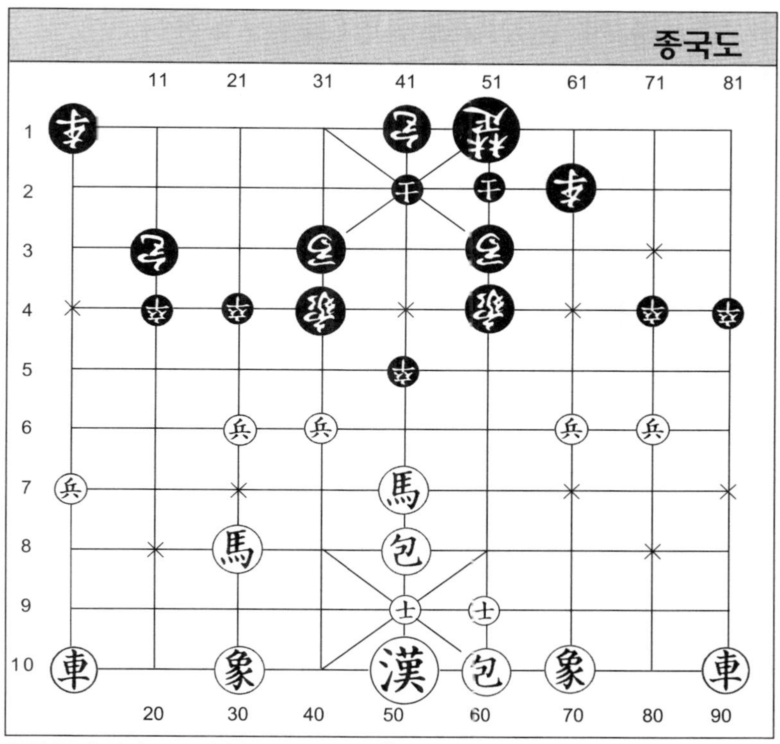

양귀馬 대 원앙馬 포진 (1)에서, ①부터 ㉚까지 진행된 기보 (楚에서 둘 차례)

㉑ 42 楚將 51

㉒ 38 漢包 60

㉓ 43 楚包 46

㉔ 49 漢將 50

㉕ 46 楚包 41

㉖ 40 漢士 49

㉗ 31 楚士 42

㉘ 37 兵 36

㉙ 61 楚車 62

㉚ 27 兵 26

58. 양귀馬 대 원앙馬 포진법(2) (양귀馬 선수)

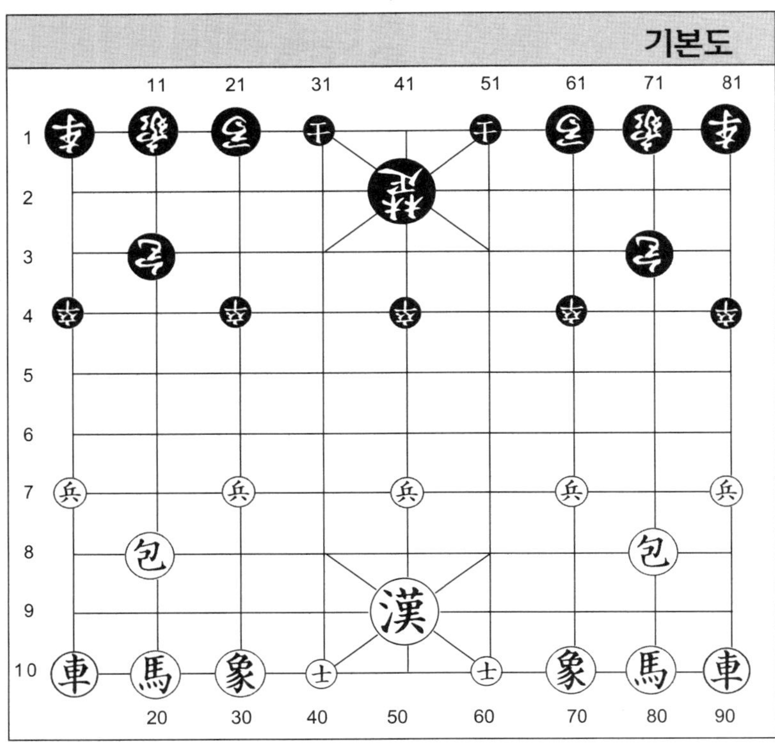

① 61 楚馬 53
② 80 漢馬 68
③ 73 楚包 43
④ 78 漢包 48
⑤ 44 卒 45
⑥ 20 漢馬 28
⑦ 21 楚馬 33
⑧ 47 兵 37
⑨ 4 卒 14
⑩ 18 漢包 38
⑪ 11 楚象 34
⑫ 87 兵 77
⑬ 31 楚士 32
⑭ 60 漢士 59
⑮ 42 楚將 31
⑯ 38 漢包 60
⑰ 51 楚士 42
⑱ 37 兵 36
⑲ 64 卒 65
⑳ 27 兵 26

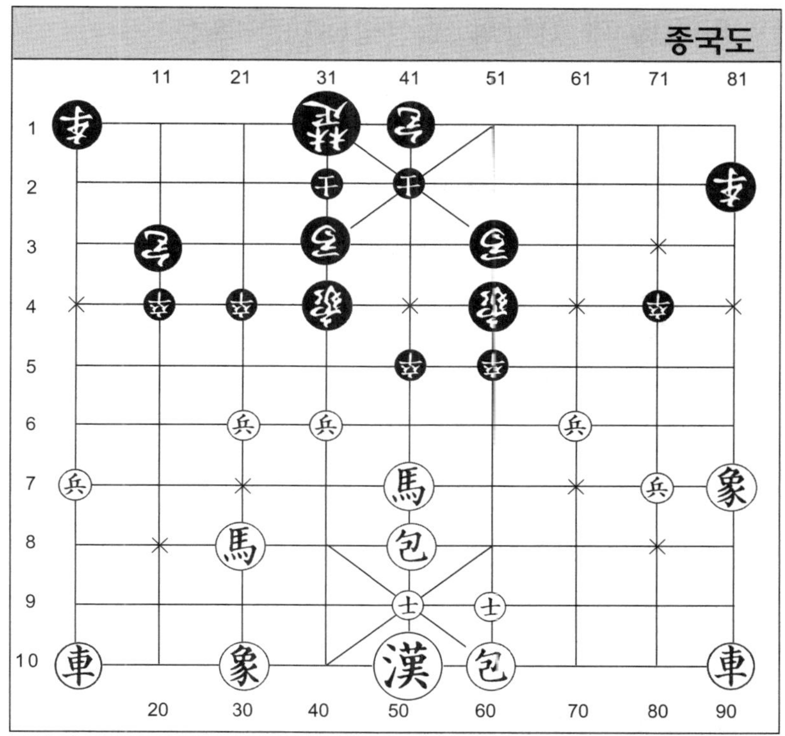

양귀馬 대 원앙馬 포진 (2)에서, ①부터 ㉚까지 진행된 기보 (楚에서 둘 차례)

㉑ 65 卒 55

㉒ 68 漢馬 47

㉓ 71 楚象 54

㉔ 67 兵 66

㉕ 43 楚包 41

㉖ 49 漢將 50

㉗ 81 楚車 82

㉘ 40 漢士 49

㉙ 84 卒 74

㉚ 70 漢象 87

59. 양귀馬 대 원앙馬 포진법(3) (양귀馬 선수)

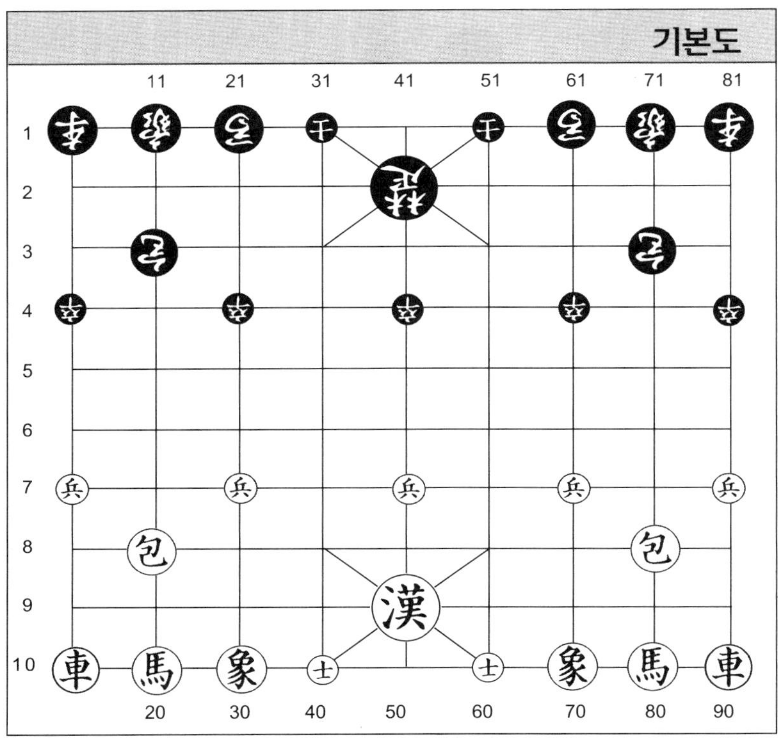

① 61 楚馬 53
② 20 漢馬 28
③ 73 楚包 43
④ 18 漢包 48
⑤ 44 卒 45
⑥ 7 兵 17
⑦ 11 楚象 34
⑧ 17 兵 16
⑨ 24 卒 14
⑩ 27 兵 26

⑪ 71 楚象 54
⑫ 10 漢車 7
⑬ 21 楚馬 33
⑭ 47 兵 37
⑮ 1 楚車 21
⑯ 37 兵 36
⑰ 64 卒 65
⑱ 87 兵 77
⑲ 31 楚士 32
⑳ 80 漢馬 68

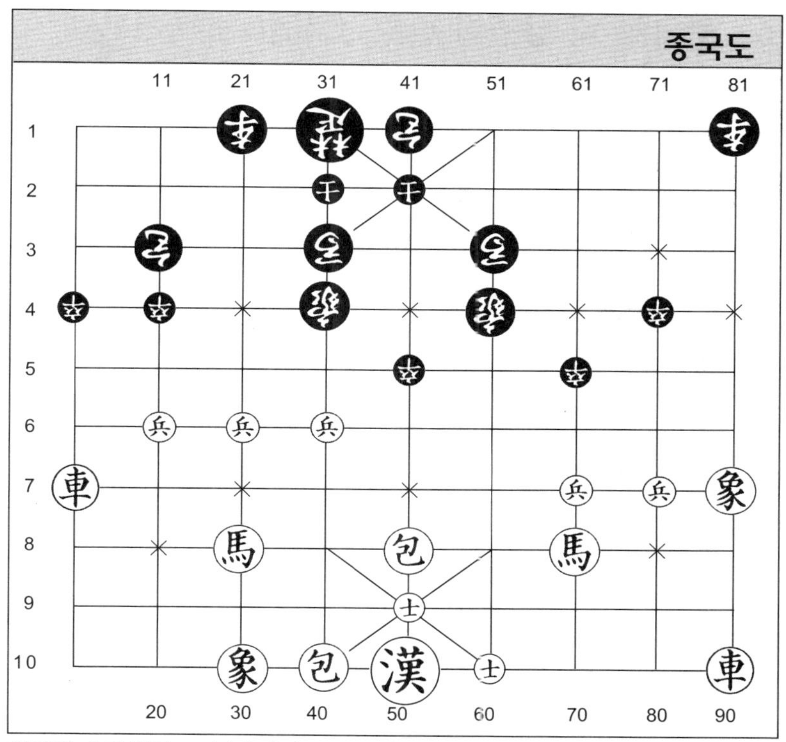

양귀馬 대 원앙馬 포진 (3)에서, ①부터 ㉚까지 진행된 기보 (楚에서 둘 차례)

㉑ 51 楚士 52

㉒ 78 漢包 58

㉓ 84 卒 74

㉔ 70 漢象 87

㉕ 42 楚將 31

㉖ 49 漢將 50

㉗ 52 楚士 42

㉘ 40 漢士 49

㉙ 43 楚包 41

㉚ 58 漢包 40

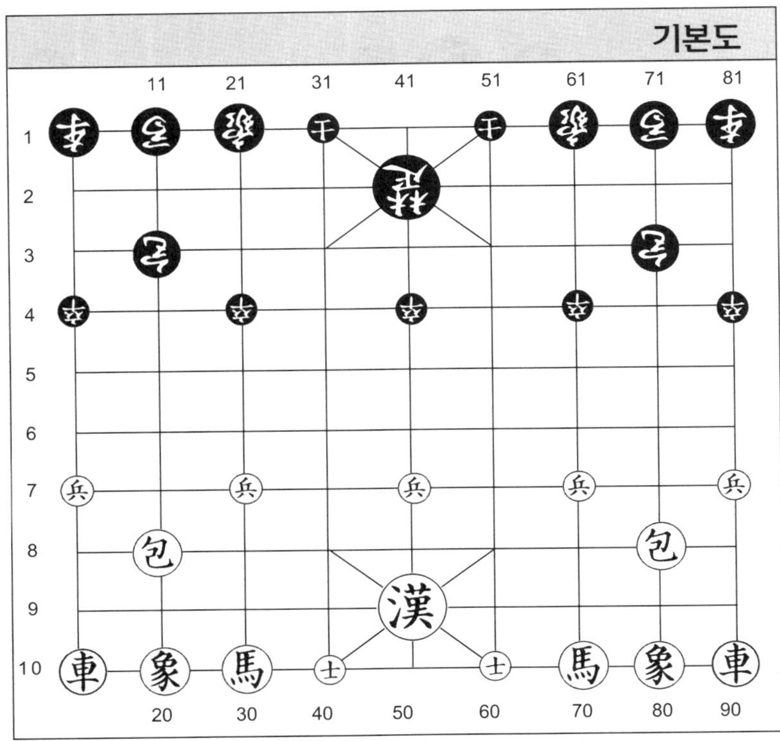

① 71 楚馬 63
② 70 漢馬 58
③ 73 楚包 43
④ 58 漢馬 39
⑤ 84 卒 74
⑥ 80 漢象 48
⑦ 44 卒 34
⑧ 7 兵 17
⑨ 11 楚馬 23
⑩ 67 兵 57
⑪ 13 楚包 33
⑫ 20 漢象 37
⑬ 51 楚士 52
⑭ 18 漢包 68
⑮ 63 楚馬 44
⑯ 49 漢將 50
⑰ 33 楚包 51
⑱ 40 漢士 49
⑲ 34 卒 35
⑳ 10 漢車 9

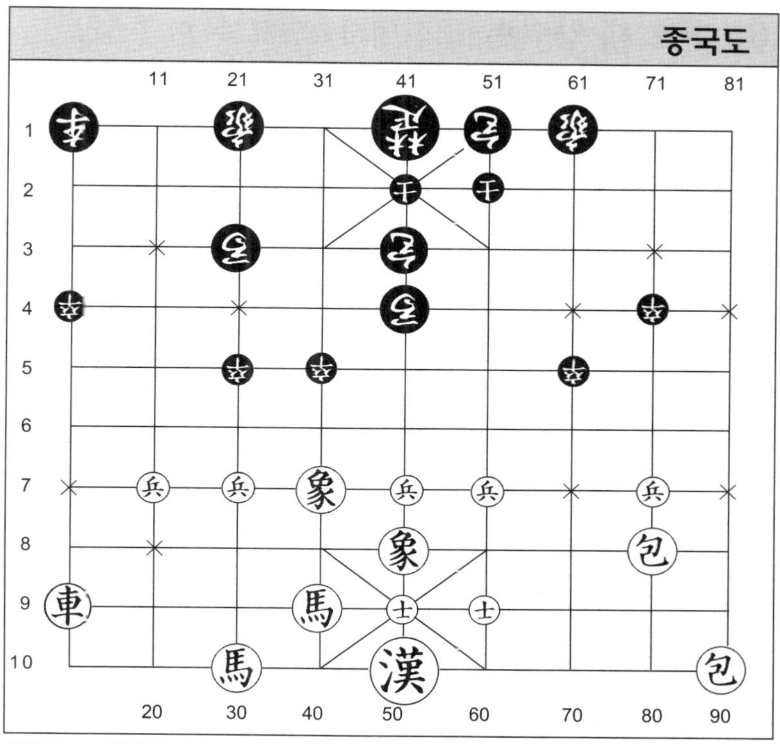

원앙馬 더 양귀馬 면象 포진에서, ①부터 ㉚까지 진행된 기보 (楚에서 둘 차례)

㉑ 24 卒 25

㉒ 68 漢包 38

㉓ 42 楚將 41

㉔ 38 漢包 40

㉕ 31 楚士 42

㉖ 60 漢士 59

㉗ 64 卒 65

㉘ 87 兵 77

㉙ 81 楚車 90 打車 장

㉚ 40 漢包 90 打車

61. 면象 대 양귀馬 포진법(1) (면象 선수)

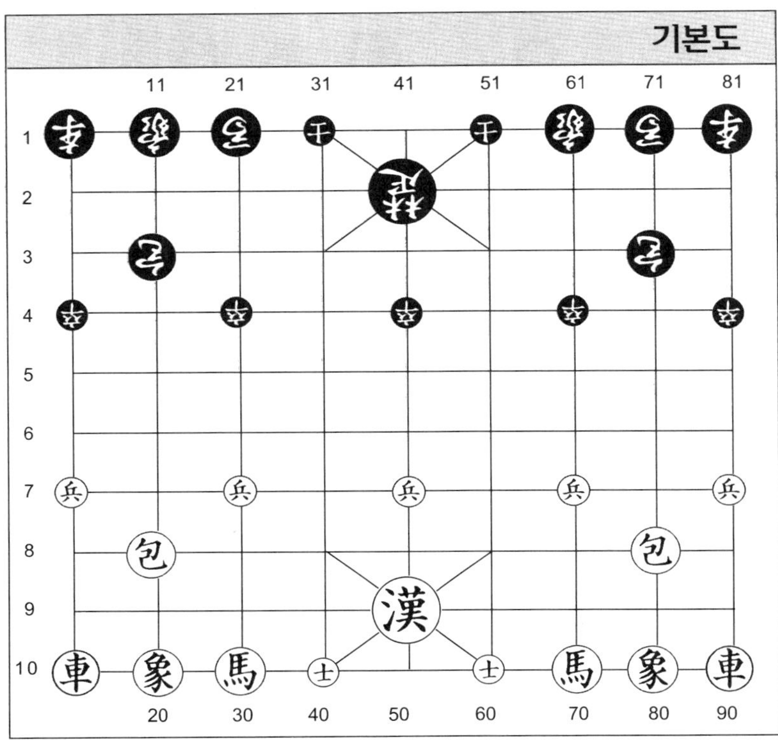

① 4 卒 14
② 70 漢馬 58
③ 21 楚馬 33
④ 78 漢包 48
⑤ 73 楚包 23
⑥ 30 漢馬 38
⑦ 42 楚將 41
⑧ 80 漢象 57
⑨ 51 楚士 42
⑩ 27 兵 26

⑪ 33 楚馬 52
⑫ 47 兵 46
⑬ 11 楚象 43
⑭ 48 漢包 50
⑮ 24 卒 34
⑯ 18 漢包 48
⑰ 84 卒 74
⑱ 60 漢士 59
⑲ 61 楚象 84
⑳ 67 兵 77

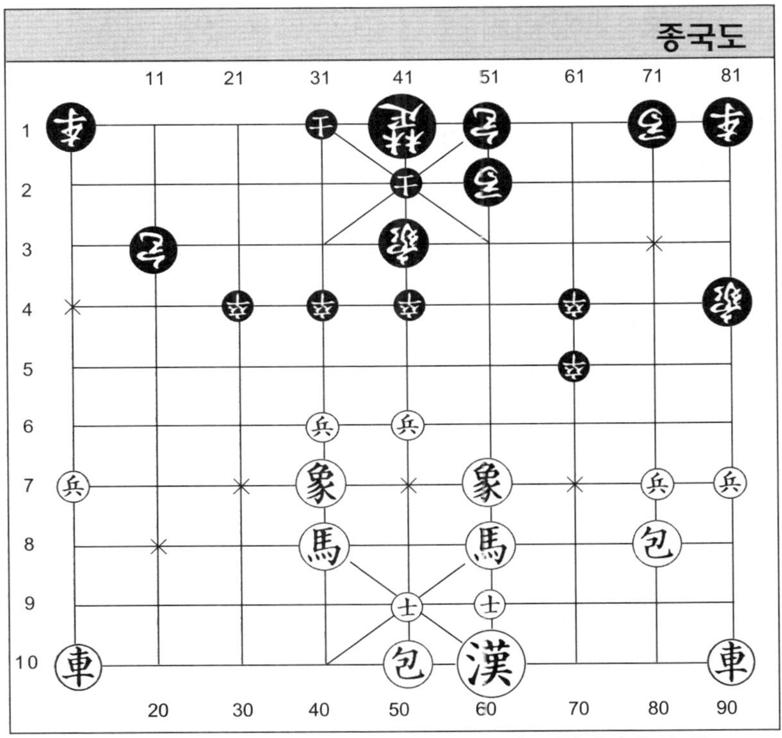

면象 대 양귀馬 포진 (1)에서, ①부터 ㉚까지 진행된 기보 (楚에서 둘 차례)

㉑ 74 卒 75

㉒ 20 漢象 37

㉓ 14 卒 24

㉔ 26 兵 36

㉕ 23 楚包 53

㉖ 49 漢將 60

㉗ 53 楚包 51

㉘ 48 漢包 78

㉙ 75 卒 55

㉚ 40 漢士 49

62. 면象 대 양귀馬 포진법(2) (면象 선수)

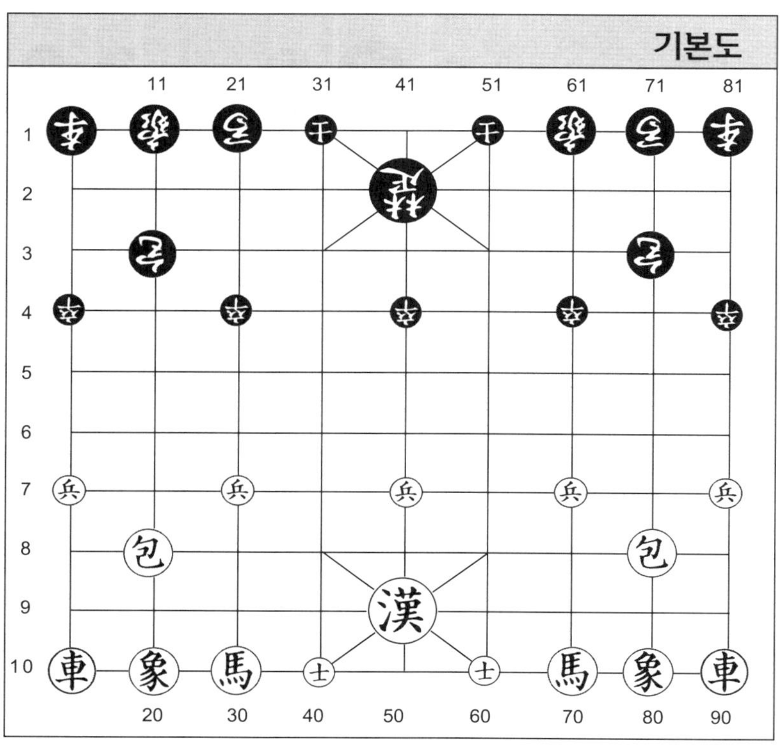

① 4 卒 14		⑪ 24 卒 25
② 30 漢馬 38		⑫ 47 兵 46
③ 21 楚馬 33		⑬ 73 楚包 23
④ 18 漢包 48		⑭ 80 漢象 57
⑤ 33 楚馬 52		⑮ 42 楚將 41
⑥ 20 漢象 37		⑯ 70 漢馬 58
⑦ 14 卒 15		⑰ 51 楚士 42
⑧ 27 兵 17		⑱ 60 漢士 59
⑨ 11 楚象 43		⑲ 1 楚車 21
⑩ 87 兵 77		⑳ 49 漢將 60

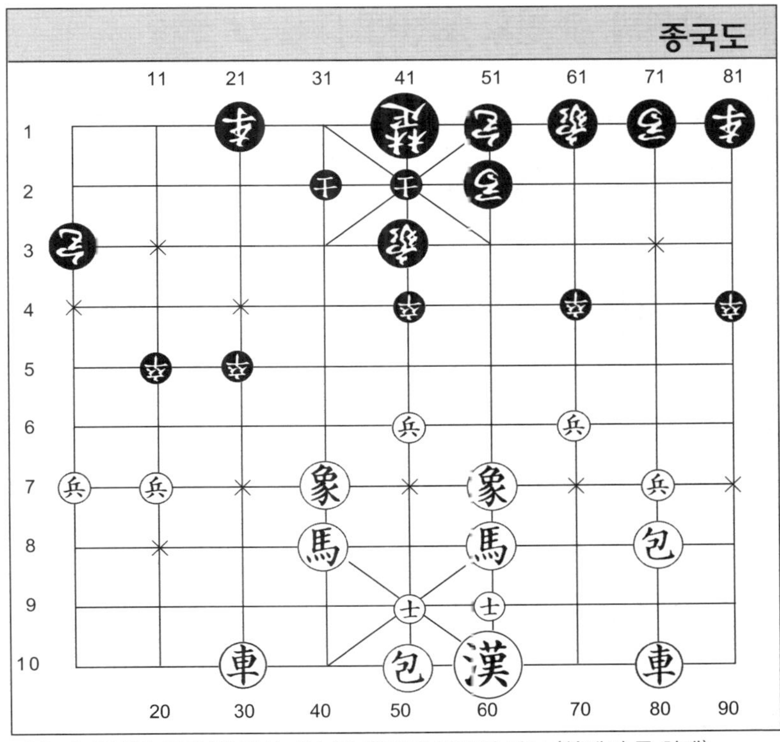

면象 대 양귀馬 포진 (2)에서, ①부터 ㉚까지 진행된 기보 (楚에서 둘 차례)

㉑ 23 楚包 53

㉒ 40 漢士 49

㉓ 53 楚包 51

㉔ 48 漢包 50

㉕ 31 楚士 32

㉖ 67 兵 66

㉗ 13 楚包 83

㉘ 90 漢車 80

㉙ 83 楚包 3

㉚ 10 漢車 30

63. 양귀馬 대 면象 포진법(1) (양귀馬 선수)

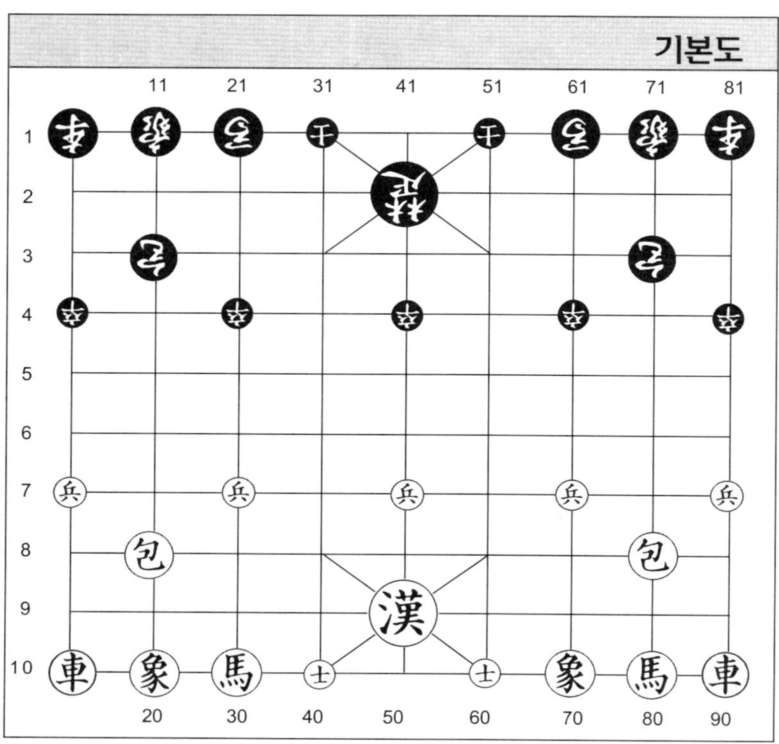

① 21 楚馬 33
② 7 兵 17
③ 13 楚包 43
④ 30 漢馬 38
⑤ 61 楚馬 53
⑥ 38 漢馬 59
⑦ 11 楚象 34
⑧ 20 漢象 48
⑨ 24 卒 14
⑩ 17 兵 16
⑪ 44 卒 45
⑫ 27 兵 26
⑬ 71 楚象 54
⑭ 78 漢包 28
⑮ 64 卒 65
⑯ 49 漢將 50
⑰ 84 卒 74
⑱ 60 漢士 49
⑲ 51 楚士 52
⑳ 28 漢包 88

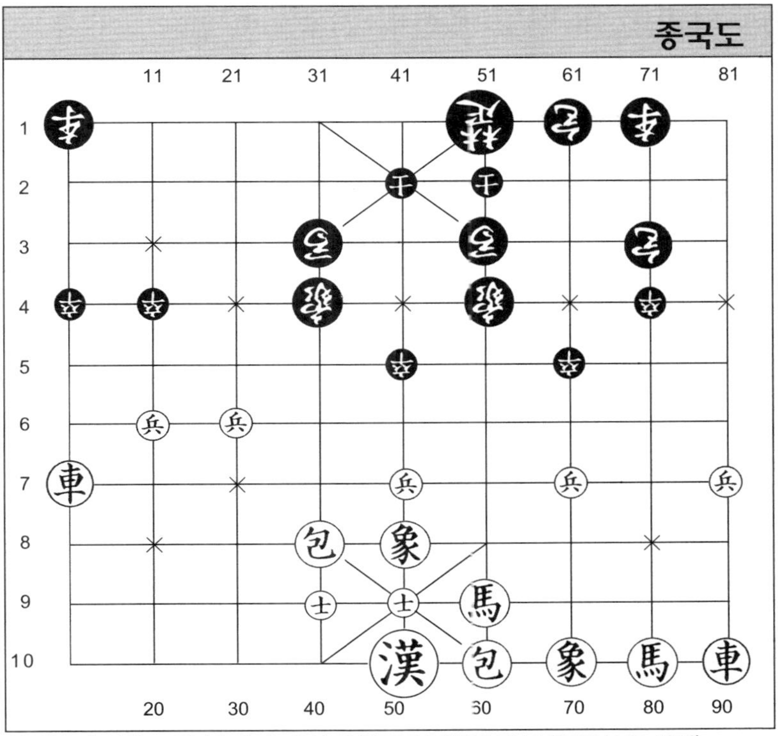

양귀馬 대 면象 포진 (1)에서, ①부터 ㉚까지 진행된 기보 (楚에서 둘 차례)

㉑ 81 楚車 71

㉒ 18 漢包 58

㉓ 42 楚將 51

㉔ 58 漢包 60

㉕ 31 楚士 42

㉖ 40 漢士 39

㉗ 43 楚包 41

㉘ 10 漢車 7

㉙ 41 楚包 61

㉚ 88 漢包 38

64. 양귀馬 대 면象 포진법(2) (양귀馬 선수)

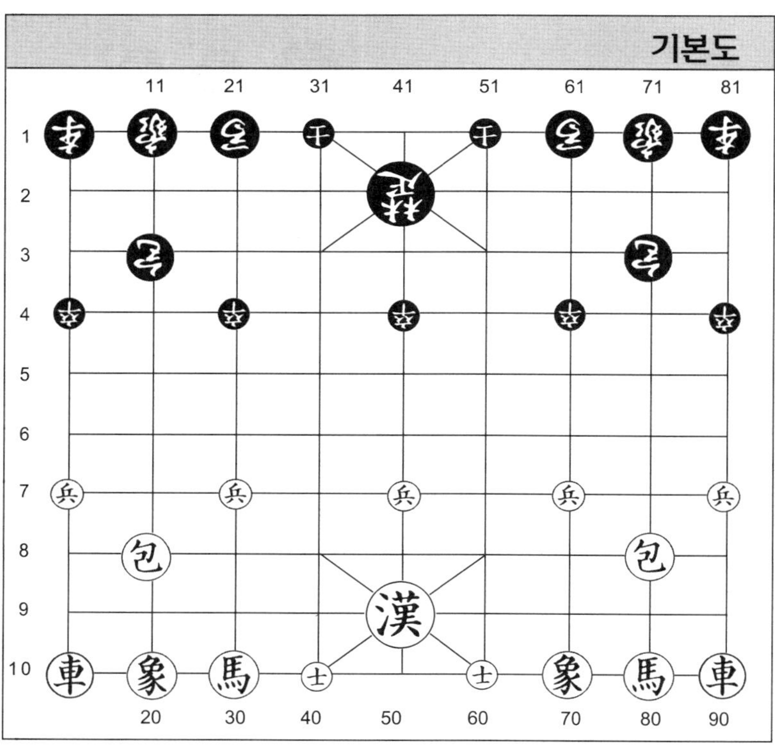

① 61 楚馬 53
② 7 兵 17
③ 73 楚包 43
④ 30 漢馬 38
⑤ 21 楚馬 33
⑥ 49 漢將 50
⑦ 44 卒 45
⑧ 60 漢士 49
⑨ 71 楚象 54
⑩ 78 漢包 28
⑪ 24 卒 25
⑫ 38 漢馬 59
⑬ 11 楚象 34
⑭ 20 漢象 48
⑮ 43 楚包 41
⑯ 17 兵 16
⑰ 4 卒 14
⑱ 10 漢車 1 打車
⑲ 41 楚包 1 打車
⑳ 27 兵 37

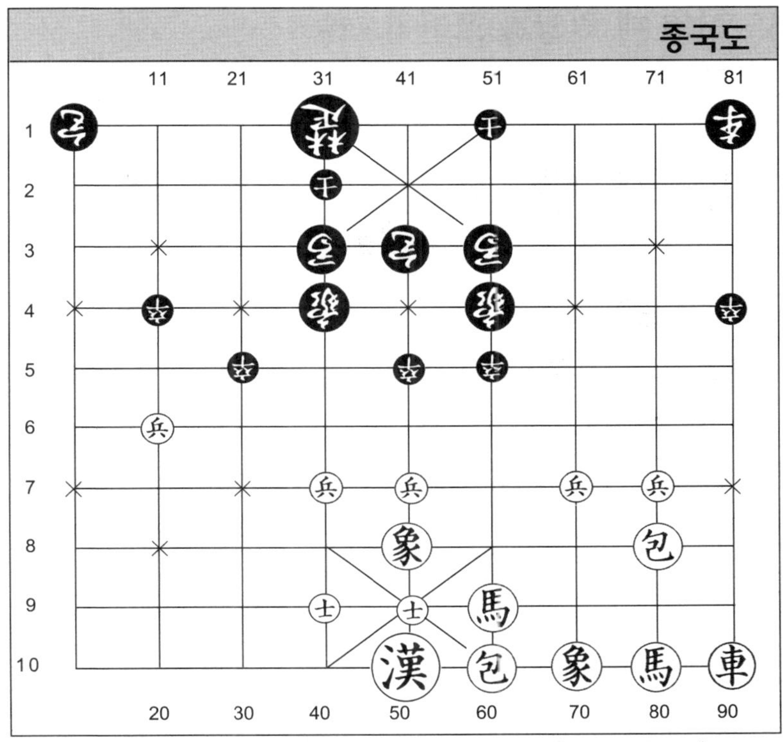

양귀馬 대 면象 포진 (2)에서, ①부터 ㉚까지 진행된 기보 (楚에서 둘 차례)

㉑ 13 楚包 43

㉒ 87 兵 77

㉓ 64 卒 65

㉔ 28 漢包 58

㉕ 31 楚士 32

㉖ 58 漢包 60

㉗ 65 卒 55

㉘ 40 漢士 39

㉙ 42 楚將 31

㉚ 18 漢包 78

65. 면象 대 원앙馬 포진법 (면象 선수)

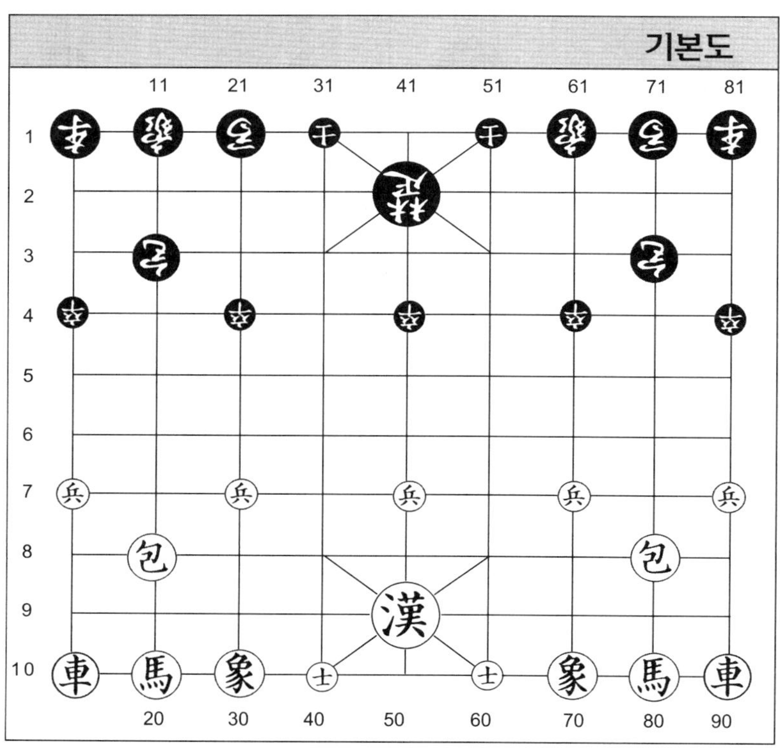

①	4 卒 14	⑪	23 楚包 83
②	87 兵 77	⑫	70 漢象 87
③	21 楚馬 33	⑬	64 卒 54
④	80 漢馬 68	⑭	20 漢馬 28
⑤	73 楚包 23	⑮	11 楚象 43
⑥	78 漢包 48	⑯	18 漢包 48
⑦	42 楚將 41	⑰	33 楚馬 45
⑧	47 兵 37 장	⑱	28 漢馬 47
⑨	51 楚士 42	⑲	24 卒 34
⑩	48 漢包 88	⑳	37 兵 36

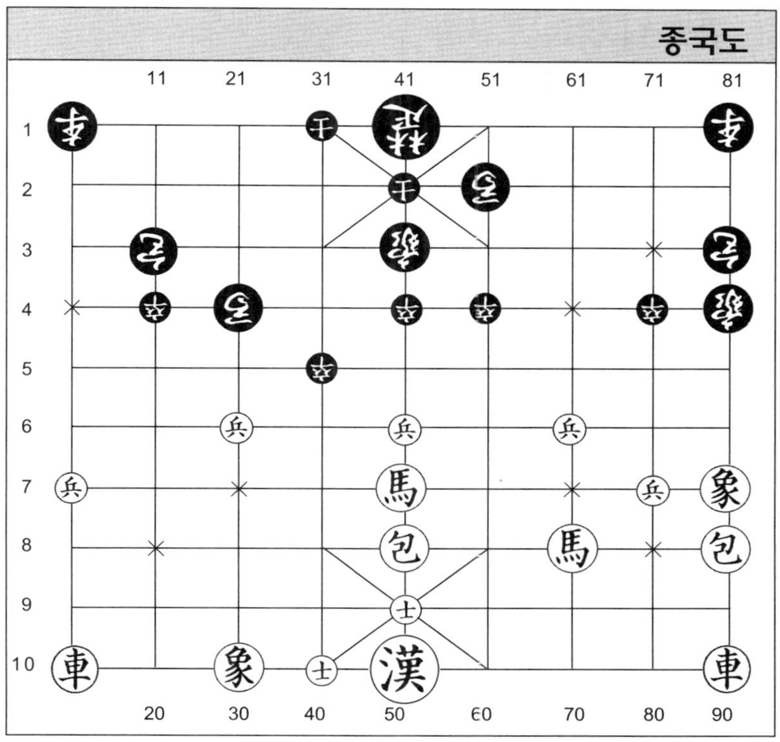

면象 대 원앙馬 포진에서, ①부터 ㉚까지 진행된 기 보 (楚에서 둘 차례)

㉑ 84 卒 74

㉒ 36 兵 46

㉓ 45 楚馬 24

㉔ 27 兵 26

㉕ 34 卒 35

㉖ 49 漢將 50

㉗ 61 楚象 84

㉘ 60 漢二 49

㉙ 71 楚馬 52

㉚ 67 兵 66

66. 귀馬 대 귀馬 포진법(1)

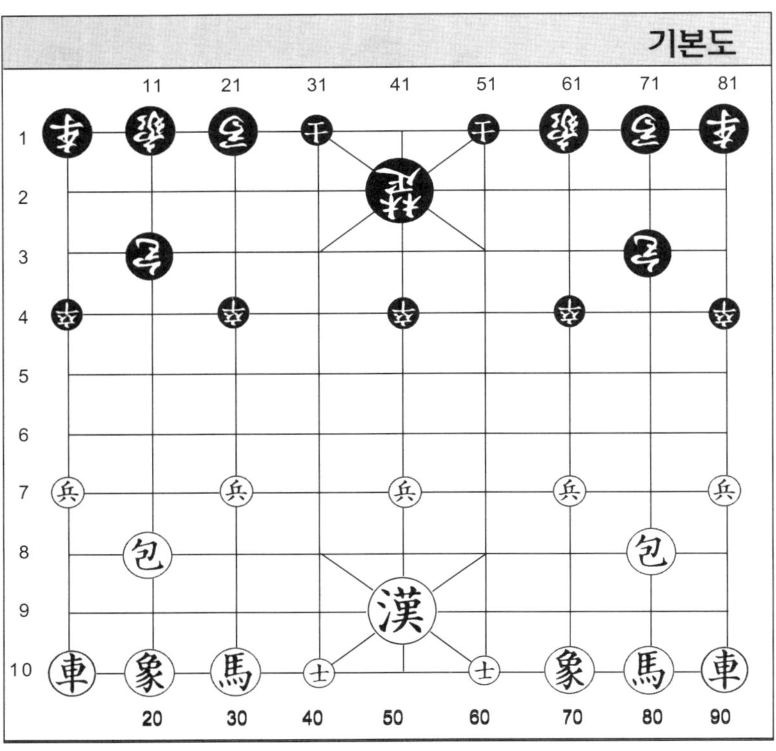

① 4 卒 14
② 87 兵 77
③ 71 楚馬 63
④ 80 漢馬 68
⑤ 73 楚包 43
⑥ 78 漢包 48
⑦ 44 卒 54
⑧ 30 漢馬 38
⑨ 61 楚象 44
⑩ 47 兵 37

⑪ 21 楚馬 33
⑫ 70 漢象 47
⑬ 24 卒 25
⑭ 27 兵 17
⑮ 13 楚包 15
⑯ 10 漢車 9
⑰ 15 楚包 65
⑱ 90 漢車 88
⑲ 81 楚車 71
⑳ 49 漢將 50

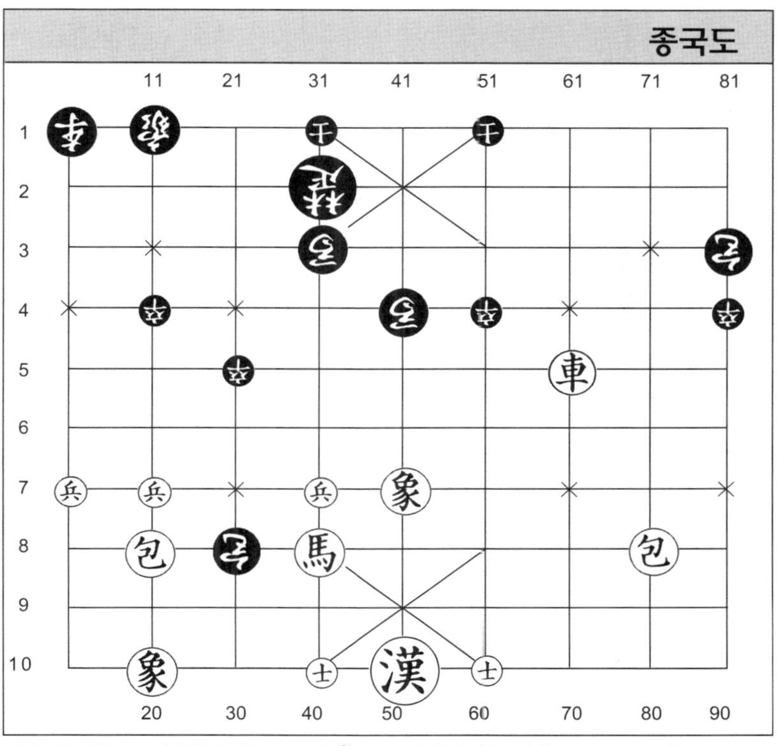

귀馬 대 귀馬 포진 (1)에서, ①부터 ㉟까지 진행된 기보 (漢에서 둘 차례)

㉑ 44 楚象 67 打兵
㉒ 77 兵 67 打象
㉓ 42 楚將 32
㉔ 67 兵 66
㉕ 43 楚包 83
㉖ 88 漢車 78
㉗ 71 楚車 78 打車
㉘ 48 漢包 78 打車
㉙ 65 楚包 68 打馬
㉚ 9 漢車 69
㉛ 68 楚包 28

㉜ 66 兵 65
㉝ 64 卒 65 打兵
㉞ 69 漢車 65 打卒
㉟ 63 楚馬 44

※ ㉚에서 18 漢包 48하는 것이 정수
이다.

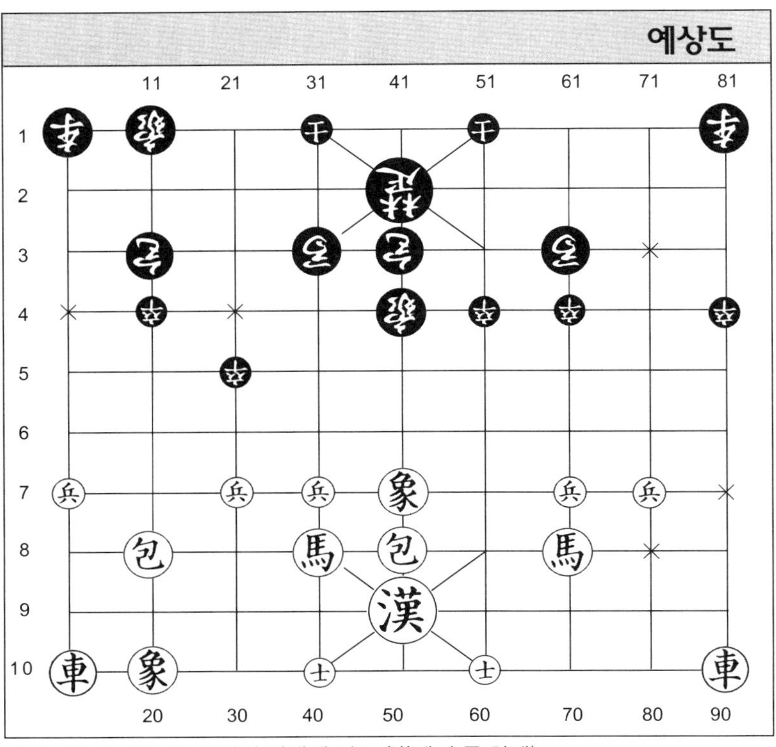

기본도에서, ①부터 ⑬까지 진행된 기보 (漢에서 둘 차례)

귀馬대 귀馬 포진을 4 卒 14 다음 87 兵 77과 같은 식으로 ⑬까지 두면 위와 같은 기보가 된다.

여기서 漢이 둘 차례인데,

① 90 漢車 86 하는 수, 84 卒 85 할 수도 있다.

② 40 士 39 하는 수, 31 士 32 할 수도 있다.

③ 37 兵 36 하는 수, 1 車 4 할 수도 있다.

④ 27 兵 17 하는 수, 11 象 34 할 수도 있다.

⑤ 67 兵 57 하는 수, 81 車 71 할 수도 있다.

⑥ 67 兵 66 하는 수, 11 象 34 할 수도 있다.

다음 수는 스스로 연구해 보자. 여러 가지 변화의 수가 있다.

67. 귀馬 대 귀馬 포진법(2)

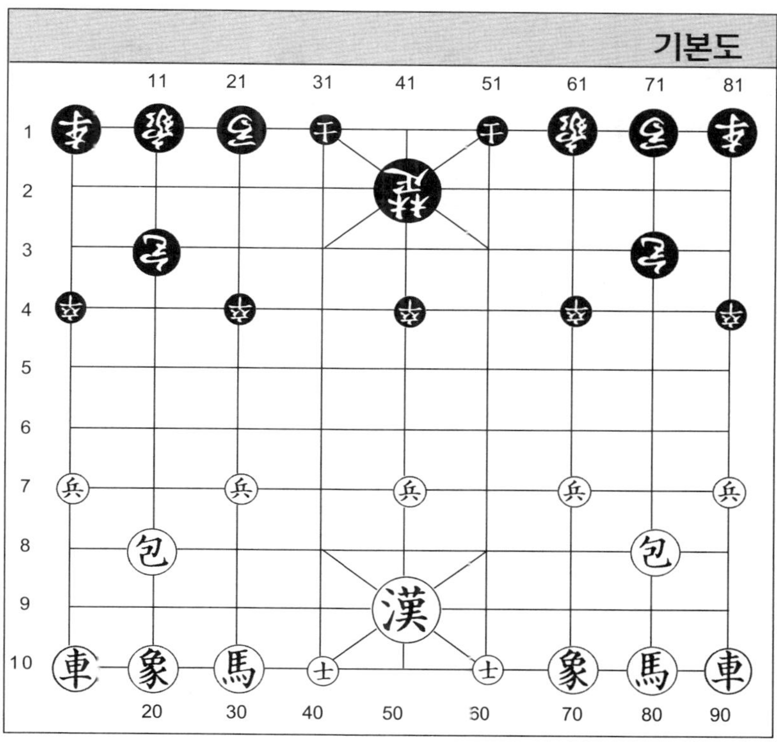

① 4 卒 14
② 87 兵 77
③ 71 楚馬 63
④ 80 漢馬 68
⑤ 73 楚包 43
⑥ 78 漢包 48
⑦ 44 卒 54
⑧ 30 漢馬 38
⑨ 61 楚象 44
⑩ 47 兵 37

⑪ 21 楚馬 33
⑫ 70 漢象 47
⑬ 24 卒 25
⑭ 27 兵 17
⑮ 11 楚象 34
⑯ 37 兵 27
⑰ 64 卒 65
⑱ 90 漢車 86
⑲ 63 楚馬 55
⑳ 86 漢車 56

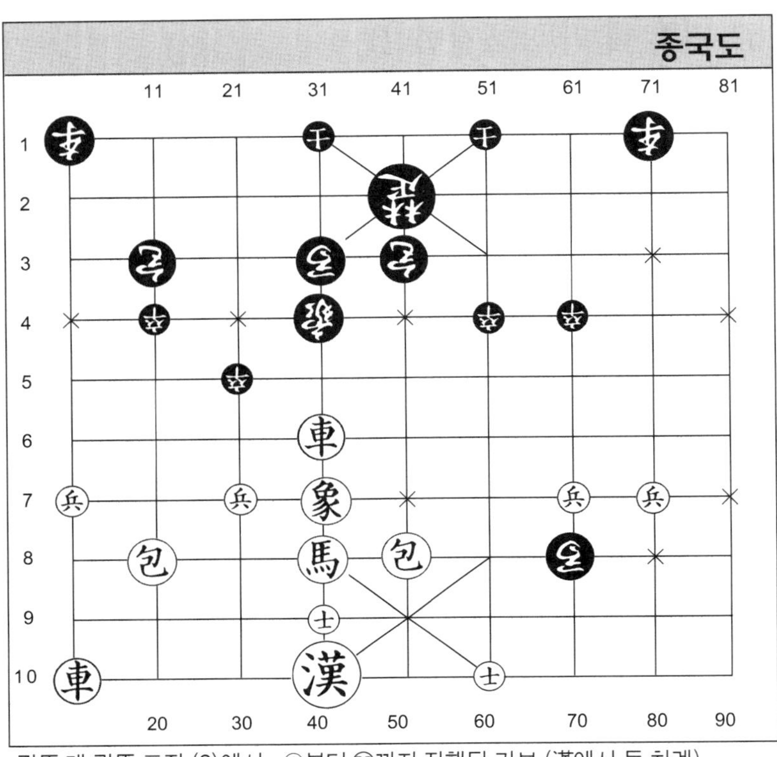

귀馬 대 귀馬 포진 (2)에서, ①부터 ㉝까지 진행된 기보 (漢에서 둘 차례)

㉑ 84 卒 74
㉒ 20 漢象 37
㉓ 74 卒 64
㉔ 40 漢士 39
㉕ 81 楚車 71
㉖ 49 漢將 40
㉗ 65 卒 66
㉘ 56 漢車 66 打卒
㉙ 44 楚象 27 打兵
㉚ 17 兵 27 打象
㉛ 55 楚馬 47 打象

㉜ 66 漢車 36
㉝ 47 楚馬 68 打馬

27수에서

㉘ 68 漢兵 66 楚卒打
㉙ 71 楚車 77 漢兵打

68. 귀馬 대 귀馬 포진법(3)

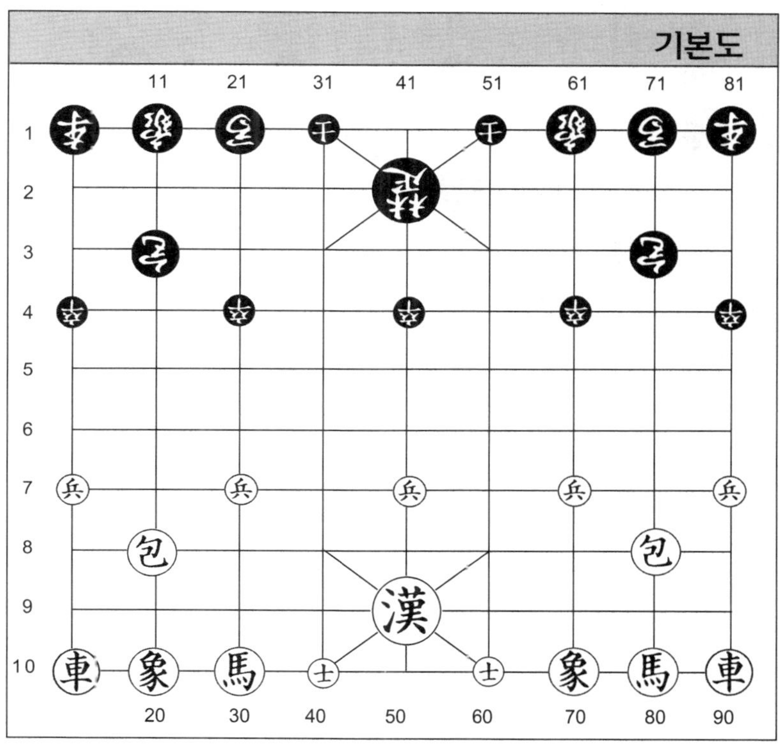

① 4 卒 14
② 87 兵 77
③ 71 楚馬 63
④ 80 漢馬 68
⑤ 73 楚包 43
⑥ 78 漢包 48
⑦ 44 卒 54
⑧ 30 漢馬 38
⑨ 61 楚象 44
⑩ 47 兵 37

⑪ 2⁻ 楚馬 33
⑫ 70 漢象 47
⑬ 24 卒 25
⑭ 49 漢將 50
⑮ 13 楚包 15
⑯ 90 漢車 89
⑰ 15 楚包 65
⑱ 67 兵 57
⑲ 11 楚象 34
⑳ 57 兵 56

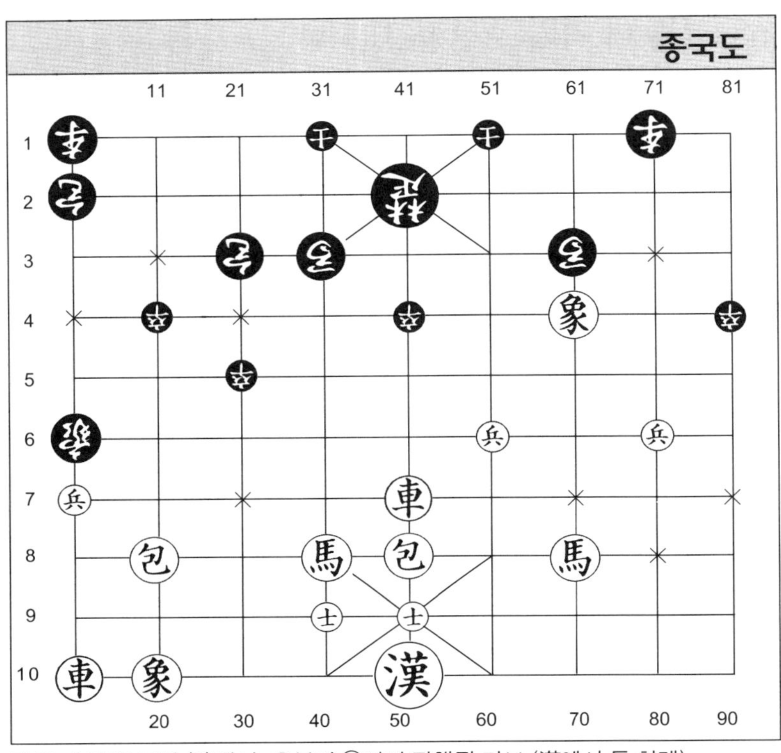

귀馬 대 귀馬 포진 (3)에서, ①부터 ㊶까지 진행된 기보 (漢에서 둘 차례)

㉑ 81 楚車 71

㉒ 77 兵 76

㉓ 65 楚包 70 장

㉔ 60 漢士 49

㉕ 70 楚包 67

㉖ 89 漢車 87

㉗ 44 楚象 27 打兵 장

㉘ 37 兵 27 打象

㉙ 67 楚包 27 打兵

㉚ 47 漢象 64 打卒

㉛ 27 楚包 22

㉜ 40 漢士 39한 것이 잘못 두었다.

㉝ 22 楚包 82

㉞ 87 漢車 27

㉟ 82 楚包 2

㊱ 7 兵 17

㊲ 34 楚象 6

㊳ 17 兵 7

㊴ 43 楚包 23 하면

㊵ 27 漢車 47 장

㊶ 54 卒 44

잘못 응수하다 보면 이와 같이 되고 만다.

69. 귀馬 대 귀馬 포진법(4)

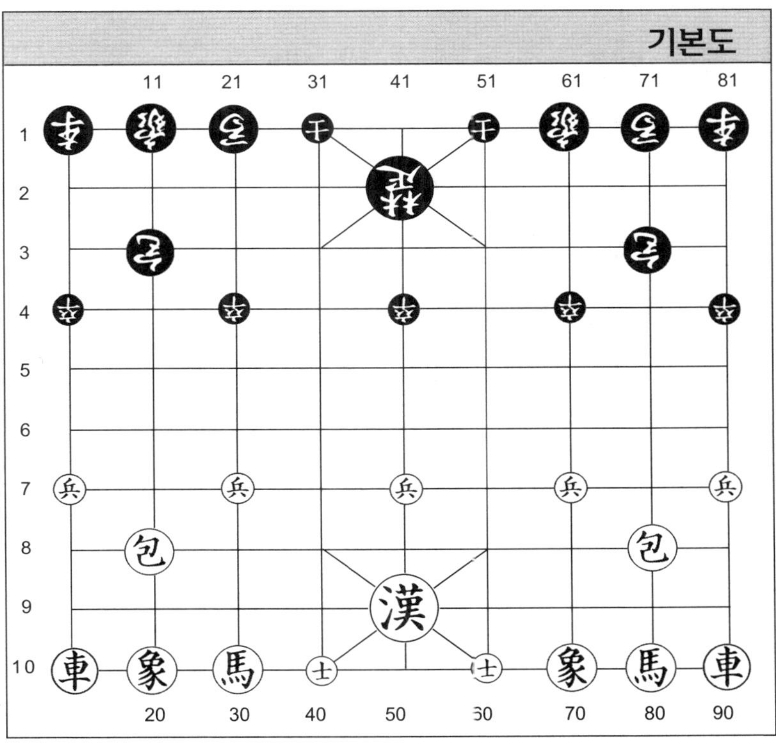

① 4 卒 14
② 87 兵 77
③ 71 楚馬 63
④ 80 漢馬 68
⑤ 73 楚包 43
⑥ 78 漢包 48
⑦ 44 卒 54
⑧ 30 漢馬 38
⑨ 61 楚象 44
⑩ 47 兵 37
⑪ 21 楚馬 33
⑫ 70 漢象 47
⑬ 24 卒 25
⑭ 40 漢士 39
⑮ 31 楚士 32
⑯ 49 漢將 40
⑰ 13 楚包 15
⑱ 90 漢車 86
⑲ 81 楚車 71
⑳ 86 漢車 36

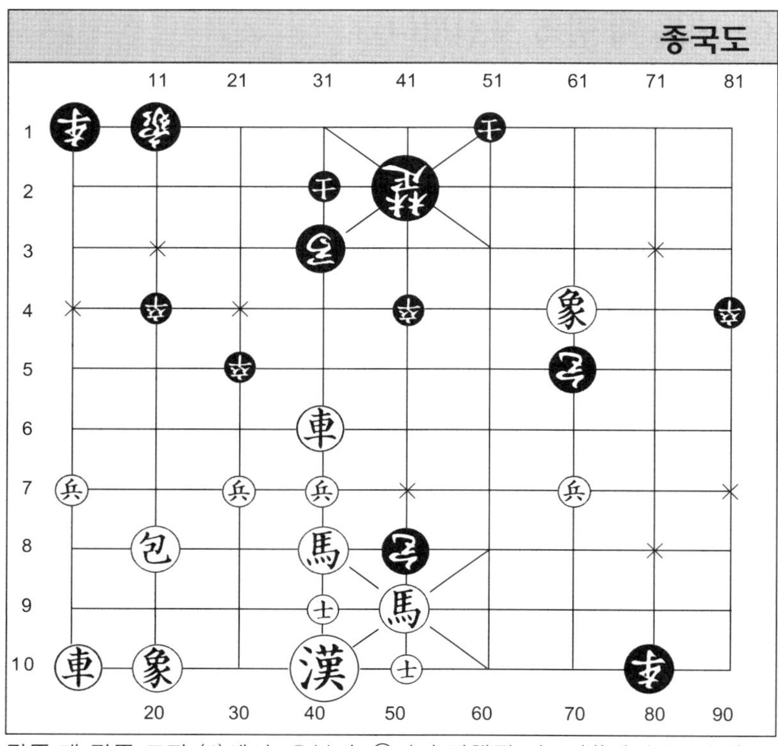

귀馬 대 귀馬 포진 (4)에서, ①부터 ㉛까지 진행된 기보 (漢에서 둘 차례)

㉑ 15 楚包 65

㉒ 68 漢馬 49

㉓ 44 楚象 67 打兵

㉔ 77 兵 67 打象

㉕ 71 楚車 80

㉖ 60 漢士 50

㉗ 63 楚馬 44

㉘ 48 漢包 44 打馬

㉙ 54 卒 44 打包

㉚ 47 漢象 64 打卒

㉛ 43 楚包 48

한에서는 외통수에 걸려 있기 때문에 궁중마를 희생할 수 밖에 없다.

186

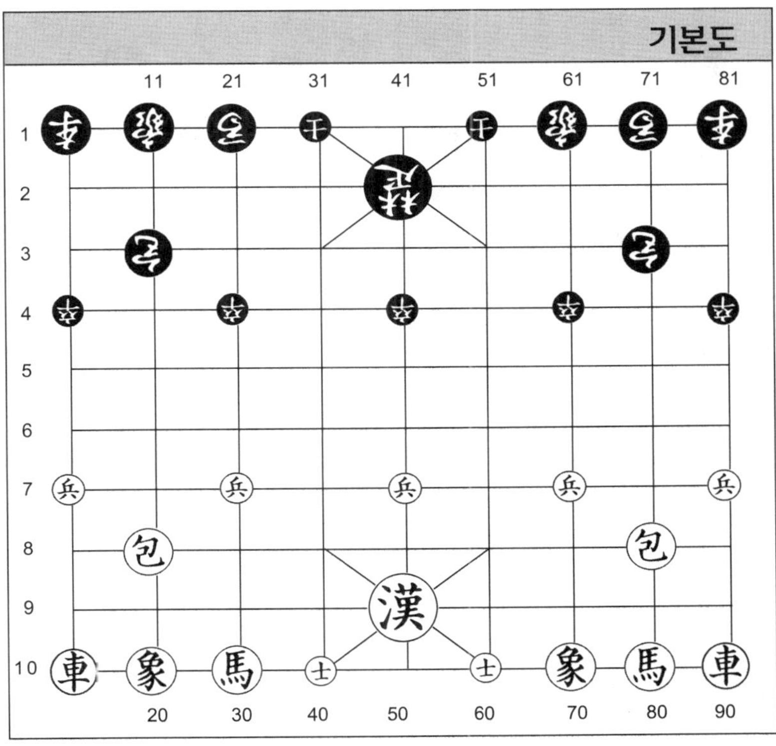

① 4 卒 14　　⑪ 21 楚馬 33
② 87 兵 77　　⑫ 70 漢象 47
③ 71 楚馬 63　　⑬ 24 卒 25
④ 80 漢馬 68　　⑭ 49 漢將 50
⑤ 73 楚包 43　　⑮ 13 楚包 15
⑥ 78 漢包 48　　⑯ 90 漢車 89
⑦ 44 卒 54　　⑰ 15 楚包 65
⑧ 30 漢馬 38　　⑱ 67 兵 57
⑨ 61 楚象 44　　⑲ 11 楚象 34
⑩ 47 兵 37　　⑳ 57 兵 56

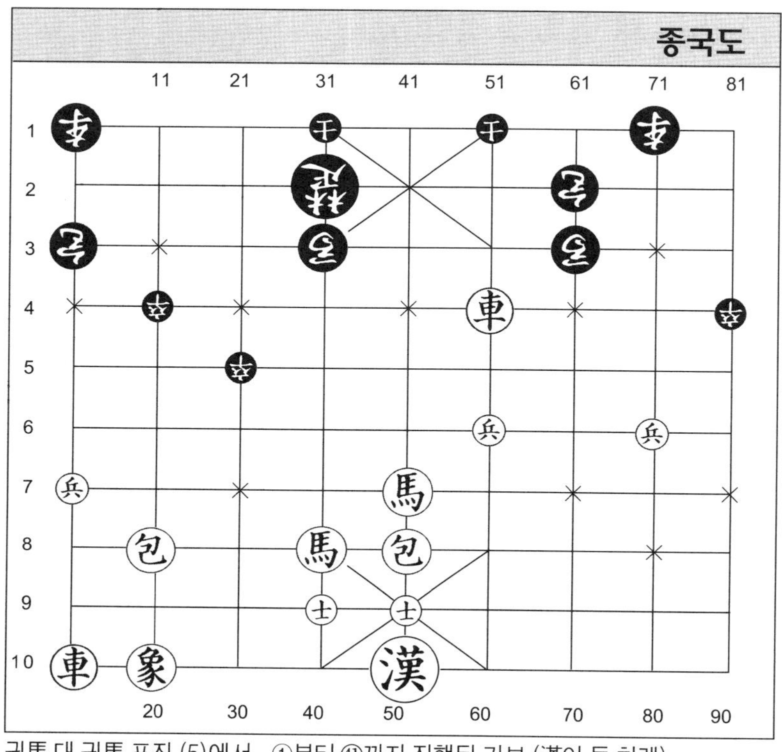

귀馬 대 귀馬 포진 (5)에서, ①부터 ㊶까지 진행된 기보 (漢이 둘 차례)

㉑ 81 楚車 71

㉒ 77 兵 76

㉓ 65 楚包 70 장

㉔ 60 漢士 49

㉕ 70 楚包 67

㉖ 89 漢車 87

㉗ 44 楚象 27 打兵 장

㉘ 37 兵 27 打象

㉙ 67 楚包 27 打兵

㉚ 47 漢象 64 打卒

㉛ 27 楚包 22

㉜ 40 漢士 39

㉝ 54 卒 64 打象

㉞ 87 漢車 37

㉟ 64 卒 54

㊱ 37 漢車 34 打象 하면

㊲ 22 楚包 62

㊳ 34 漢車 54 打卒한 것이 패인.

㊴ 43 楚包 3

㊵ 68 漢馬 47 장

㊶ 42 楚將 32 하면

　　양 車 중에 하나가 공짜로 죽게 된다.

71. 귀馬 대 귀馬 포진법(6)

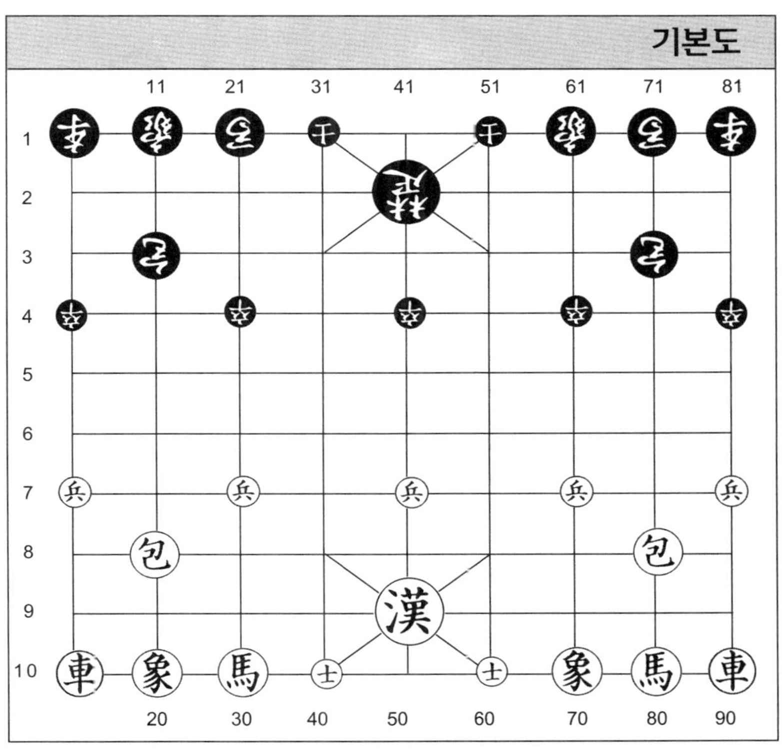

① 4 卒 14	⑪ 21 楚馬 33	㉑ 81 楚車 71
② 87 兵 77	⑫ 70 漢象 47	㉒ 89 漢車 79
③ 71 楚馬 63	⑬ 24 卒 25	㉓ 65 楚包 70 장
④ 80 漢馬 68	⑭ 49 漢將 50	㉔ 60 漢士 49
⑤ 73 楚包 43	⑮ 13 楚包 15	㉕ 70 楚包 67
⑥ 78 漢包 48	⑯ 90 漢車 89	㉖ 47 漢象 64 打卒
⑦ 44 卒 54	⑰ 15 楚包 65	㉗ 67 楚包 27 打兵
⑧ 30 漢馬 38	⑱ 67 兵 57	㉘ 40 漢士 39 한다면
⑨ 61 楚象 44	⑲ 11 楚象 34	㉙ 27 楚包 22
⑩ 47 兵 37	⑳ 57 兵 56	㉚ 10 漢車 9

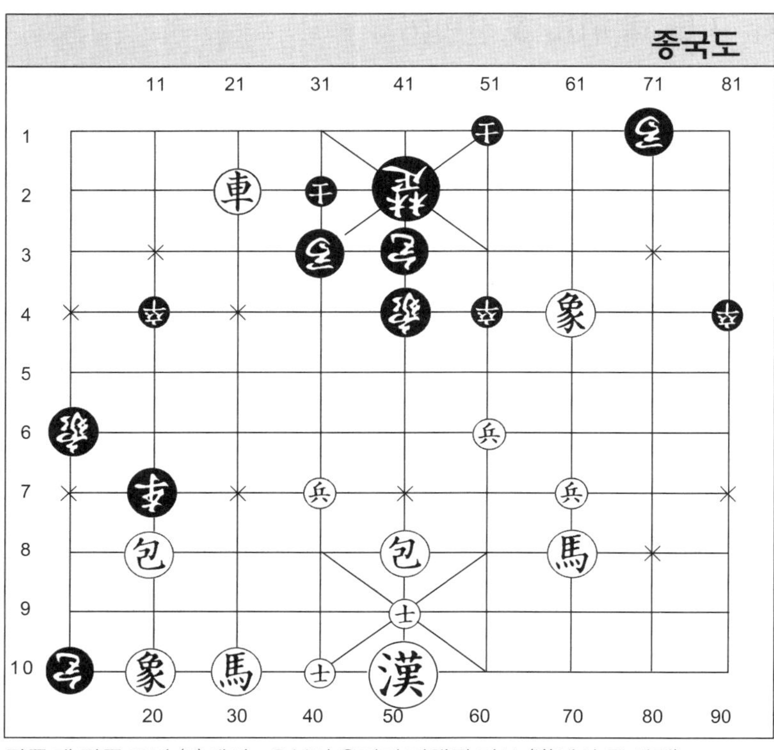

귀馬 대 귀馬 포진 (6)에서, ①부터 ㊻까지 진행된 기보 (漢에서 둘 차례)

㉛ **22** 楚包 72

㉜ 77 兵 67 한다면

㉝ 72 楚包 2

㉞ 79 漢車 71 打車

㉟ 63 楚馬 71打車

㊱ 9 漢車 29

㊲ 2 楚包 10 장

㊳ 39 漢士 40

㊴ 1 楚車 7 打兵

㊵ 29 漢車 25 打卒

㊶ 34 楚象 6 한다면

㊷ 25 漢車 22 장

㊸ 31 楚士 32

㊹ 38 漢馬 30

㊺ 7 楚車 17

㊻ 48 漢包가 88 하면 車가 죽는다. 그래서 漢은 장고하고 있는 국면이다.

72. 귀馬 대 귀馬 포진법(7)

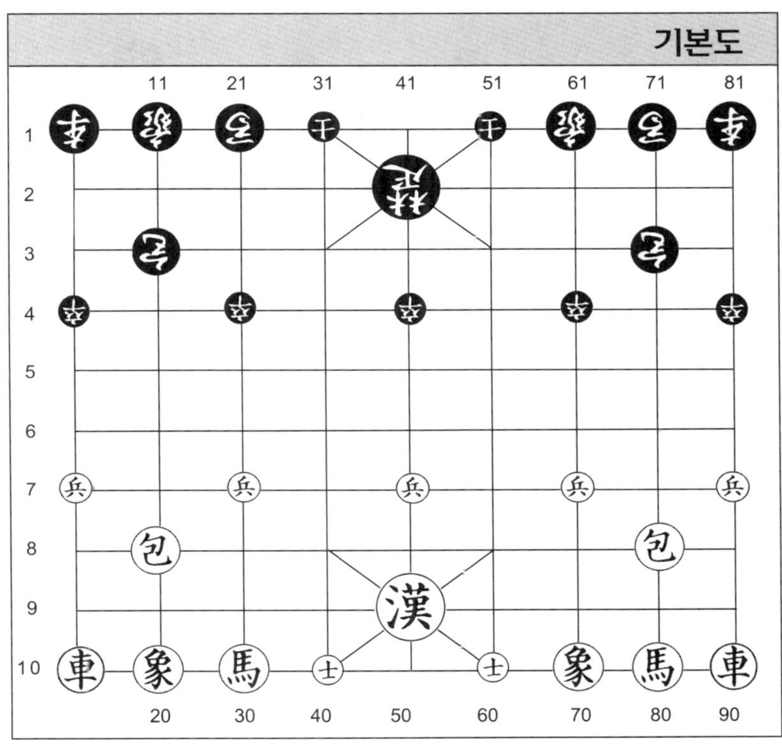

① 4 卒 14	⑪ 21 楚馬 33	㉑ 81 楚車 71
② 87 兵 77	⑫ 70 漢象 47	㉒ 77 兵 76
③ 71 楚馬 63	⑬ 24 卒 25	㉓ 65 楚包 70 장
④ 80 漢馬 68	⑭ 40 漢將 50	㉔ 60 漢士 49
⑤ 73 楚包 43	⑮ 13 楚包 15	㉕ 70 楚包 67
⑥ 78 漢包 48	⑯ 90 漢車 89	㉖ 89 漢車 87
⑦ 44 卒 54	⑰ 15 楚包 65	㉗ 44 楚象 27 打兵 장
⑧ 30 漢馬 38	⑱ 67 兵 57	㉘ 37 兵 27 打象
⑨ 61 楚象 44	⑲ 11 楚象 34	㉙ 67 楚包 27 打兵
⑩ 47 兵 37	⑳ 57 兵 56	㉚ 47 漢象 64 打卒

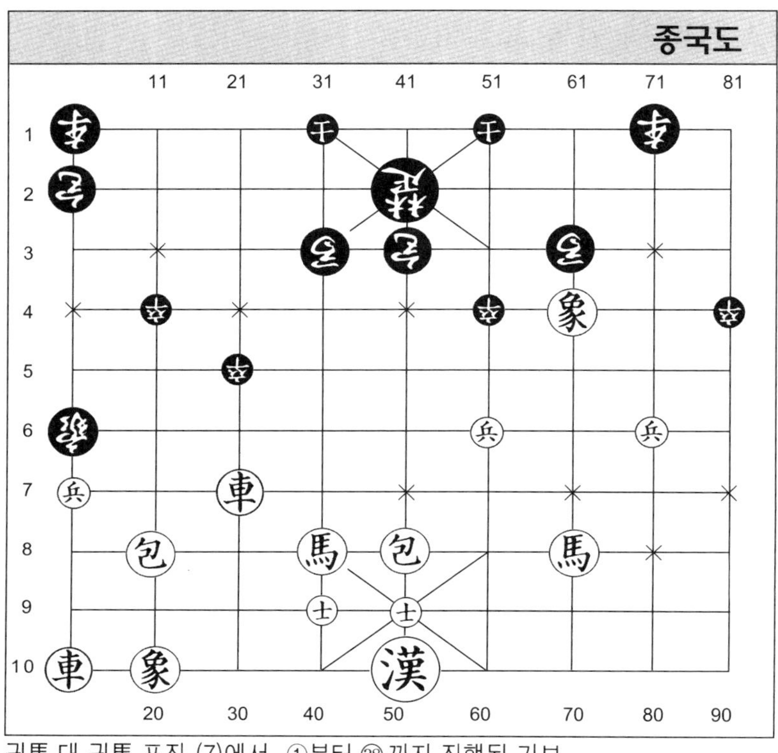

귀馬 대 귀馬 포진 (7)에서, ①부터 ㊳까지 진행된 기보

㉛ 27 楚包 22

㉜ 40 漢士 39

㉝ 22 楚包 52

㉞ 87 漢車 37

㉟ 52 楚包 2

㊱ 7 兵 17

㊲ 34 楚象 6

㊳ 17 兵 7

〈해설〉

㉞ 에서 착각하여 87 漢車 37하면 82 楚包2로 가서 10에 있는 漢車가 죽게 된다.

73. 귀馬 대 귀馬 포진법(8)

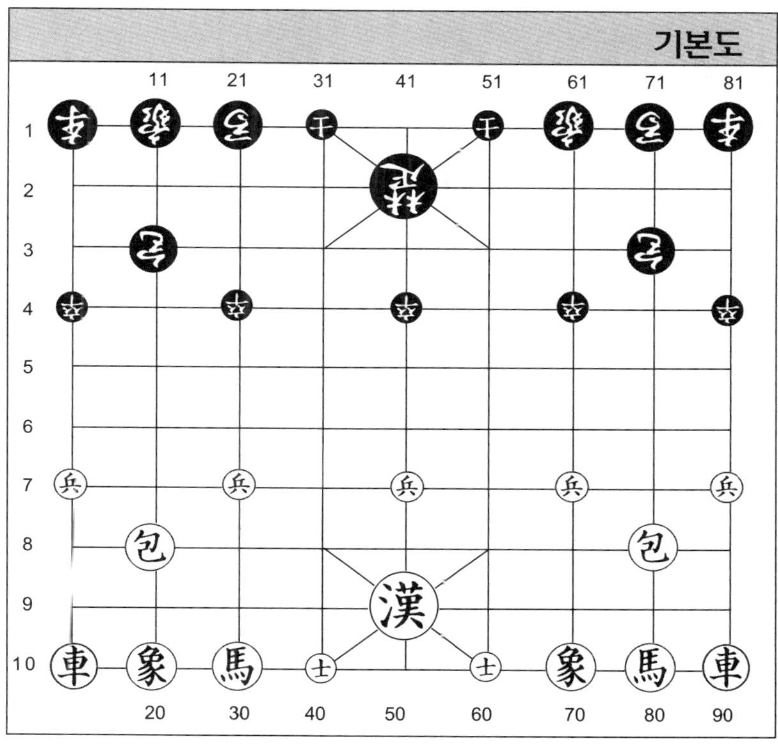

① 4 卒 14
② 87 兵 77
③ 71 楚馬 63
④ 80 漢馬 68
⑤ 73 楚包 43
⑥ 78 漢包 48
⑦ 44 卒 54
⑧ 30 漢馬 38
⑨ 61 楚象 44
⑩ 47 兵 37

⑪ 21 楚馬 33
⑫ 70 漢象 47
⑬ 24 卒 25
⑭ 49 漢將 50 한다면
⑮ 13 楚包 15
⑯ 90 漢車 89
⑰ 15 楚包 65
⑱ 67 兵 57
⑲ 11 楚象 34
⑳ 57 兵 56

㉑ 81 楚車 71
㉒ 77 兵 76
㉓ 65 楚包 70 장
㉔ 60 漢士 49
㉕ 70 楚包 67
㉖ 47 漢象 64 打卒
㉗ 67 楚包 27 打兵
㉘ 40 漢士 39
㉙ 27 楚包 67
㉚ 37 兵 36

종국도

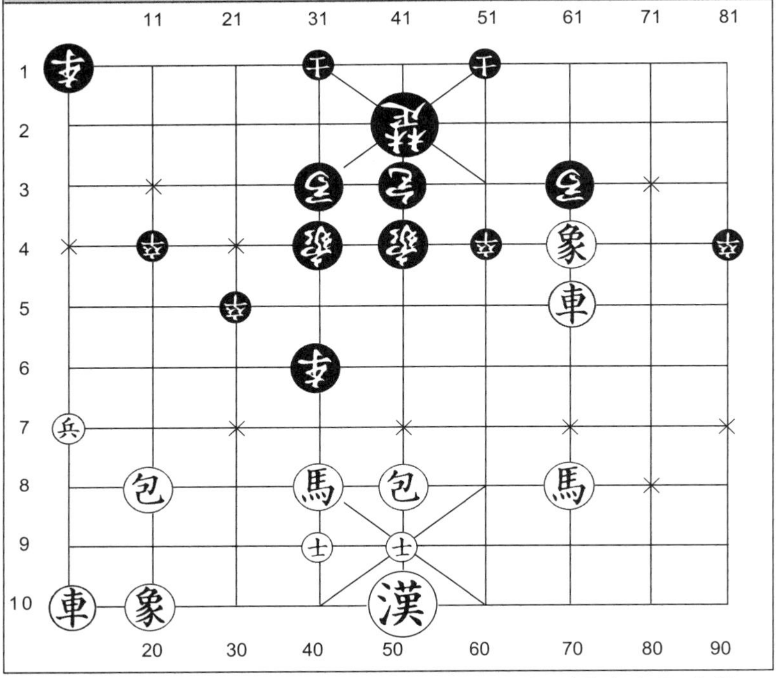

귀馬 대 귀馬 포진 (8)에서, ①부터 ㊱까지 진행된 기보 (楚에서 둘 차례)

㉛ 71 楚車 76 打兵

㉜ 89 漢車 87

㉝ 76 楚車 56 打兵

㉞ 87 漢車 67 打包

㉟ 56 楚車 36 打兵

㊱ 67 漢車 65

74. 귀馬 대 귀馬 포진법(9)

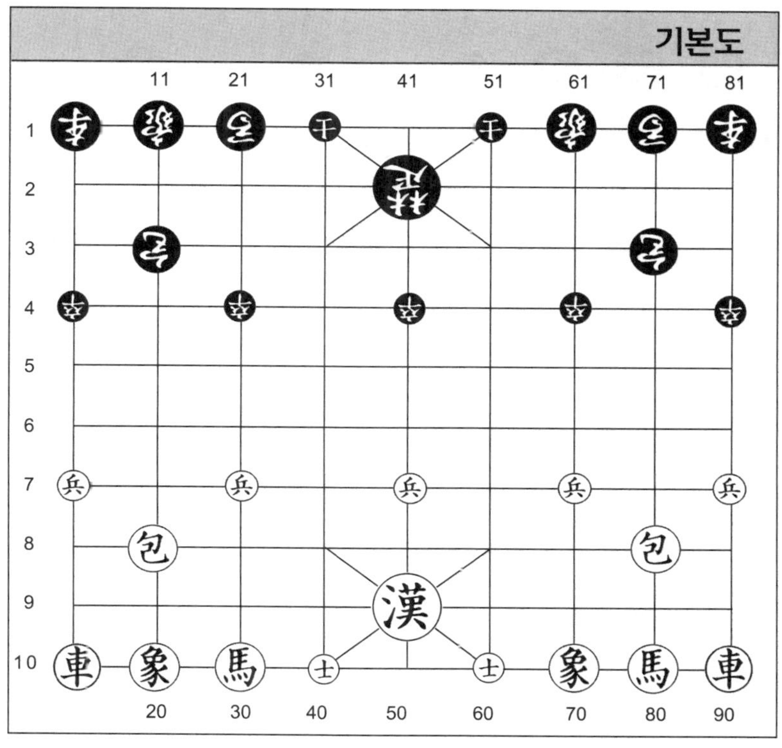

① 4 卒 14
② 87 兵 77
③ 71 楚馬 63
④ 80 漢馬 68
⑤ 73 楚包 43
⑥ 78 漢包 48
⑦ 44 卒 54
⑧ 90 漢車 86
⑨ 61 楚象 44
⑩ 27 兵 26
⑪ 31 楚車 71
⑫ 36 漢車 56

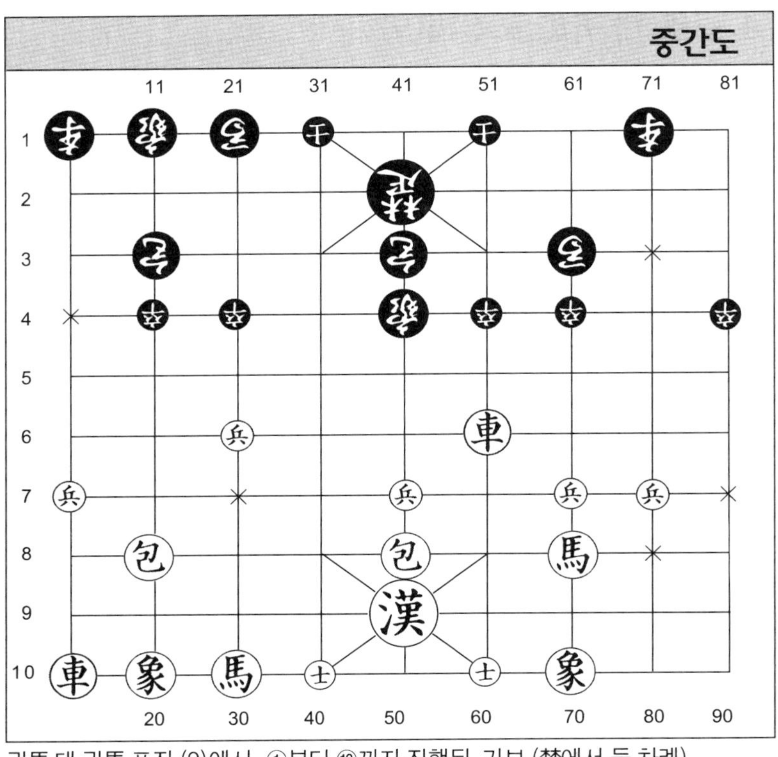

귀馬 대 귀馬 포진 (9)에서, ①부터 ⑫까지 진행된 기보 (楚에서 둘 차례)

① 54 卒 55
② 56 漢車 59
③ 44 楚象 67 打兵
④ 77 兵 67 打象
⑤ 71 楚車 78
⑥ 59 漢車 69
⑦ 13 楚包 15
⑧ 47 兵 57
⑨ 78 楚車 76
⑩ 30 漢馬 38
⑪ 15 楚包 65

⑫ 40 漢士 39
⑬ 64 卒 74
⑭ 20 漢象 37
⑮ 65 楚包 62
⑯ 69 漢車 59
⑰ 11 楚象 34
⑱ 68 漢馬 89

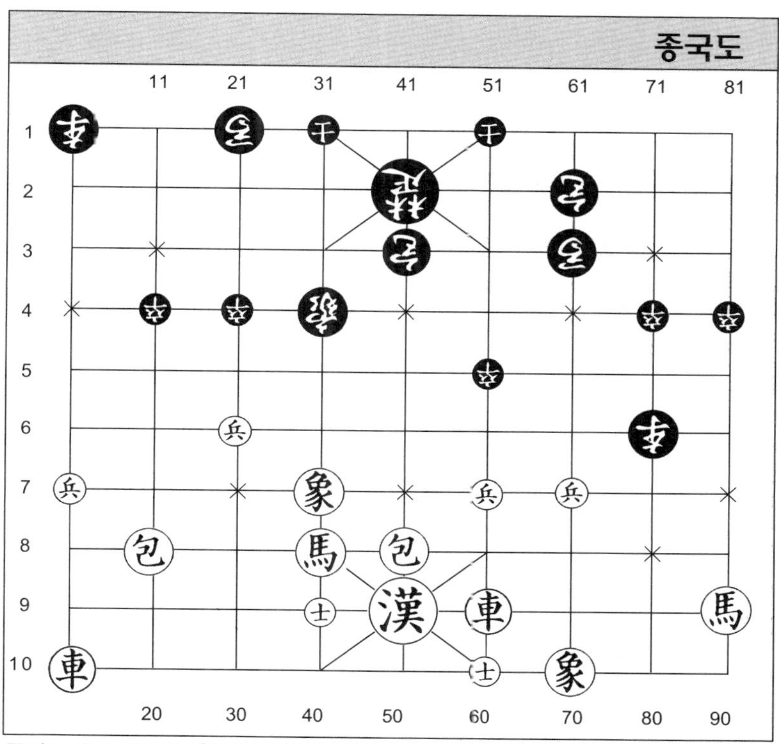

중간도에서, ①부터 ⑱까지 진행된 기보

　여기서 귀馬 대 귀馬 포진법 (9)
에 대해서 몇 가지 유형의 수를 더
검토해보고 넘어가도록 한다. 장기
의 수는 연구하면 할수록 무궁무진
한 진수를 맛볼 수 있을 것이다.

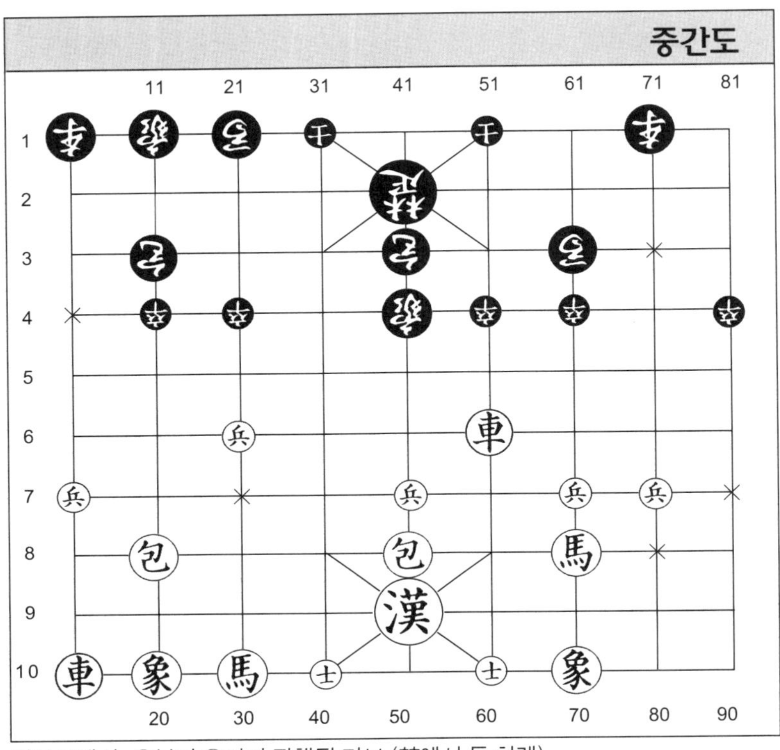

기본도에서, ①부터 ⑫까지 진행된 기보 (楚에서 둘 차례)

◆ A의 예

① 54 卒 55

② 56 漢車 57

③ 11 楚象 34

④ 47 兵 46

⑤ 71 楚車 75

⑥ 30 漢馬 38

⑦ 55 卒 45

⑧ 26 兵 36

⑨ 45 卒 46 打兵

⑩ 36 兵 46 打卒

⑪ 75 楚車 15

⑫ 49 漢將 39

⑬ 21 楚馬 33

⑭ 40 漢士 49

⑮ 43 楚包 46 打兵

⑯ 38 漢馬 46 打包

⑰ 13 楚包 43

⑱ 49 漢士 38

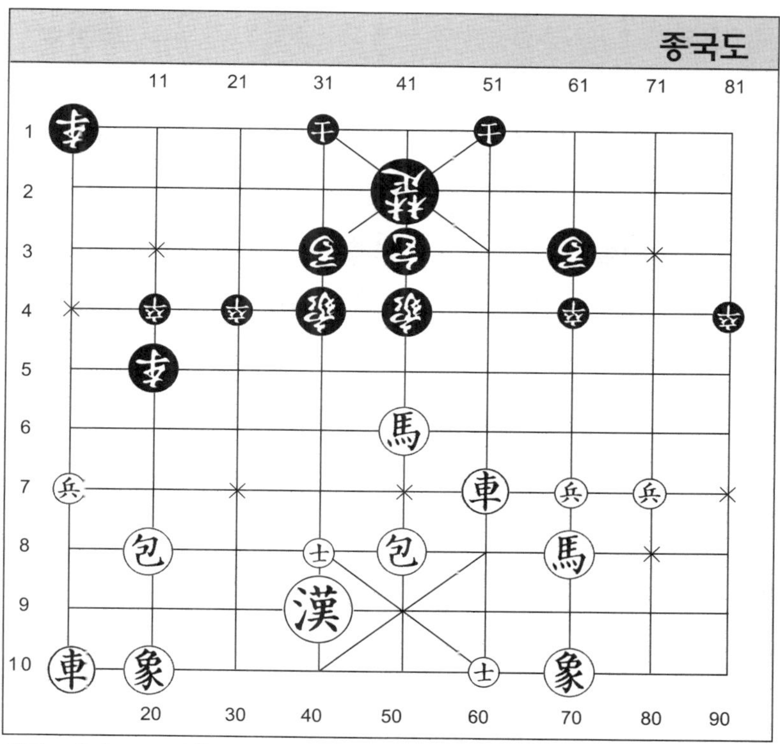

중간도에서, ①부터 ⑱까지 진행된 기보

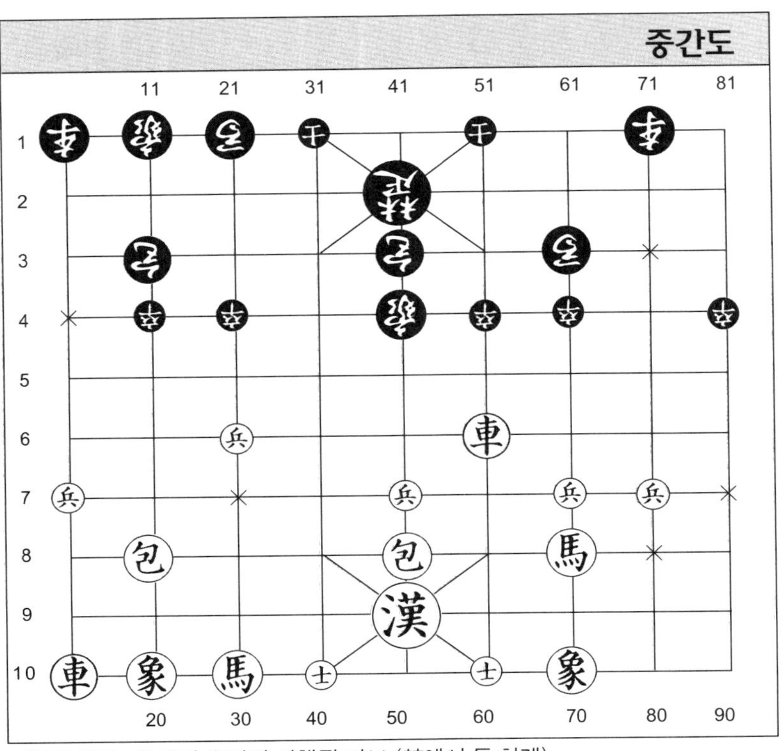

기본도에서, ①부터 ⑫까지 진행된 기보 (楚에서 둘 차례)

◆ B의 예

① 54 卒 55
② 56 漢車 59
③ 44 楚象 67 打兵
④ 77 兵 67 打象
⑤ 71 楚車 78
⑥ 59 漢車 69
⑦ 13 楚包 15
⑧ 47 兵 57
⑨ 78 楚車 76
⑩ 30 漢馬 38
⑪ 15 楚包 65
⑫ 20 漢象 37
⑬ 65 楚包 68 打馬
⑭ 69 漢車 68 打包
⑮ 76 楚車 26 打兵
⑯ 40 漢士 39
⑰ 26 楚車 36
⑱ 57 兵 47

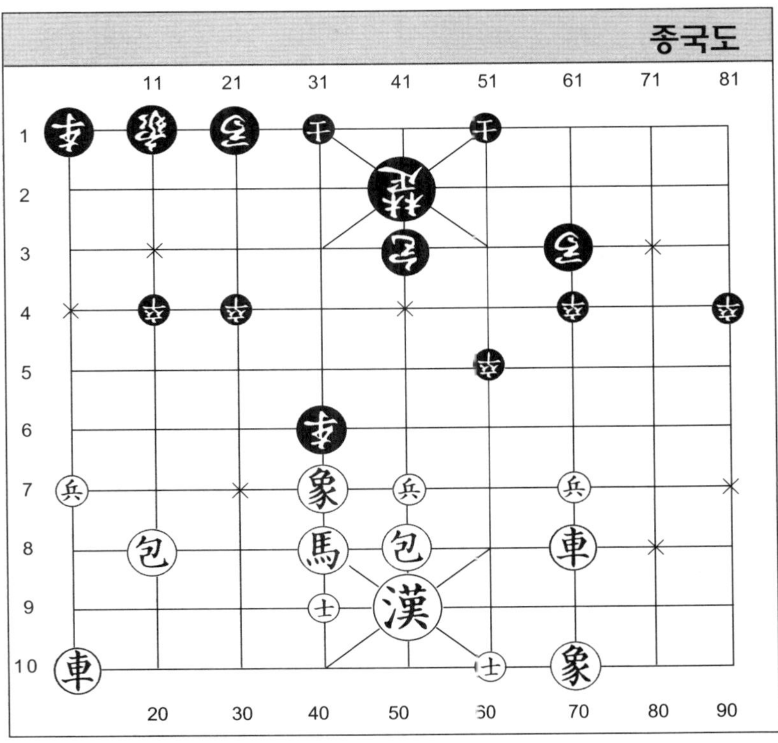

중간도에서, ①부터 ⑱까지 진행된 기보

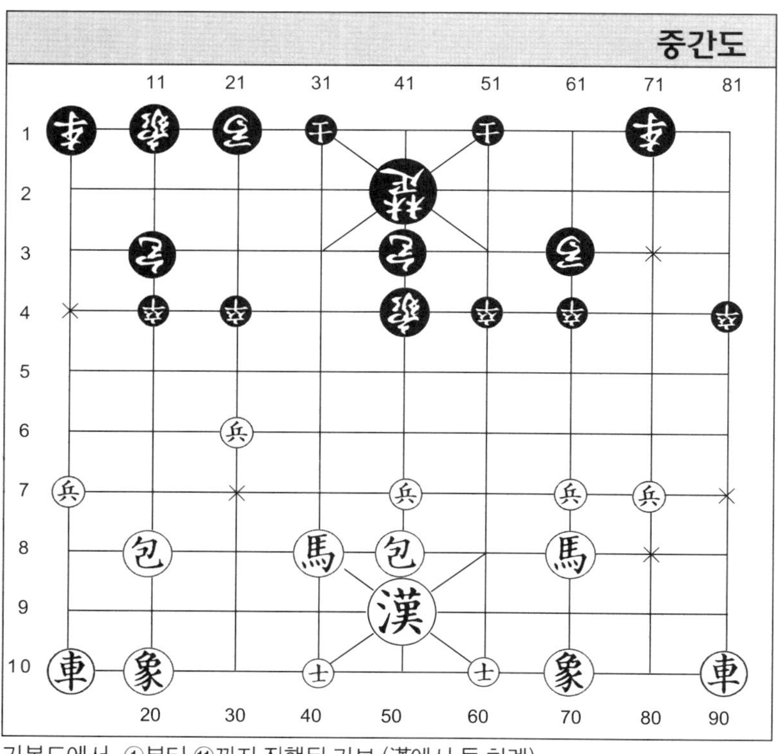

기본도에서, ①부터 ⑪까지 진행된 기보 (漢에서 둘 차례)

◆C의 예

① 40 漢士 39

② 71 楚車 75

③ 7 兵 6

④ 21 楚馬 33

⑤ 49 漢將 40

⑥ 43 楚包 83

⑦ 90 漢車 80

⑧ 13 楚包 43

⑨ 20 漢象 37

⑩ 75 楚車 15

⑪ 70 漢象 87

⑫ 83 楚包 86

⑬ 77 兵 76

⑭ 86 楚包 82

⑮ 67 兵 57

⑯ 24 卒 25

⑰ 26 兵 25 打卒

⑱ 15 楚車 25 打兵

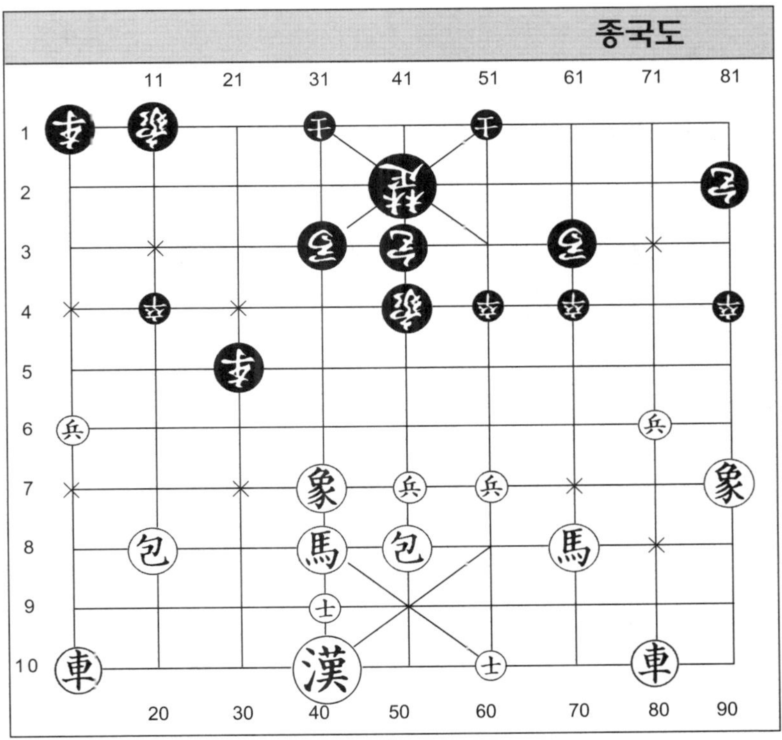

중간도에서, ①부터 ⑱ 까지 진행된 기보

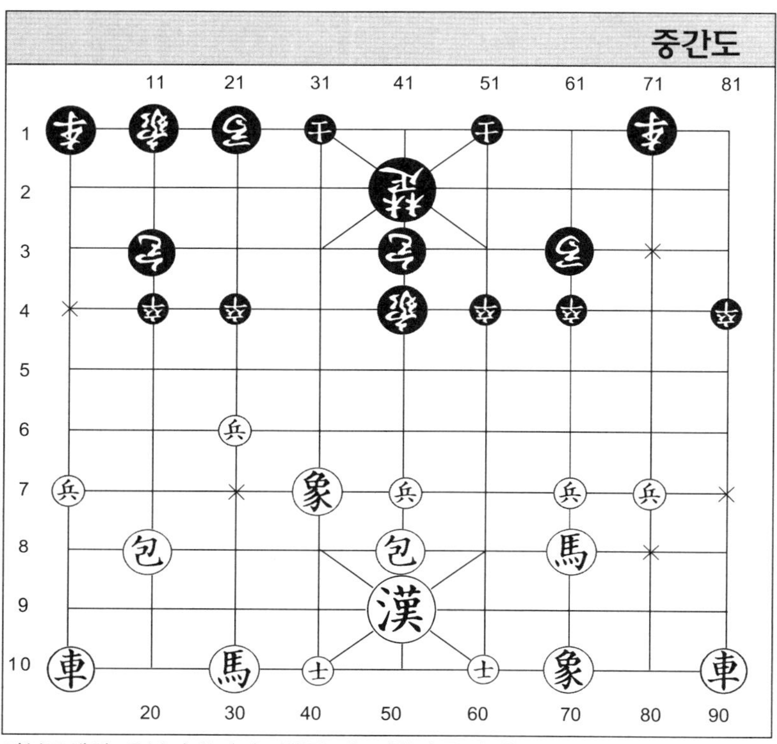

기본도에서, ①부터 ⑪까지 진행된 기보 (漢이 둘 차례)

◆ D의 예

① 90 漢車 89

② 44 楚象 67 打兵

③ 77 兵 67 打象

④ 71 楚車 78

⑤ 89 漢車 69

⑥ 78 楚車 76

⑦ 37 漢象 54 打卒

⑧ 64 卒 54 打象

⑨ 30 漢馬 38

⑩ 76 楚車 75

⑪ 7 兵 6

⑫ 75 楚車 15

⑬ 49 漢將 39

⑭ 21 楚馬 33

⑮ 40 漢士 49

⑯ 24 卒 25

⑰ 26 兵 25 打卒

⑱ 15 楚車 25 打兵

⑲ 69 漢車 59

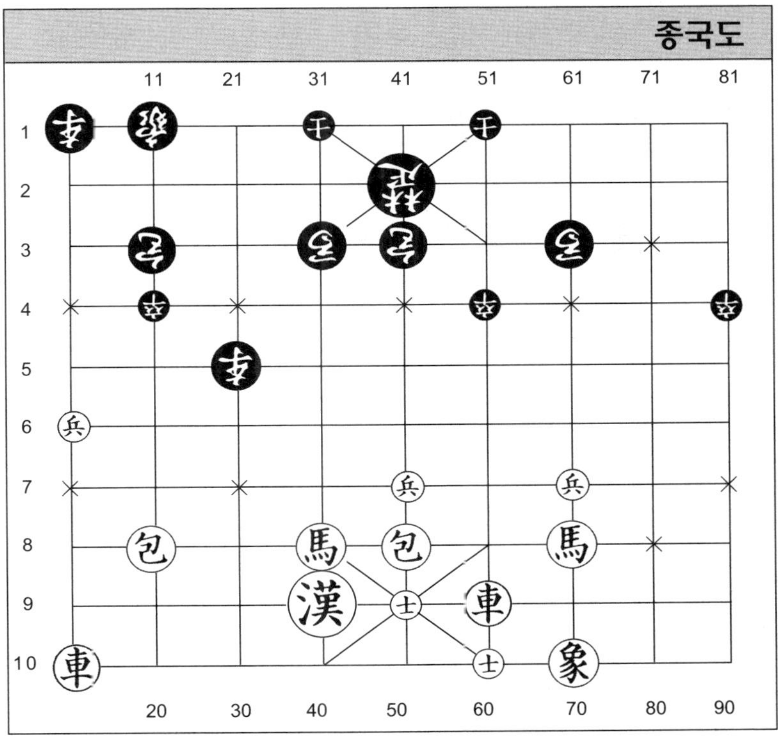

중간도에서, ①부터 ⑲까지 진행된 기보

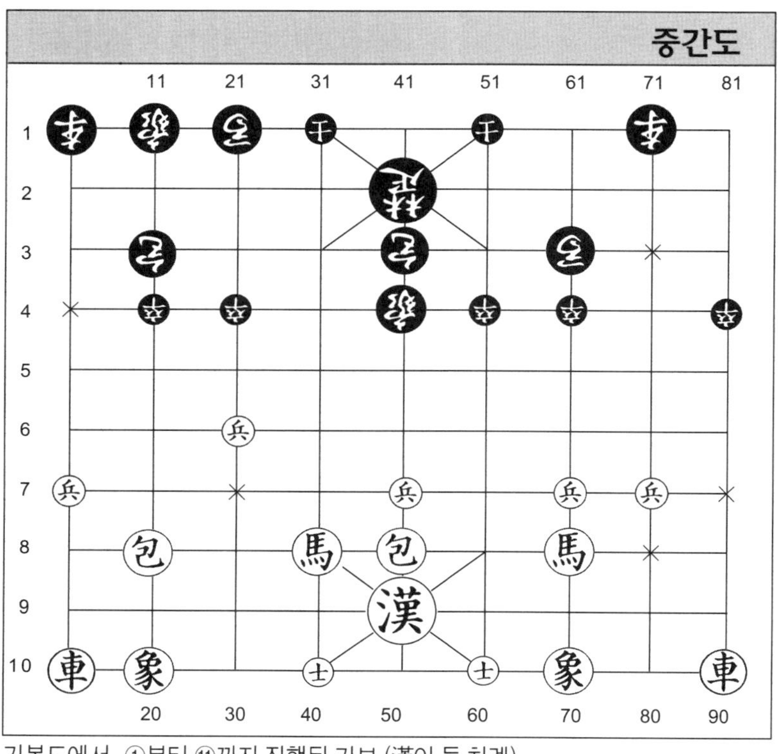

기본도에서, ①부터 ⑪까지 진행된 기보 (漢이 둘 차례)

◆ E의 예

① 20 漢象 37
② 71 楚車 75
③ 7 兵 6
④ 21 楚馬 33
⑤ 40 漢士 39
⑥ 75 楚車 15
⑦ 49 漢將 40
⑧ 43 楚包 83
⑨ 90 漢車 80
⑩ 13 楚包 43

⑪ 60 漢士 49
⑫ 24 卒 25
⑬ 26 兵 25 打卒
⑭ 15 楚車 25 打兵
⑯ 40 漢將 50
⑰ 11 楚象 34
⑱ 6 兵 5
⑲ 44 楚象 27

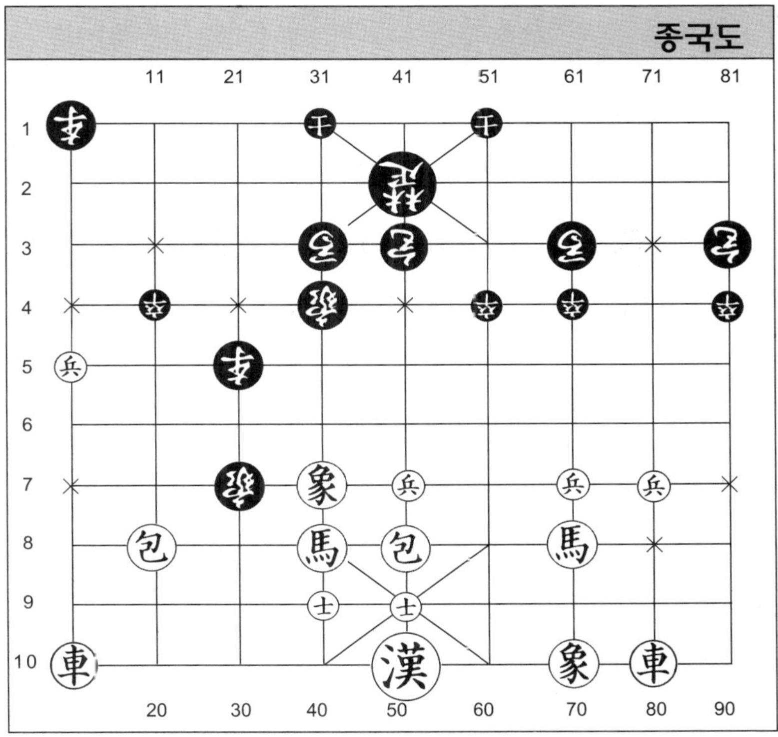

중간도에서, ①부터 ⑲까지 진행된 기보

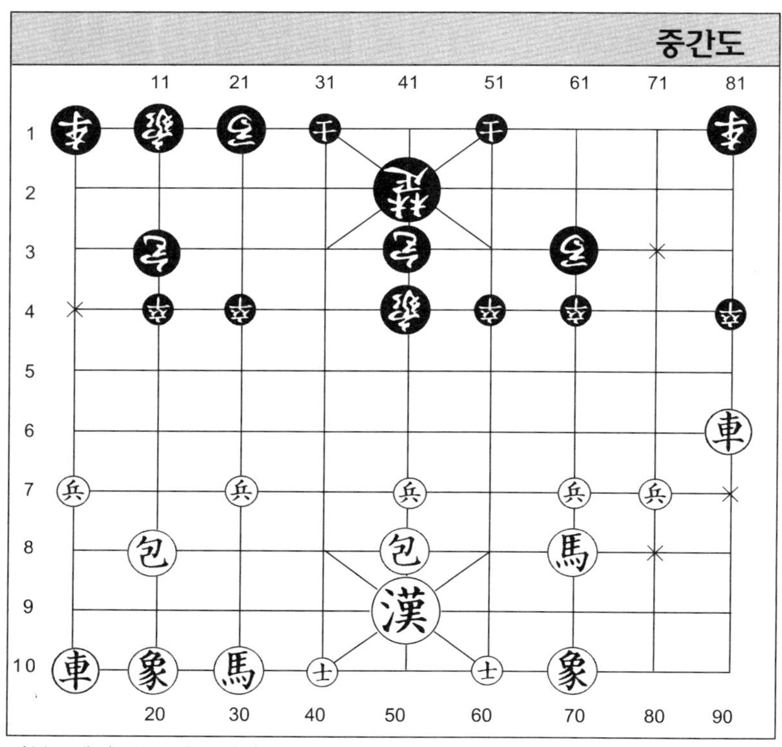

기본도에서, ①부터 ⑨까지 진행된 기보

◆F의 예

漢이 둘 차례이다.

① 86 漢車 36

② 84 卒 74

③ 30 漢馬 38

④ 21 楚馬 33

⑤ 70 漢象 87

⑥ 81 楚車 85

⑦ 40 漢士 39

⑧ 85 楚車 25

⑨ 27 兵 26

⑩ 25 楚車 5

⑪ 36 漢車 37

⑫ 13 楚包 15

⑬ 47 兵 57

⑭ 15 楚包 12

⑮ 57 兵 56

⑯ 12 楚包 52

⑰ 67 兵 66

⑱ 52 楚包 32

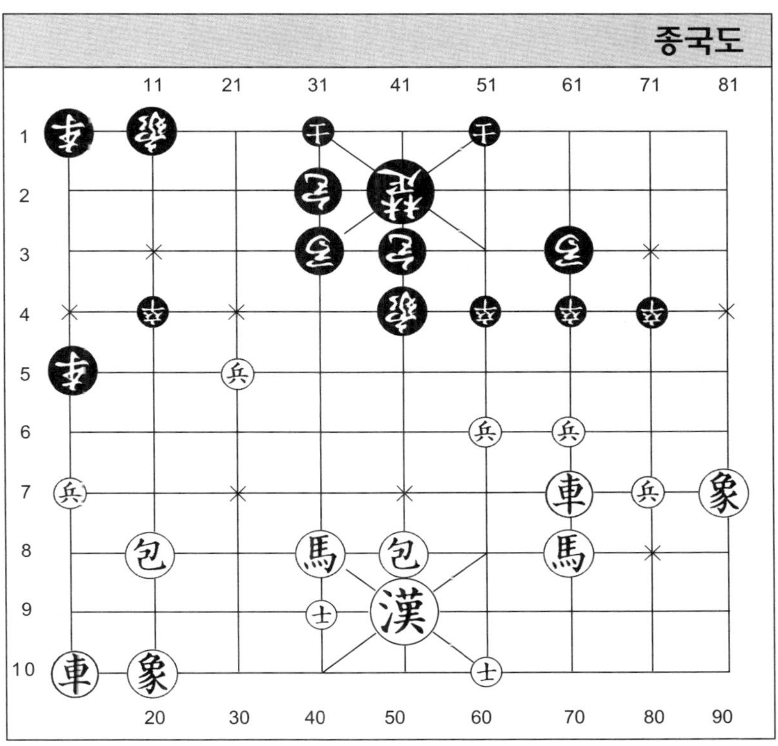

중간도에서, ①부터 ㉑까지 진행된 기보

⑲ 37 漢車 67

⑳ 24 卒 25

㉑ 26 兵 25 打卒

75. 양귀象 대 귀馬 포진법 (양귀象 선수)

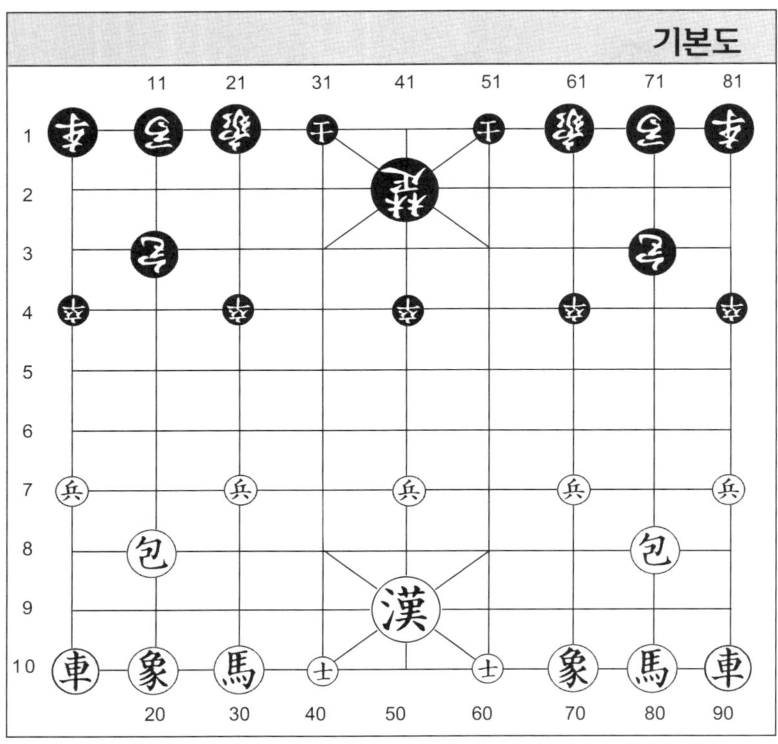

① 84 卒 74
② 80 漢馬 68
③ 71 楚馬 63
④ 78 漢包 48
⑤ 73 楚包 43
⑥ 30 漢馬 38
⑦ 11 楚馬 23
⑧ 20 漢象 37
⑨ 31 楚士 32
⑩ 7 兵 17

⑪ 13 楚包 33
⑫ 40 漢士 39
⑬ 42 楚將 41
⑭ 67 兵 57
⑮ 21 楚象 53
⑯ 49 漢將 40
⑰ 33 楚包 31
⑱ 60 漢士 49
⑲ 51 楚士 52
⑳ 48 漢包 28

210

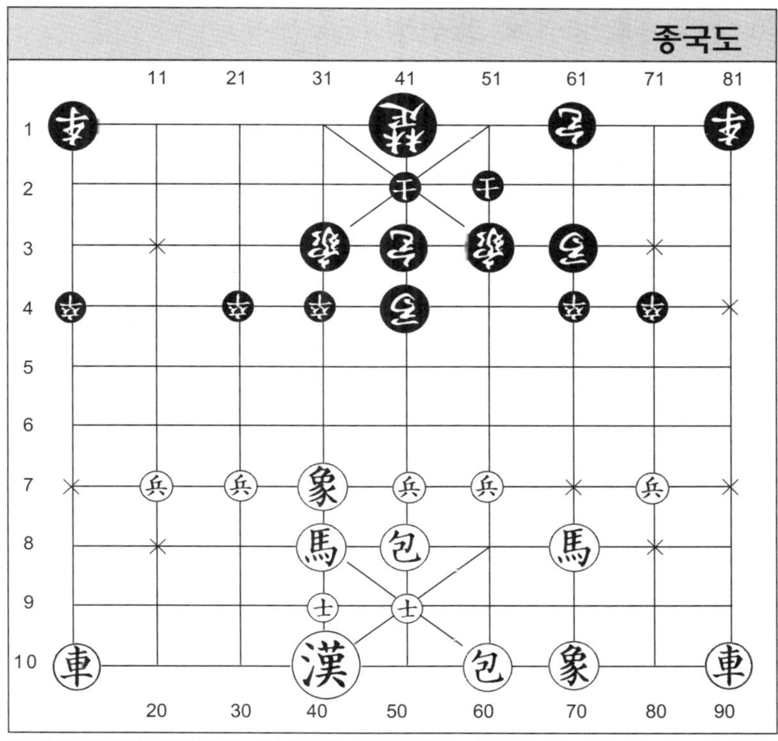

양귀象 대 귀馬 포진에서, ①부터 ㉚까지 진행된 기보

㉑ 44 卒 34

㉒ 28 漢包 26

㉓ 23 楚馬 44

㉔ 26 漢包 30

㉕ 61 楚象 33

㉖ 30 漢包 60

㉗ 32 楚士 42

㉘ 18 漢包 48

㉙ 31 楚包 61

㉚ 87 兵 77

76. 귀馬 대 양귀象 포진법 (귀馬 선수)

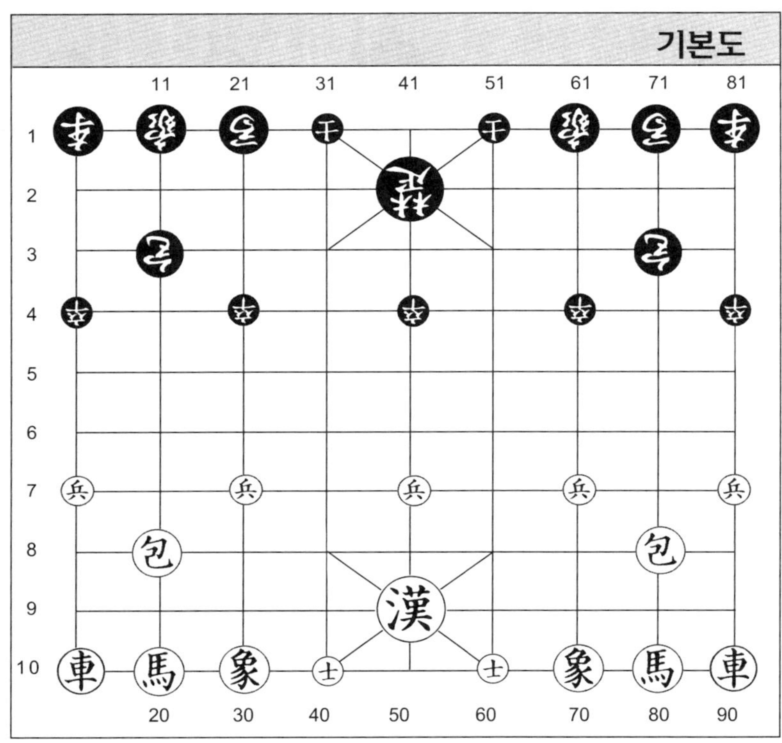

① 84 卒 74		⑪ 44 卒 54
② 80 漢馬 68		⑫ 27 兵 37
③ 71 楚馬 63		⑬ 61 楚象 44
④ 78 漢包 48		⑭ 67 兵 66
⑤ 73 楚包 43		⑮ 4 卒 14
⑥ 20 漢馬 28		⑯ 30 漢象 58
⑦ 11 楚象 34		⑰ 1 楚車 5
⑧ 40 漢士 39		⑱ 18 漢包 38
⑨ 21 楚馬 33		⑲ 5 楚車 25
⑩ 49 漢將 50		⑳ 10 漢車 8

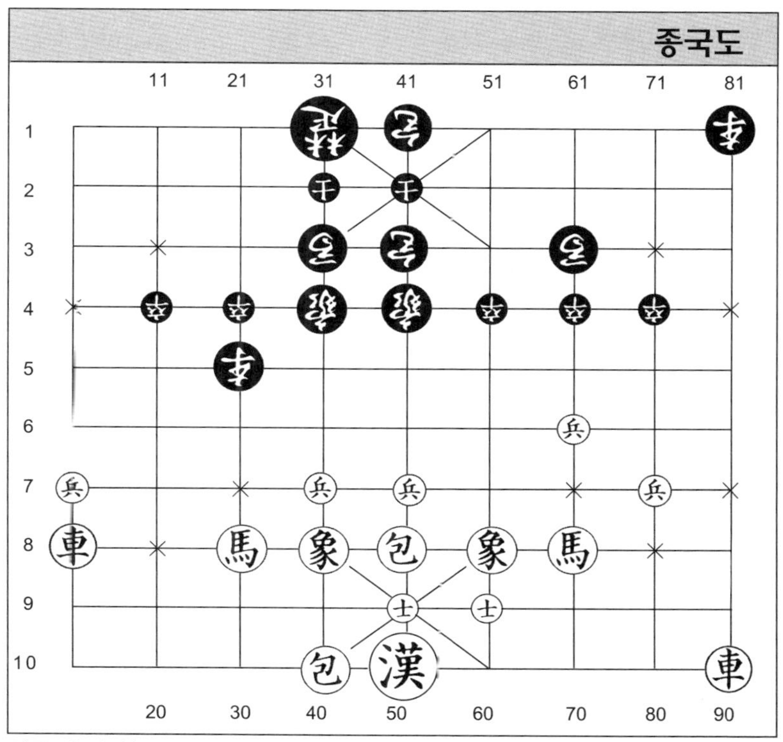

귀馬 대 양귀象 포진에서, ①부터 ㉚까지 진행된 기보

㉑ 31 楚士 32

㉒ 38 漢包 40

㉓ 43 楚包 41

㉔ 60 漢士 59

㉕ 13 楚包 43

㉖ 70 漢象 38

㉗ 42 楚將 31

㉘ 39 漢士 49

㉙ 51 楚士 42

㉚ 87 兵 77

제2편

실전편

▲최종윤(9단)과 이재태(7단) 장군의 대국장면

1. 제4회 장기 국수전(결승 제1국)

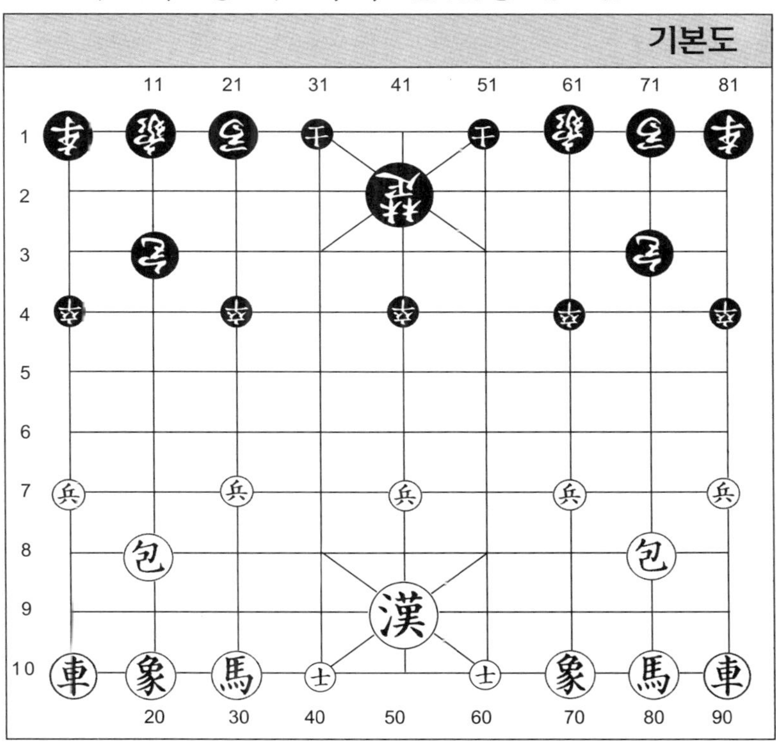

◆ 귀馬 대 귀馬

일　　시 : 2000. 3. 30.
기 전 명 : 제4회 장기 국수전(결승 제1국)
대국장소 : 바둑TV
　　공 제 : 有
　　기 록 : 황문수 6단
　　漢 = 7단 김경중
　　楚 = 7단 신대순

① 4 卒 14
② 87 兵 77
③ 71 楚馬 63
④ 80 漢馬 68
⑤ 73 楚包 43
⑥ 78 漢包 48
⑦ 44 卒 54
⑧ 47 兵 37
⑨ 61 楚象 44
⑩ 70 漢象 47
⑪ 1 楚車 5

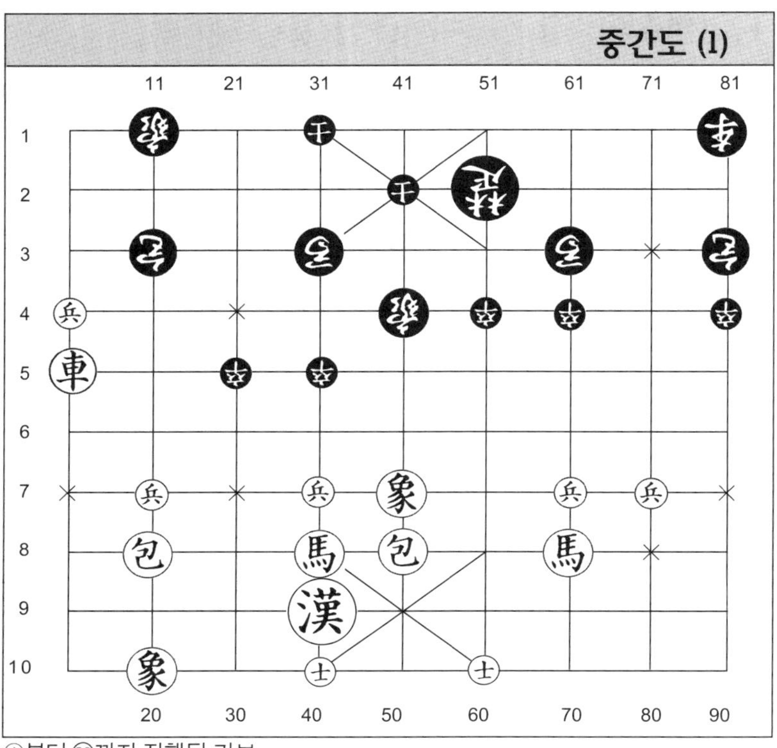

①부터 ㉚까지 진행된 기보

⑫ 30 漢馬 38　　㉓ 51 楚士 42　　㉞ 14 兵 24

⑬ 21 楚馬 33　　㉔ 6 兵 5　　　㉟ 81 楚車 21

⑭ 90 漢車 86　　㉕ 25 卒 35　　㊱ 5 漢車 4

⑮ 42 楚將 52　　㉖ 5 兵 4　　　㊲ 33 楚馬 12

⑯ 49 漢將 39　　㉗ 14 卒 24　　㊳ 18 漢包 13

⑰ 43 楚包 83　　㉘ 10 漢車 5　　㊴ 25 卒 26

⑱ 86 漢車 26　　㉙ 24 卒 25　　㊵ 48 漢包 28

⑲ 24 卒 25　　　㉚ 27 兵 17　　㊶ 21 楚車 71

⑳ 26 漢車 6　　　㉛ 31 楚士 32　　㊷ 24 兵 34

㉑ 5 楚車 6 打車　　㉜ 4 兵 14　　㊸ 44 楚象 67 打兵 장

㉒ 7 兵 6 打車　　㉝ 13 楚包 53

218

중간도 (2)

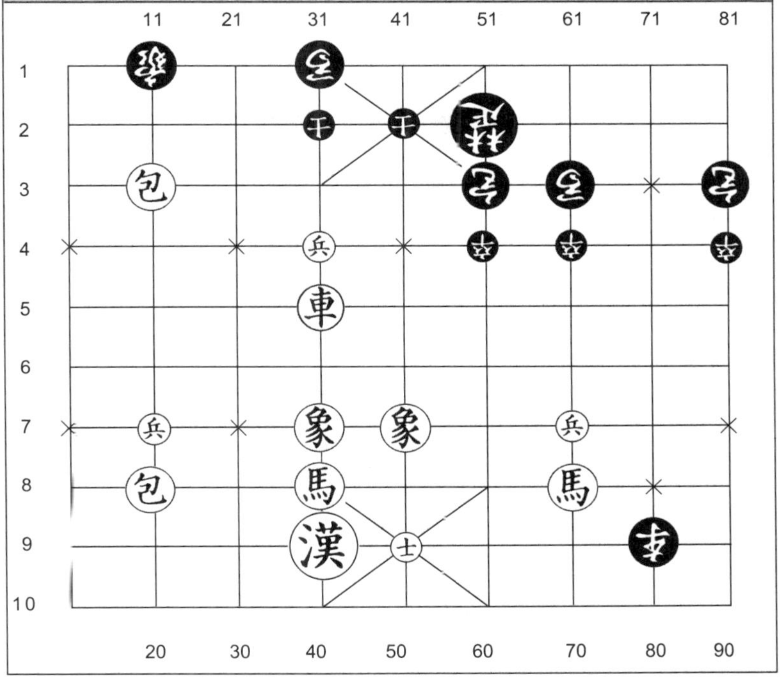

㉛부터 (60)까지 진행된 기보

㊹ 77 兵 67 打象
㊺ 35 卒 36
㊻ 37 兵 36 打卒
㊼ 26 卒 36 打兵
㊽ 28 漢包 58
㊾ 71 楚車 79 장
㊿ 40 漢士 49
(51) 79 楚車 69
(52) 58 漢包 18
(53) 53 楚包 60 打士
(54) 4 漢車 6
(55) 60 楚包 53
(56) 6 漢車 36 打卒
(57) 12 楚馬 31
(58) 20 漢象 37
(59) 69 楚車 79
(60) 36 漢車 35
(61) 53 楚包 55
(62) 18 漢包 58
(63) 83 楚包 53
(64) 13 漢包 20
(65) 11 楚象 34 打兵
(66) 35 漢車 34 打象
(67) 79 楚車 74
(68) 39 漢將 40
(69) 32 楚士 33
(70) 37 漢象 14
(71) 53 楚包 13
(72) 67 兵 66
(73) 54 卒 44
(74) 34 漢車 35
(75) 64 卒 54
(76) 68 漢馬 76

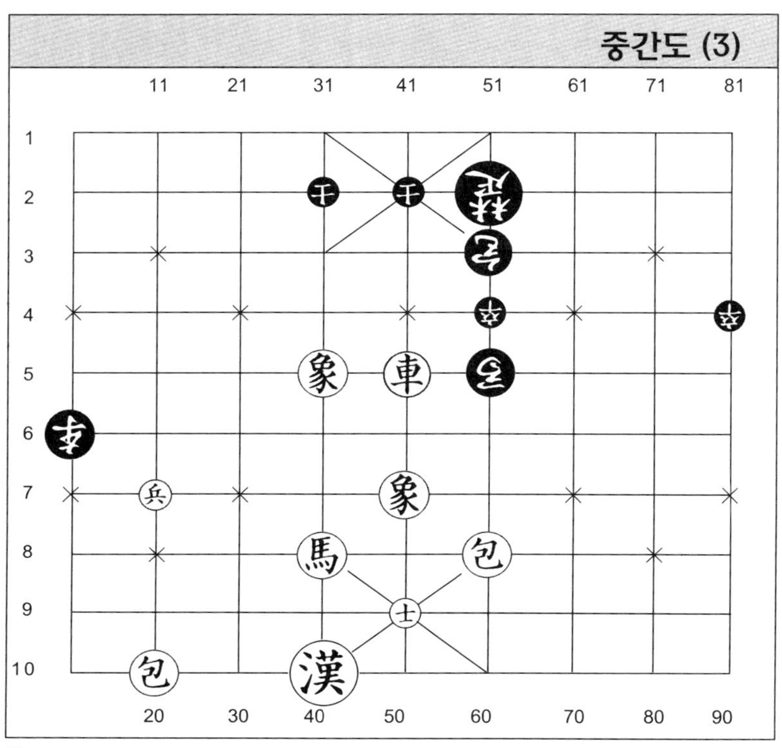

⑥①부터 ⑨⓪까지 진행된 기보

⑦⑦ 74 楚車 75	⑧⑧ 31 漢象 3	⑨⑨ 53 楚包 31
⑦⑧ 66 兵 56	⑧⑨ 76 楚車 6	⑩⑩ 40 漢將 50
⑦⑨ 75 楚車 76 打馬	⑨⓪ 3 漢象 35 장	⑩① 31 楚包 61
⑧⓪ 56 兵 55 打包	⑨① 52 楚將 51	⑩② 60 漢包 40
⑧① 13 楚包 53	⑨② 20 漢包 60	⑩③ 35 楚車 75
⑧② 55 兵 54 打卒	⑨③ 6 楚車 36	⑩④ 54 漢包 14
⑧③ 44 卒 54 打兵	⑨④ 58 漢包 54 打卒	⑩⑤ 61 楚包 41
⑧④ 14 漢象 31 打馬	⑨⑤ 55 楚馬 47 打象	⑩⑥ 44 漢車 54 장
⑧⑤ 63 楚馬 55	⑨⑥ 45 漢車 47 打馬	⑩⑦ 42 楚士 52 멍장
⑧⑥ 35 漢車 45	⑨⑦ 36 楚車 35 打象	⑩⑧ 50 漢將 60
⑧⑦ 33 楚士 32	⑨⑧ 47 漢車 44	⑩⑨ 75 楚車 45

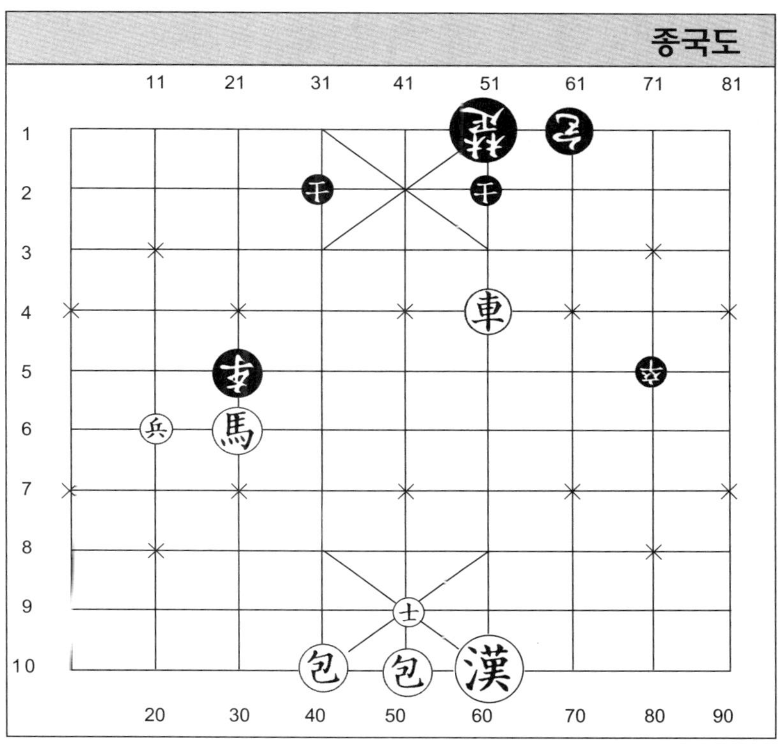

㉑부터 ⑱까지 진행된 기보

⑩ 38 漢馬 26
⑪ 45 楚車 25
⑫ 17 兵 16
⑬ 84 卒 85
⑭ 14 漢包 84
⑮ 85 卒 75
⑯ 84 漢包 44
⑰ 41 楚包 61
⑱ 44 漢包 50
　여기서 楚는 졌다고 조각을 놓았다.

〈해설〉

　⑮에서 42 楚將 52 했는데 81 楚車 71로 두는 것이 좋았다. 또 ⑰에서 43 楚包 83 했는데 51 楚士 42 하는 것만 못하였다.

　⑯ 漢에서도 49 漢將 39 했는데 36 漢車 26 하는 것이 더 좋았지 않았나 싶다.

　㉝ 13 楚包 53 보다는 43 하는 것이 정수였고,

　㊲ 33 楚馬 12 보다는 83 楚包 85로 넘어오는 게 정수이다.

　㊺ 60 楚包 53으로 넘어가지 말고 38 打馬하여 漢의 진영을 흔들었으면 더 좋았을 것이다.

2. 제4회 장기 국수전 (결승 제2국)

기본도

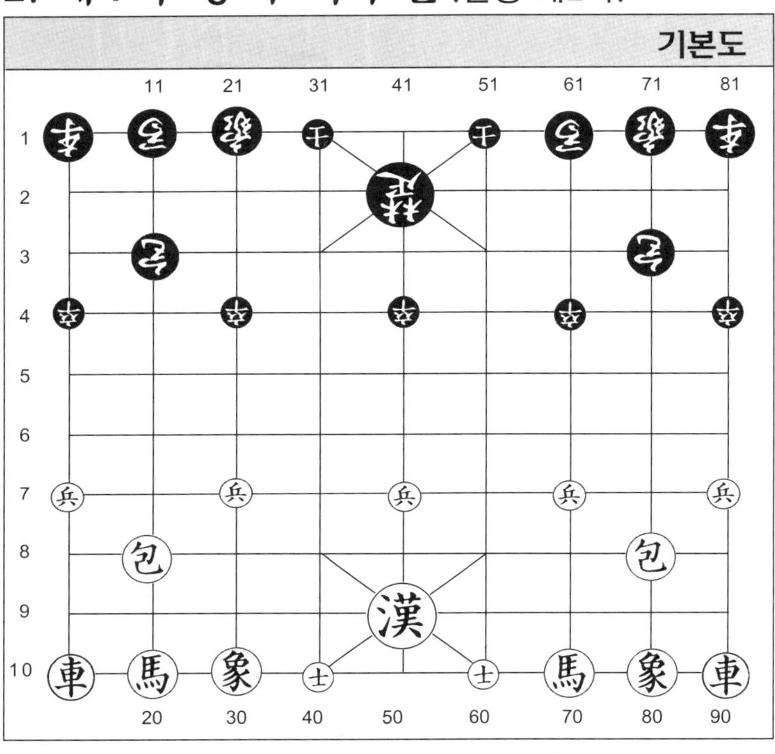

◆ **귀馬 대 귀馬**

일   시 : 2000. 4. 12.
기 전 명 : 제4회 장기 국수전(결승 제2국)
대국장소 : 바둑TV

공제 : 有
기록 : 황문수 6단
漢 = 7단 신 대 순
楚 = 7단 김 경 중

① 84 卒 74
② 7 兵 17
③ 11 楚馬 23
④ 20 漢馬 28
⑤ 13 楚包 43
⑥ 18 漢包 48
⑦ 44 卒 34
⑧ 70 漢馬 58
⑨ 21 楚象 44
⑩ 47 兵 57
⑪ 61 楚馬 53

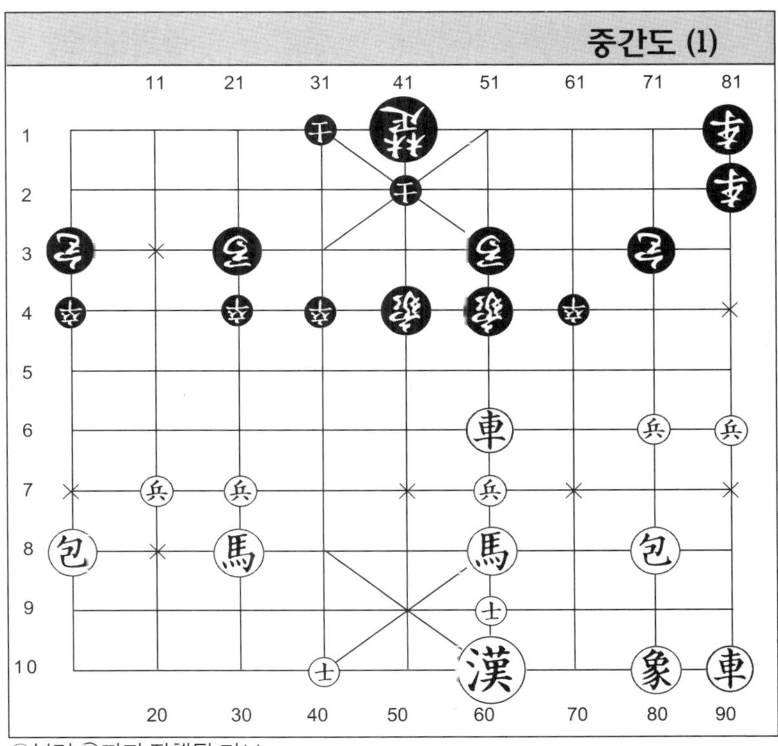

①부터 ㉚까지 진행된 기보

⑫ 60 漢士 59　　㉓ 2 楚車 82　　㉞ 59 漢士 49

⑬ 81 楚車 85　　㉔ 47 漢象 64 打卒 장　　㉟ 31 楚士 32

⑭ 30 漢象 47　　㉕ 74 卒 64 打象　　㊱ 90 漢車 89

⑮ 42 楚將 41　　㉖ 66 兵 76　　㊲ 3 楚包 33

⑯ 10 漢車 6　　㉗ 51 楚士 42　　㊳ 89 漢車 69

⑰ 1 楚車 2　　㉘ 6 漢車 56　　㊴ 33 楚包 51

⑱ 49 漢將 60　　㉙ 43 楚包 3　　㊵ 56 漢車 36

⑲ 71 楚象 54　　㉚ 48 漢包 8　　㊶ 64 卒 65

⑳ 87 兵 86　　㉛ 73 楚包 43　　㊷ 8 漢包 38

㉑ 85 楚車 81　　㉜ 78 漢包 48　　㊸ 54 楚象 86 打兵

㉒ 67 兵 66　　㉝ 81 楚車 61　　㊹ 76 兵 86 打象

중간도 (2)

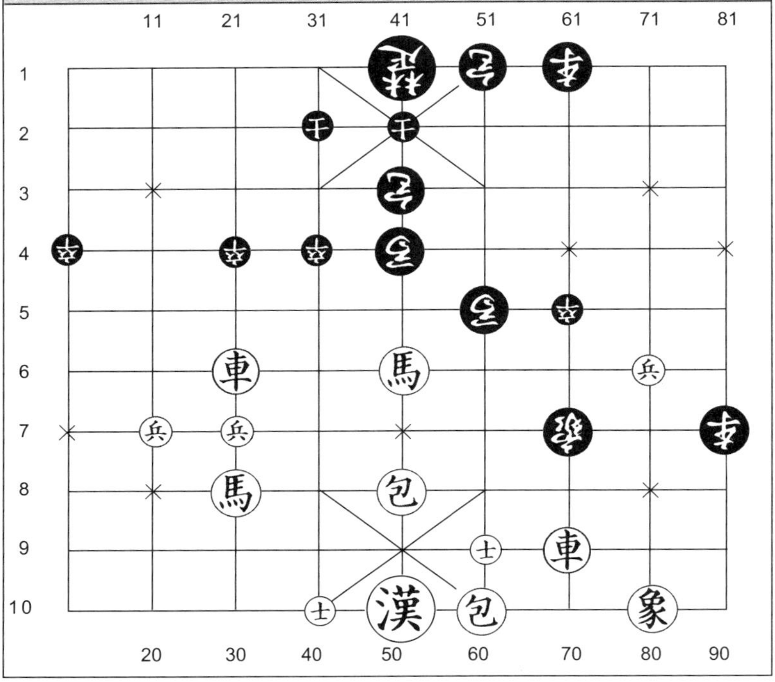

㉛부터 (60)까지 진행된 기보

㊺ 53 楚馬 74
㊻ 86 兵 76
㊼ 82 楚車 90
㊽ 69 漢車 79
㊾ 74 楚馬 55
㊿ 36 漢車 26
(51) 51 楚包 57 打兵 장
(52) 60 漢將 50
(53) 57 楚包 51
(54) 38 漢包 60
(55) 90 楚車 87
(56) 79 漢車 69
(57) 44 楚象 67 장
(58) 49 漢士 59
(59) 23 楚馬 44
(60) 58 漢馬 46
(61) 55 楚馬 36
(62) 27 兵 37
(63) 43 楚包 46 打馬
(64) 26 漢車 36 打馬
(65) 44 楚馬 36 打車
(66) 37 兵 36 打馬
(67) 67 楚象 44
(68) 36 兵 46 打包
(69) 87 楚車 17 打兵
(70) 46 兵 45
(71) 17 楚車 27
(72) 28 漢馬 20
(73) 27 楚車 47
(74) 40 漢士 49
(75) 47 楚車 45 打兵
(76) 80 漢象 57
(77) 41 楚將 31

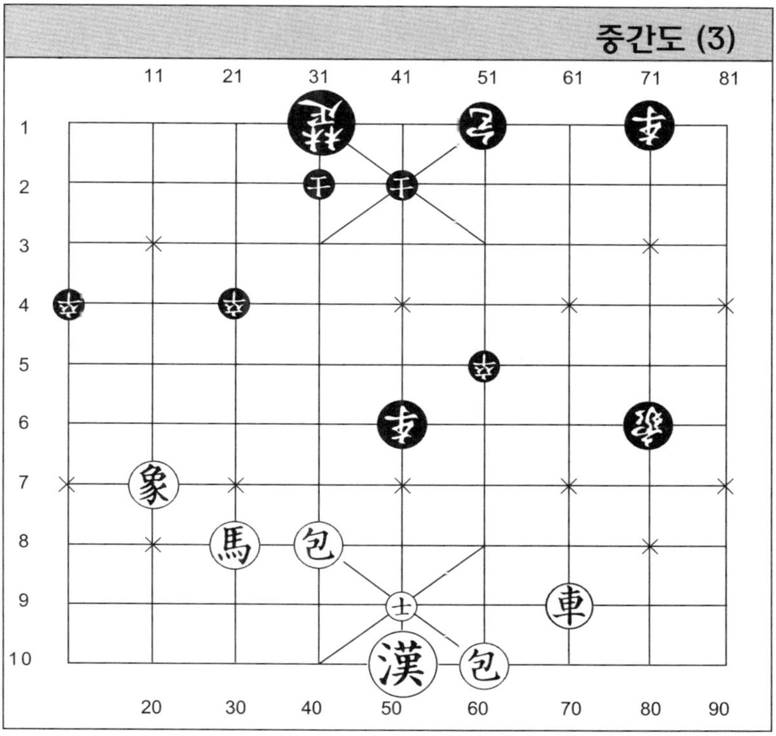

(61)부터 (90)까지 진행된 기보

(78) 20 漢馬 28
(79) 45 楚車 46
(80) 69 漢車 79
(81) 61 楚車 71
(82) 79 漢車 69
(83) 65 卒 55
(84) 57 漢象 34 打卒
(85) 44 楚象 76 打兵
(86) 48 漢包 8
(87) 51 楚包 59 打士
(88) 34 漢象 17
(89) 59 楚包 51
(90) 8 漢包 38 장
(91) 31 楚將 41
(92) 69 漢車 67
(93) 71 楚車 81
(94) 60 漢包 30
(95) 51 楚包 21
(96) 30 漢包 24 打卒
(97) 46 楚車 26
(98) 24 漢包 27
(99) 55 卒 56
(100) 17 漢象 34
(101) 76 楚象 44
(102) 67 漢車 64
(103) 44 楚象 27 打包
(104) 38 漢包 60
(105) 81 楚車 90
(106) 34 漢象 62
(107) 21 楚包 51
(108) 64 漢車 44
(109) 26 楚車 16하니까
漢은 조각을 놓았다.

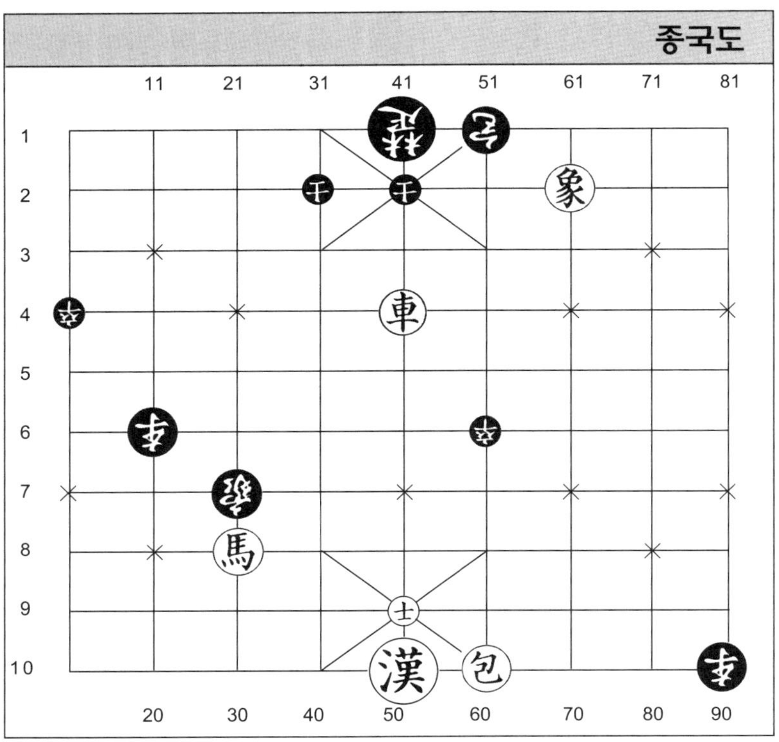

⑨l부터 ⑩⑨까지 진행된 기보

〈 해설〉

㉘에서 6 漢車 56 했는데 그보다는 66으로 갔으면 좋았을 것이다.

㉞에서 59 漢士 49로 두었는데 57 兵 47 하여 80에 있는 象이 갈 자리를 만들어 놓았으면 좋았을 것이다.

㊵에서 56 漢車 36 했는데 6으로 두느니만 못했고, 장기가 꼬이게 된 원인은 80에 있는 漢象에 갈 자리를 미리 터놓지 못한 게 탈이었다.

3. 제10회 장기 명인전 (40강전)

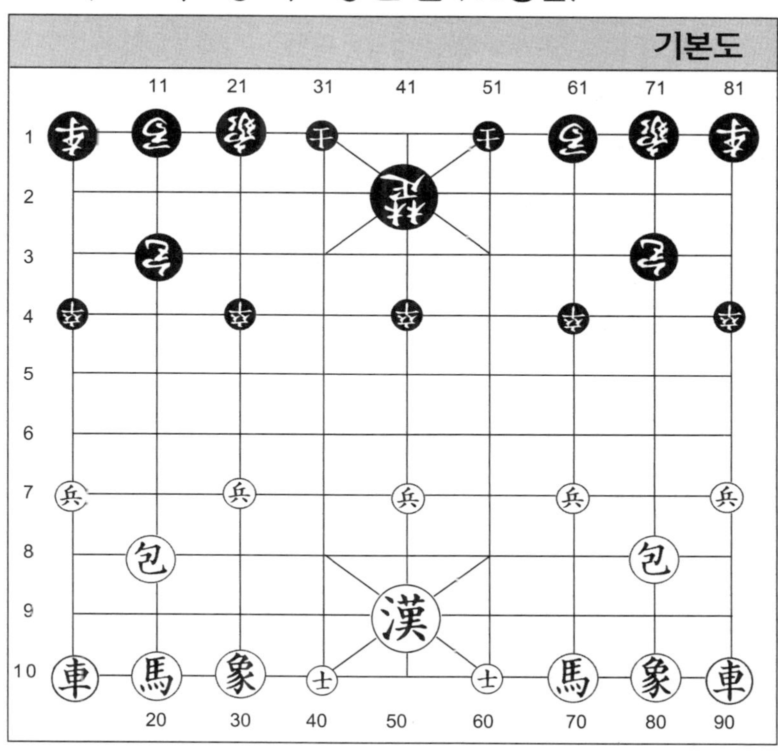

◆ 귀馬 대 귀馬

일　　시 : 2000. 4. 19.

기 전 명 : 제10회 장기 명인전(40강전)

대국장소 : 한국장기협회

공 제 : 無

기 록 : 황문수 6단

漢 = 4단　조용희

楚 = 6단　황문수

① 84 卒 74

② 7 兵 17

③ 11 楚馬 23

④ 20 漢馬 28

⑤ 13 楚包 43

⑥ 18 漢包 48

⑦ 44 卒 34

⑧ 70 漢馬 58

⑨ 21 楚象 44

⑩ 47 兵 57

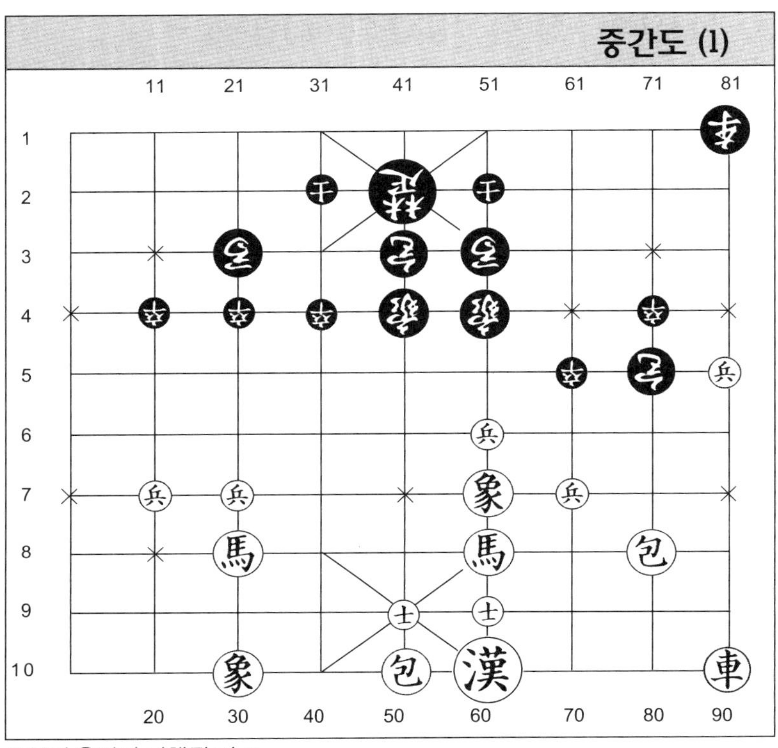

①부터 ③까지 진행된 기보

⑪ 61 楚馬 53	㉒ 87 兵 86 打車	㉝ 65 卒 66 打兵
⑫ 60 漢士 59	㉓ 4 卒 14	㉞ 56 兵 66 打卒
⑬ 51 楚士 52	㉔ 48 漢包 50	㉟ 35 楚包 33
⑭ 49 漢將 60	㉕ 64 卒 65	㊱ 30 漢象 47
⑮ 31 楚士 32	㉖ 57 兵 56	㊲ 81 楚車 61
⑯ 40 漢士 49	㉗ 1 楚車 81	㊳ 57 漢象 74 打卒
⑰ 71 楚象 54	㉘ 86 兵 85	㊴ 53 楚馬 74 打象
⑱ 10 漢車 6	㉙ 73 楚包 75	㊵ 85 兵 75
⑲ 81 楚車 82	㉚ 80 漢象 57	㊶ 74 楚馬 55
⑳ 6 漢車 86	㉛ 75 楚包 35	㊷ 90 漢車 84
㉑ 82 楚車 86 打車	㉜ 67 兵 66	㊸ 55 楚馬 36

228

중간도 (2)

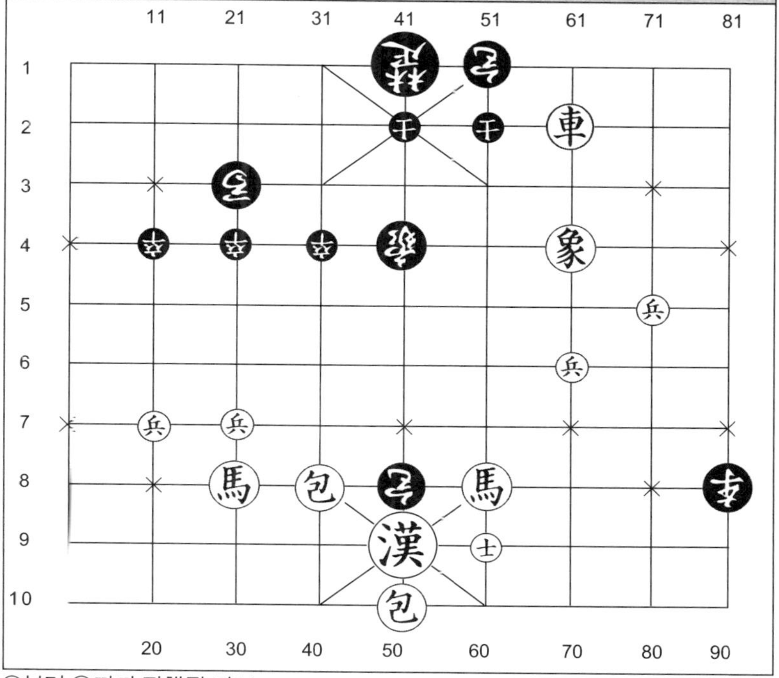

㉛부터 (60)까지 진행된 기보

㊹ 50 漢包 70
㊺ 61 楚車 1
㊻ 84 漢車 54 打象
㊼ 1 楚車 81
㊽ 70 漢包 50
㊾ 33 楚包 51
㊿ 54 漢車 64
(51) 42 楚將 41
(52) 64 漢車 62
(53) 32 楚士 42
(54) 47 漢象 64

(55) 81 楚車 88
(56) 78 漢包 38
(57) 36 楚馬 48
(58) 49 漢士 48 打馬
(59) 43 楚包 48 打士
(60) 60 漢將 49
(61) 48 楚包 43 장
(62) 50 漢包 48
(63) 88 楚車 89
(64) 38 漢包 60
(65) 24 卒 25

(66) 27 兵 37
(67) 23 楚馬 35
(68) 37 兵 36
(69) 35 楚馬 54
(70) 58 漢馬 77
(71) 89 楚車 88
(72) 60 漢包 54 打馬
(73) 88 楚車 48 打包 장
(74) 49 漢將 39
(75) 44 楚象 67
(76) 28 漢馬 49

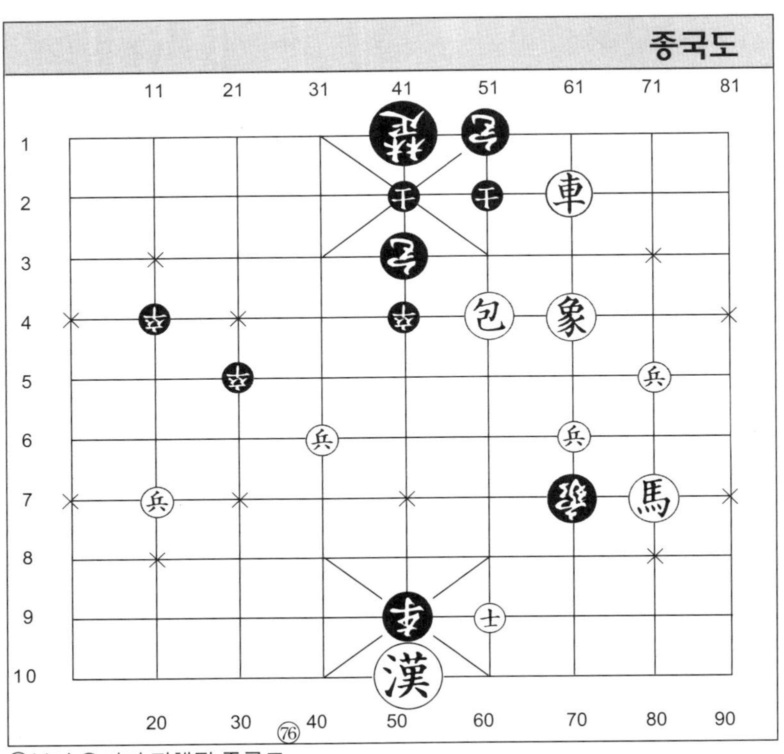

⑦⑥

㉑부터 ㉛까지 진행된 종국도

⑦ **34** 楚卒 44

⑧ 39 漢將 40

⑲ 48 楚車 38 장

⑳ 40 漢將 50

㉑ 38 楚車 49 打馬 장

  漢 : 던짐

  楚 : 완승

  조용희 4단은 KBS 장기 최고수 전에서 준우승을 한 고수이다.

〈 해설 〉

  잘 두어 나가다가 ⑩에서 58 漢馬 77 한 게 큰 실수였다(62 漢車 61 하는게 정수이다).

  ㉘에서 37 兵 36으로 馬를 쫓지 말고 64 漢象이 47 하였더라면 그리 쉽게 패하지는 않았을 것이다.

4. KBS 장기 최고수전 (8강전)

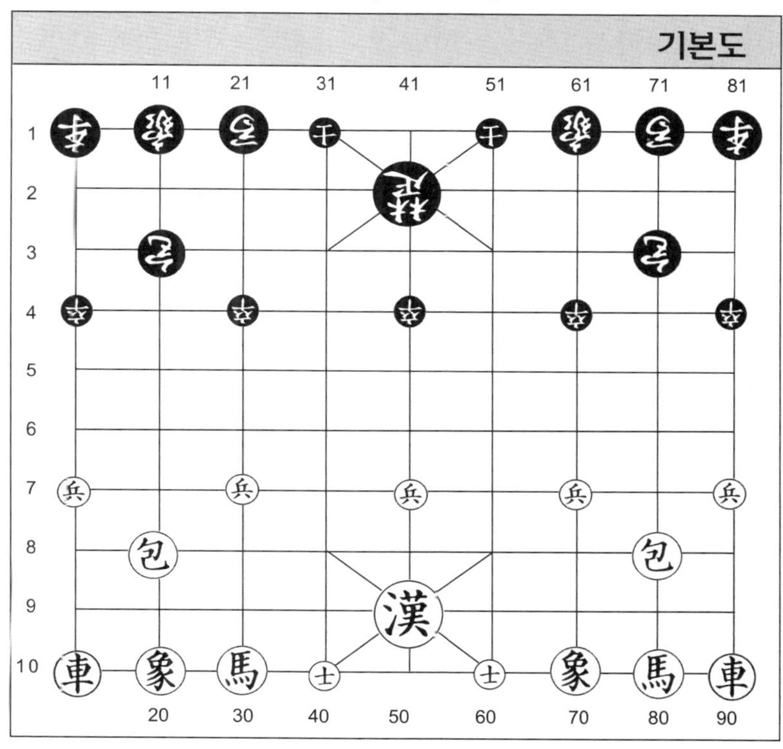

◆ **귀馬 대 귀馬**

일　　시 : 2000. 2. 4.

기 전 명 : KBS 장기 최고수전(8강전)

대국장소 : KBS 방송국

　　　공 제 : 有

　　　기 록 : 황문수 6단

　　　漢 = 7단　김경중

　　　楚 = 6단　박계도

① 4 卒 14

② 87 兵 77

③ 71 楚馬 63

④ 80 漢馬 68

⑤ 73 楚包 43

⑥ 78 漢包 48

⑦ 44 卒 54

⑧ 30 漢馬 38

⑨ 61 楚象 44

⑩ 47 兵 37

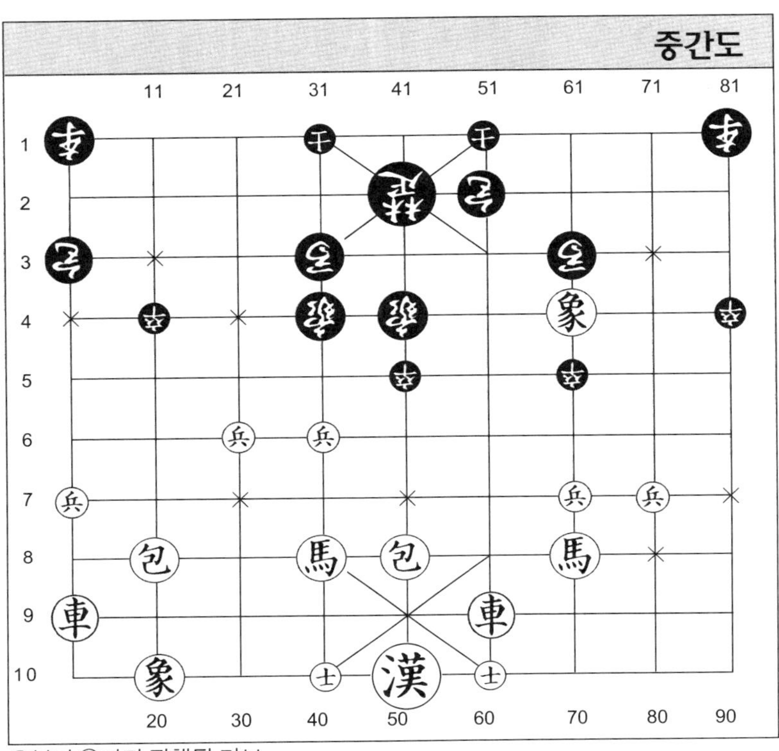

①부터 ⑩까지 진행된 기보

⑪ 21 楚馬 33
⑫ 70 漢象 47
⑬ 24 卒 25
⑭ 49 漢將 50
⑮ 64 卒 65
⑯ 90 漢車 86
⑰ 11 楚象 34
⑱ 86 漢車 56
⑲ 13 楚包 15
⑳ 27 兵 26
㉑ 25 卒 35
㉒ 37 兵 36

㉓ 15 楚包 12
㉔ 10 漢車 9
㉕ 12 楚包 52
㉖ 56 漢車 54 打卒
㉗ 43 楚包 3
㉘ 47 漢象 64 장
㉙ 35 卒 45
㉚ 54 漢車 59
㉛ 3 楚包 9 打車
㉜ 59 漢車 9 打包
㉝ 84 卒 74
㉞ 36 兵 35

㉟ 34 楚象 2
㊱ 35 兵 45 打卒
㊲ 33 楚馬 45 打兵
㊳ 7 兵 17
㊴ 14 卒 24
㊵ 9 漢車 5
㊶ 65 卒 55
㊷ 68 漢馬 47
㊸ 81 楚車 85
㊹ 5 漢車 3
㊺ 74 卒 64 打象
㊻ 3 漢車 63 打馬

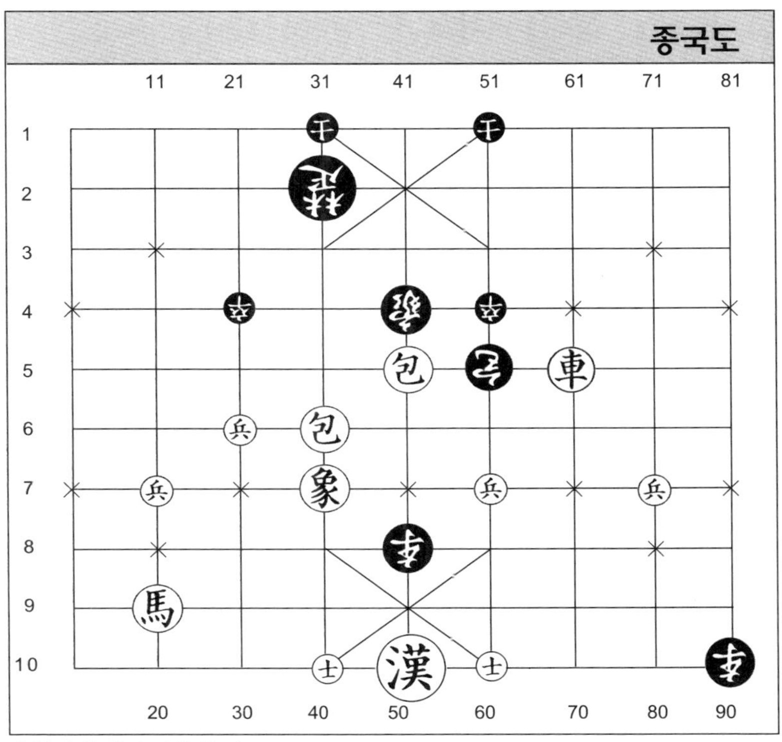

③부터 ⑥까지 진행된 기보

㉗ 64 卒 54	㉙ 1 楚車 10
㉘ 47 漢馬 66	⑥ 20 漢象 37
㉙ 85 楚車 84	⑥ 84 楚車 90
㉚ 66 漢馬 45 打馬	⑥ 38 漢馬 19
㉛ 55 卒 45 打馬	⑥ 10 楚車 9
㉜ 63 漢車 65	⑥ 18 漢包 16
㉝ 52 楚包 55	⑥ 9 楚車 8
㉞ 67 兵 57	⑥ 16 漢包 36 장
㉟ 42 楚將 32	⑥ 34 楚象 57
㊱ 57 兵 47	⑥ 47 兵 57 打象
㊲ 2 楚象 34	⑥ 8 楚車 48장
㊳ 48 漢包 45 打卒	漢:던짐, 楚:완승

<해설>

⑱에서 86 漢車 56 했는데 그보다는 68 漢馬 80 하는 것이 수비하는 입장에서는 더 좋았다.

㉔에서 10 漢車 9로 두었는데 36 兵 35 打卒하는 것이 선수였고, ㉚에서도 54 漢車 59로 두지 말고 54 漢車 52 打包 장 하고 7 兵 17 했으면 좋았을 것이다.

⑥에서 47 兵 57 打象한게 패인이다.

5. KBS 장기 최고수전 (4강전)

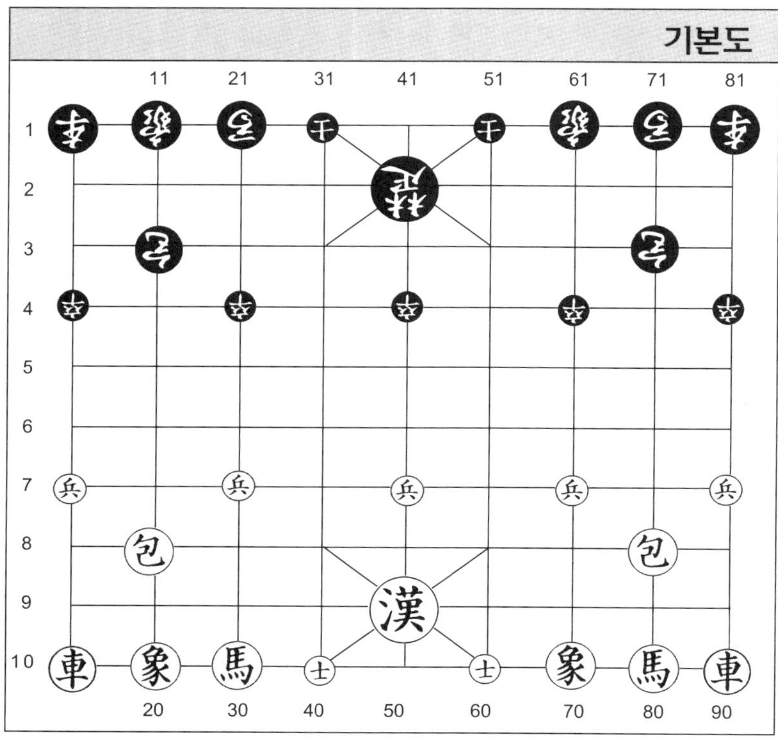

◆ **귀馬 대 귀馬**

일　　시 : 2000. 2. 5.
기 전 명 : KBS 장기 최고수전(4강전)
대국장소 : KBS 방송국
　　　공 제 : 有
　　　기 록 : 황문수 6단
　　　漢 = 3단　조용희
　　　楚 = 6단　박계도

① 4 卒 14
② 87 兵 77
③ 71 楚馬 63
④ 80 漢馬 68
⑤ 73 楚包 43
⑥ 78 漢包 48
⑦ 44 卒 54
⑧ 30 漢馬 38
⑨ 61 楚象 44
⑩ 47 兵 37
⑪ 21 楚馬 33

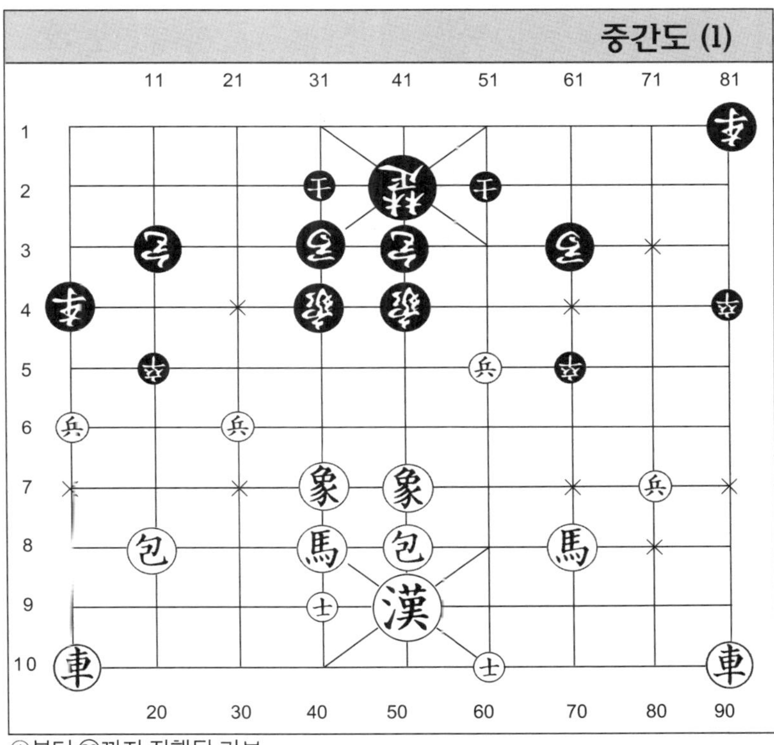

①부터 ㉚까지 진행된 기보

⑫ 70 漢象 47
⑬ 24 卒 25
⑭ 40 漢士 39
⑮ 64 卒 65
⑯ 67 兵 57
⑰ 11 楚象 34
⑱ 57 兵 56
⑲ 31 楚士 32
⑳ 37 兵 36
㉑ 51 楚士 52
㉒ 27 兵 26
㉓ 24 卒 15

㉔ 20 漢象 37
㉕ 1 楚車 4
㉖ 7 兵 6
㉗ 25 卒 26 打兵
㉘ 36 兵 26 打卒
㉙ 54 卒 55
㉚ 56 兵 55 打卒
㉛ 65 卒 55 打兵
㉜ 6 兵 5
㉝ 15 卒 5 打兵
㉞ 10 漢車 5 打卒
㉟ 4 楚車 5 打車

㊱ 37 漢象 5 打車
㊲ 33 楚馬 14
㊳ 26 兵 16
㊴ 14 楚馬 35
㊵ 90 漢車 86
㊶ 35 楚馬 27
㊷ 5 漢象 37
㊸ 81 楚車 1
㊹ 86 漢車 66
㊺ 1 楚車 9
㊻ 49 漢將 59
㊼ 27 楚馬 39 打士

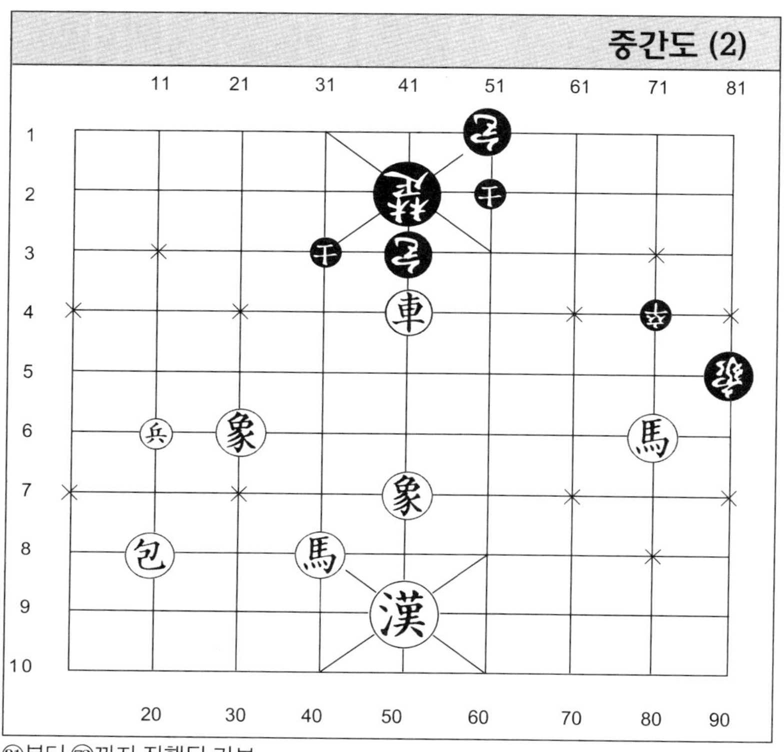

㉛부터 ㉒까지 진행된 기보

㊽ 18 漢包 15

㊾ 39 楚馬 60 打士
　장(실수)

㊿ 37 漢象 9 打車

51 43 楚包 45

52 66 漢車 63 打馬

53 32 楚士 33

54 63 漢車 64

55 13 楚包 53 장

56 59 漢將 49

57 60 楚馬 48 打包

58 64 漢車 44 打象 장

59 45 楚包 43

60 49 漢將 48 打馬

61 53 楚包 51

62 48 漢將 49

63 55 卒 56

64 77 兵 67

65 56 卒 57

66 67 兵 57 打卒

67 34 楚象 57 打兵

68 15 漢包 18

69 57 楚象 85

70 68 漢馬 76

71 84 卒 74

72 9 漢象 26

　楚:던짐, 漢:완승

<해설>

㉟에서 4 楚車 5 打車
했는데 81 楚車 1로 가
는 것이 정수이다.

㊾에서 39 楚馬 60 打
士장하여 지고 말았는데
39 楚馬가 18로 두어 장
을 불렀더라면 쉽게 패
하지는 않았을 것이다.

6. 제4회 장기 국수전 (24강전)

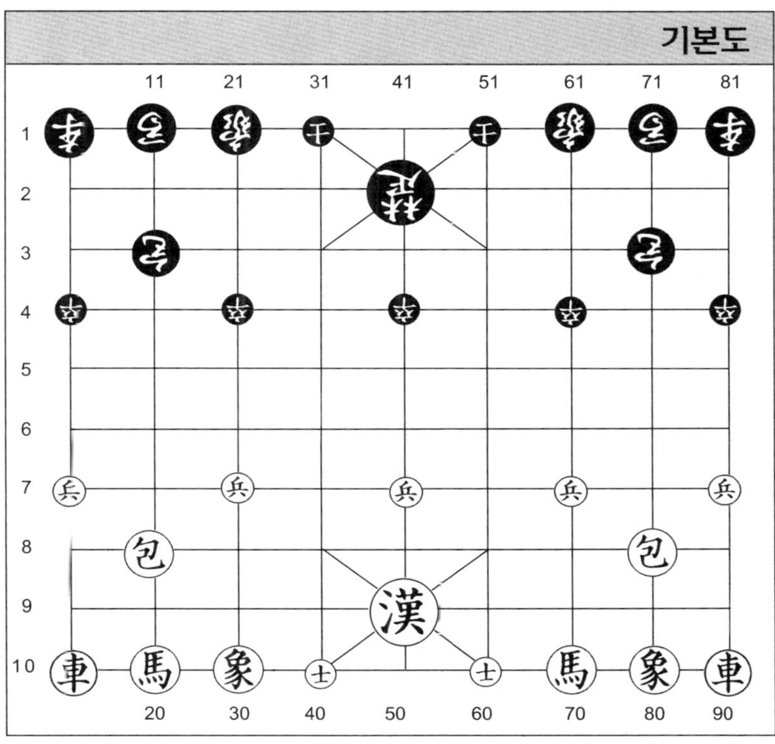

◆ **원앙馬 대 귀馬**

일　　시 : 1999. 10. 20.

기 전 명 : 제4회 장기 국수전(24강전)

대국장소 : B-TV 대국실

　　　　공 제 : 有

　　　　기 록 : 황문수 6단

　　　　漢 = 7단 신 대 순

　　　　楚 = 7단 김 재 두

① 4 卒14

② 20 漢馬 28

③ 11 楚馬 23

④ 18 漢包 48

⑤ 13 楚包 43

⑥ 87 兵 77

⑦ 71 楚馬 63

⑧ 80 漢象 57

⑨ 73 楚包 53

⑩ 70 漢馬 58

⑪ 31 楚士 32

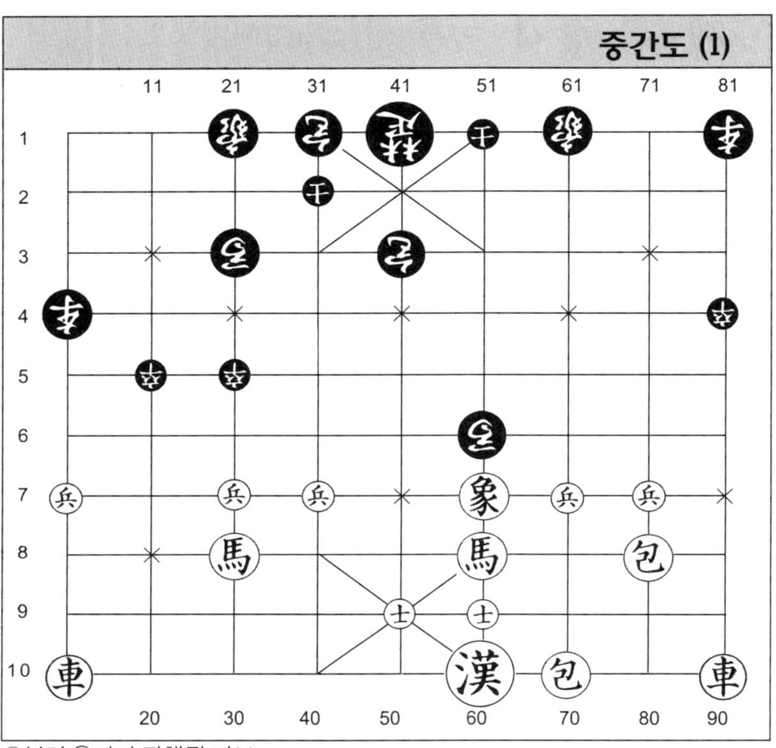

①부터 ㉚까지 진행된 기보

⑫ 60 漢士 59	㉓ 1 楚車 4	㉞ 27 兵 37
⑬ 53 楚包 31	㉔ 30 漢象 47	㉟ 25 卒 26
⑭ 48 漢包 50	㉕ 42 楚將 41	㊱ 7 兵 17
⑮ 44 卒 54 장	㉖ 47 漢象 64 打卒 장	㊲ 43 楚包 3
⑯ 49 漢將 60	㉗ 54 卒 64 打象	㊳ 10 漢車 30
⑰ 24 卒 25	㉘ 70 漢包 64 打卒	㊴ 3 楚包 83
⑱ 50 漢包 70	㉙ 44 楚馬 56	㊵ 90 漢車 80
⑲ 14 卒 15	㉚ 64 漢包 70	㊶ 51 楚士 42
⑳ 40 漢士 49	㉛ 4 楚車 54	㊷ 78 漢包 48
㉑ 63 楚馬 44	㉜ 37 兵 47	㊸ 84 卒 74
㉒ 47 兵 37	㉝ 21 楚象 4	㊹ 28 漢馬 9

중간도 (2)

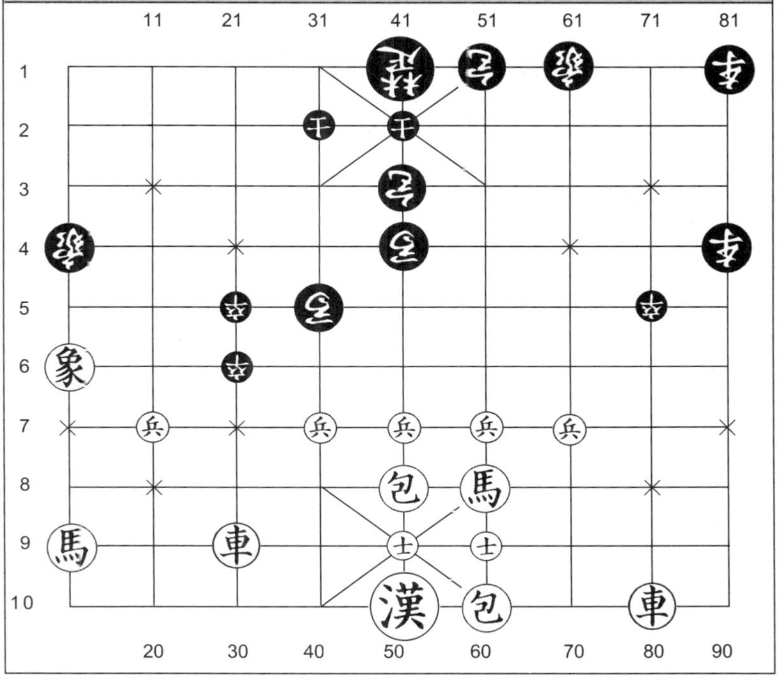

㉛부터 (60)까지 진행된 기보

㊺ 15 卒 25
㊻ 70 漢包 40
㊼ 83 楚包 3
㊽ 30 漢車 29
㊾ 3 楚包 43
㊿ 60 漢將 50
(51) 56 楚馬 44
(52) 40 漢包 60
(53) 74 卒 75
(54) 57 漢象 34
(55) 54 楚車 84

(56) 34 漢象 6
(57) 23 楚馬 35
(58) 67 兵 57
(59) 31 楚包 51
(60) 77 兵 67
(61) 84 楚車 74
(62) 60 漢包 40
(63) 51 楚包 21
(64) 29 漢車 19
(65) 44 楚馬 63
(66) 6 漢象 38

(67) 35 楚馬 23
(68) 17 兵 16
(69) 21 楚包 51
(70) 16 兵 26 打卒
(71) 25 卒 26 打兵
(72) 38 漢象 6
(73) 23 楚馬 44
(74) 19 漢車 14
(75) 4 楚象 21
(76) 14 漢車 24
(77) 26 卒 16

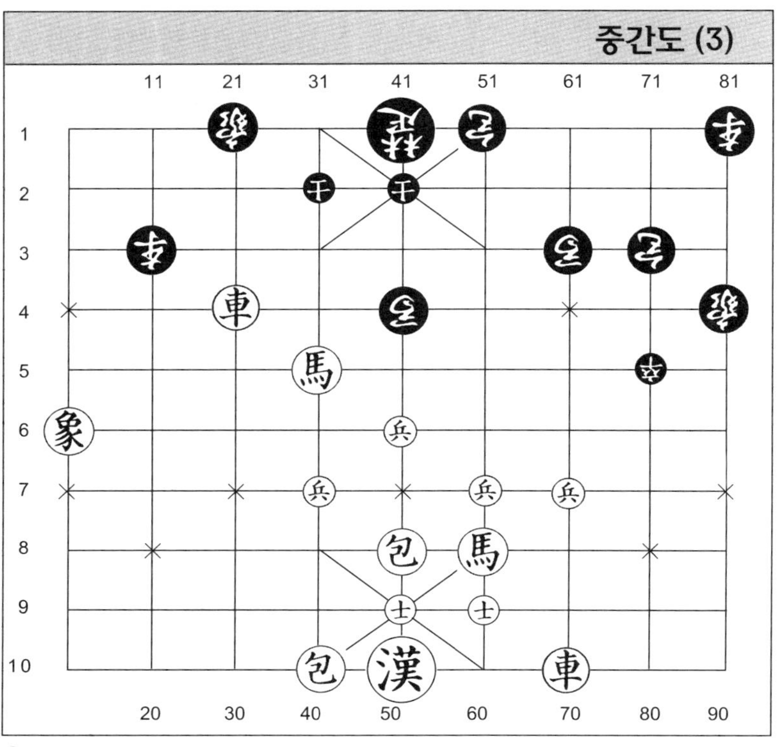

⑥부터 ⑨까지 진행된 기보

⑦ 6 漢象 29

⑦ 61 楚象 84

⑧ 9 漢馬 28

⑧ 74 楚車 72

⑧ 28 漢馬 16 打卒

⑧ 43 楚包 73

⑧ 80 漢車 70

⑧ 72 楚車 52

⑧ 29 漢象 6

⑧ 52 楚車 53

⑧ 47 兵 46

⑧ 53 楚車 13

⑨ 16 漢馬 35

⑨ 73 楚包 33

⑨ 46 兵 45

⑨ 44 楚馬 52

⑨ 24 漢車 22

⑨ 33 楚包 37 打兵

⑨ 35 漢馬 23

⑨ 32 楚士 33

⑨ 45 兵 35 장

⑨ 33 楚士 43

⑩ 67 兵 77

⑩ 81 楚車 83

⑩ 70 漢車 63 打馬

⑩ 83 楚車 63 打車

⑩ 22 漢車 42 打士

장군

漢 : 승

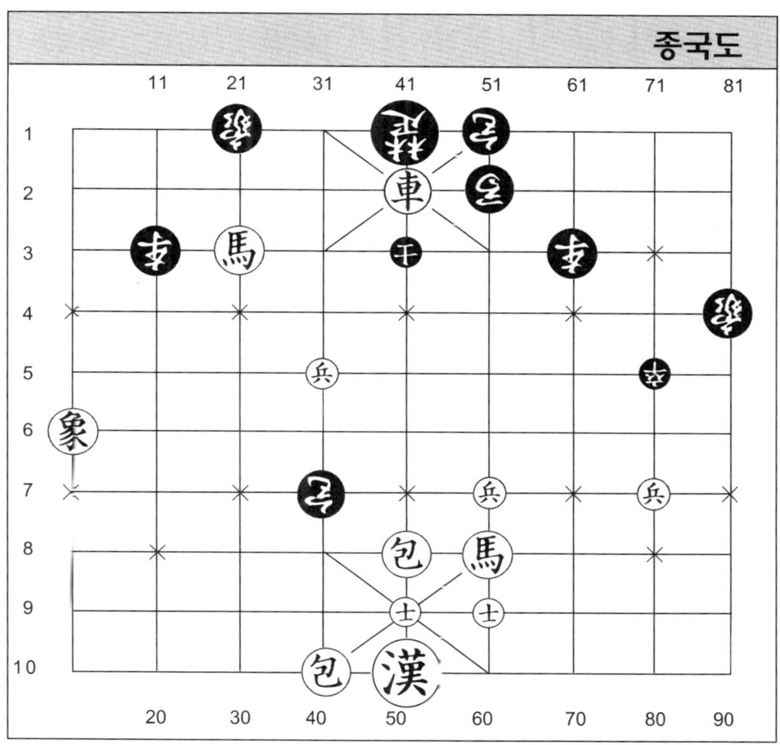

㉑부터 ⑭까지 진행된 기보

〈 해설 〉

㉛에서 4 楚車 54 보다는 51 楚士
42 하는 것이 정수이고,

㊲에서도 43 楚包 3 했는데 그 보다
는 5 楚士 42 하는 것이 정수이다.

㊿에서 60 漢將 50으로 두었는데
17 兵 16으로 두는 것이 정수이다.

㊱에서 74 楚車 72 했는데 그렇게
두지 말고 16 卒을 일단 살리는 것이
정수일 것이다.

7. 제4회 장기 국수전 (24강전)

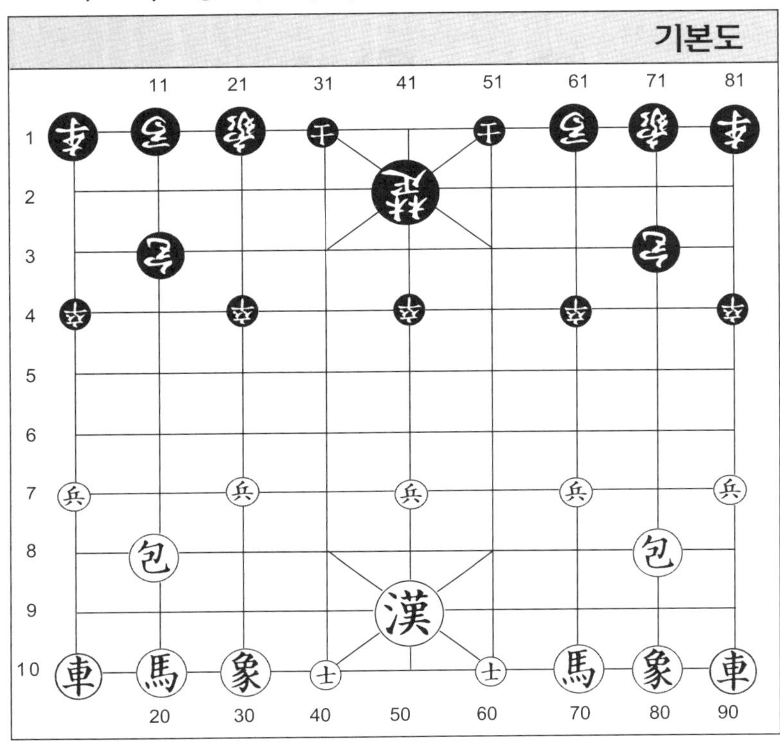

◆ **귀馬 대 귀馬**

일　　시 : 1999. 11. 3.
기 전 명 : 제4회 장기 국수전(24강전)
대국장소 : B-TV
　　공 제 : 有
　　기 록 : 황문수 6단
　　漢 = 9단 노 경 국
　　楚 = 4단 주 경 덕

① 84 卒 74
② 7 兵 17
③ 11 楚馬 23
④ 20 漢馬 28
⑤ 13 楚包 43
⑥ 18 漢包 48
⑦ 71 楚象 54
⑧ 70 漢馬 58
⑨ 61 楚馬 53
⑩ 80 漢象 57
⑪ 51 楚士 52

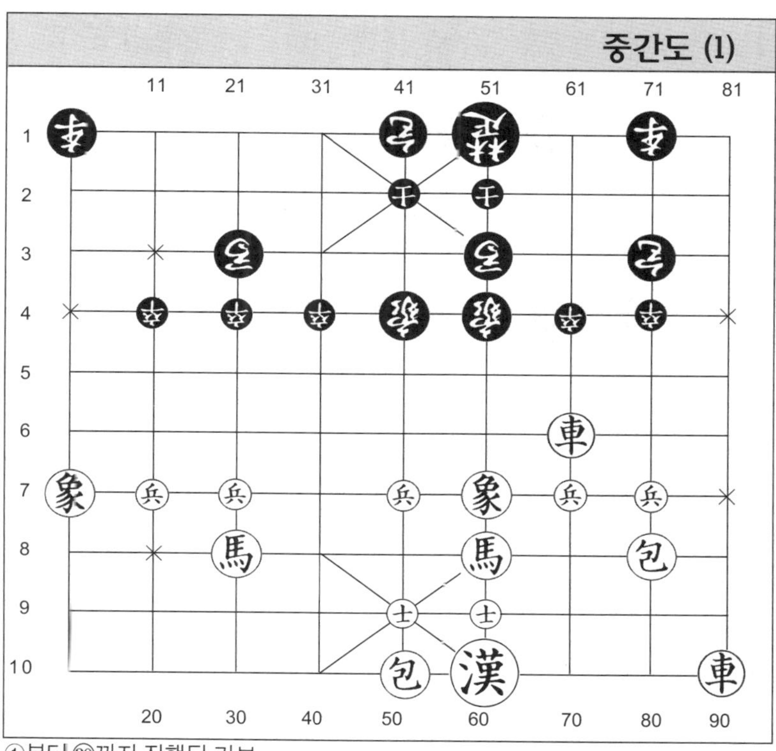

①부터 ⑩까지 진행된 기보

⑫ 60 漢士 59	㉓ 44 卒 34	㉞ 27 兵 37
⑬ 42 楚將 51	㉔ 48 漢包 50	㉟ 1 楚車 5
⑭ 40 漢士 39	㉕ 73 楚包 43	㊱ 56 漢車 86
⑮ 31 楚士 42	㉖ 10 漢車 40	㊲ 73 楚包 43
⑯ 3C 漢象 7	㉗ 43 楚包 73	㊳ 86 漢車 66
⑰ 4 卒 14	㉘ 40 漢車 36	㊴ 64 卒 65
⑱ 87 兵 77	㉙ 21 楚象 44	㊵ 66 漢車 56
⑲ 81 楚車 71	㉚ 36 漢車 66	㊶ 65 卒 55
⑳ 49 漢將 60	㉛ 41 楚包 61	㊷ 56 漢車 36
㉑ 43 楚包 41	㉜ 66 漢車 56	㊸ 44 楚象 67 打兵
㉒ 39 漢士 49	㉝ 61 楚包 21	㊹ 77 兵 67 打象

중간도 (2)

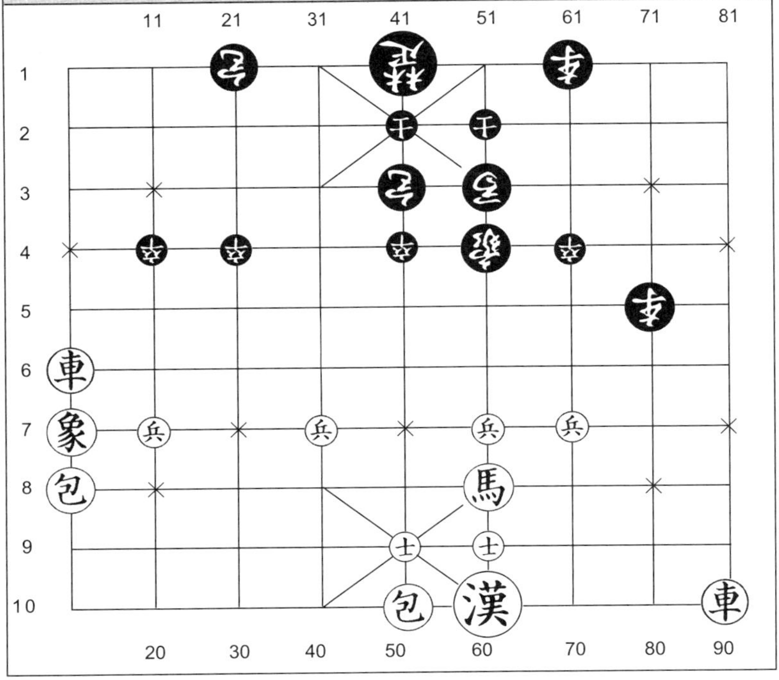

(31)부터 (60)까지 진행된 기보

㊺ 74 卒 64

㊻ 67 兵 77

㊼ 71 楚車 61

㊽ 36 漢車 86

㊾ 23 楚馬 44

㊿ 28 漢馬 36

(51) 55 卒 56

(52) 36 漢馬 44 打馬

(53) 56 卒 57 打象

(54) 47 兵 57 打卒

(55) 34 卒 44 打馬

(56) 78 漢包 8

(57) 5 楚車 75

(58) 77 兵 67

(59) 51 楚將 41

(60) 86 漢車 6

(61) 21 楚包 51

(62) 50 漢包 44 打卒

(63) 61 楚車 81

(64) 90 漢車 70

(65) 75 楚車 15

(66) 17 兵 27

(67) 15 楚車 20 장군

(68) 44 漢包 50

(69) 81 楚車 89

(70) 8 漢包 78

(71) 24 卒 34

(72) 78 漢包 38

(73) 14 卒 24

(74) 6 漢車 66

(75) 64 卒 65

(76) 66 漢車 46

(77) 51 楚包 31

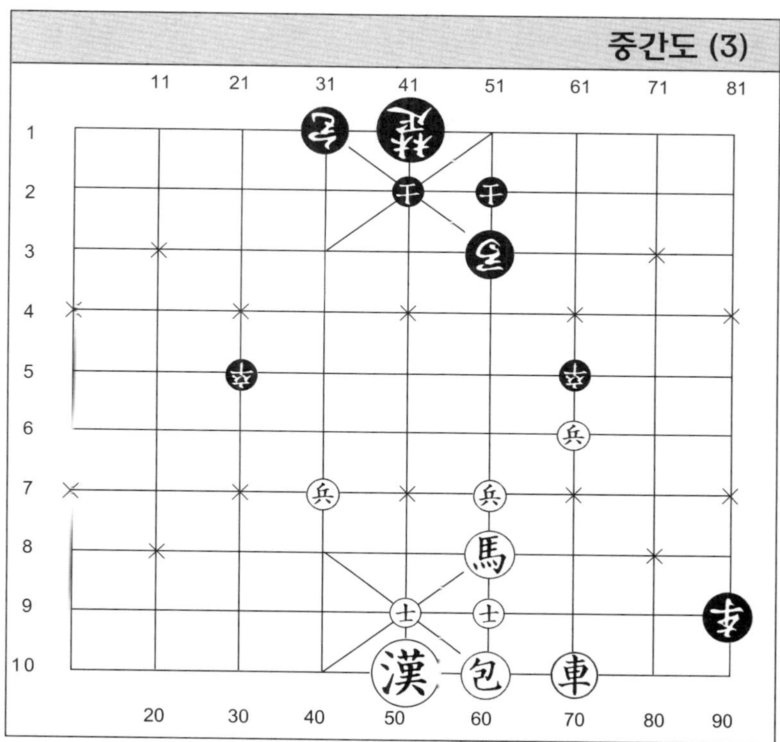

㉑부터 ⑨까지 진행된 기보

⑱ 7漢象 24 打卒 장

⑲ 34 卒 24 打象

⑳ 46 漢車 44

㉑ 54 楚象 37 打兵

㉒ 27 兵 37 打象

㉓ 24 卒 25

㉔ 44 漢車 43 打包

㉕ 20 楚車 50 打包 장

㉖ 60 漢將 50 打車

㉗ 42 楚士 43 打車

㉘ 38 漢包 60

㉙ 43 楚士 42

⑨ 67 兵 66

㉑ 65 卒 55

㉒ 57 兵 47

㉓ 25 卒 35

㉔ 60 漢包 40

㉕ 35 卒 45

㉖ 70 漢車 90

㉗ 89 楚車 69

㉘ 90 漢車 86

㉙ 31 楚包 51

⑩ 66 兵 56

⑩ 55 卒 65

⑩ 56 兵 66

⑩ 65 卒 66 打兵

⑩ 86 漢車 66 打卒

⑩ 69 楚車 89

⑩ 40 漢包 60

⑩ 45 卒 55

⑩ 66 漢車 76

⑩ 53 楚馬 65

⑩ 37 兵 36

종국도

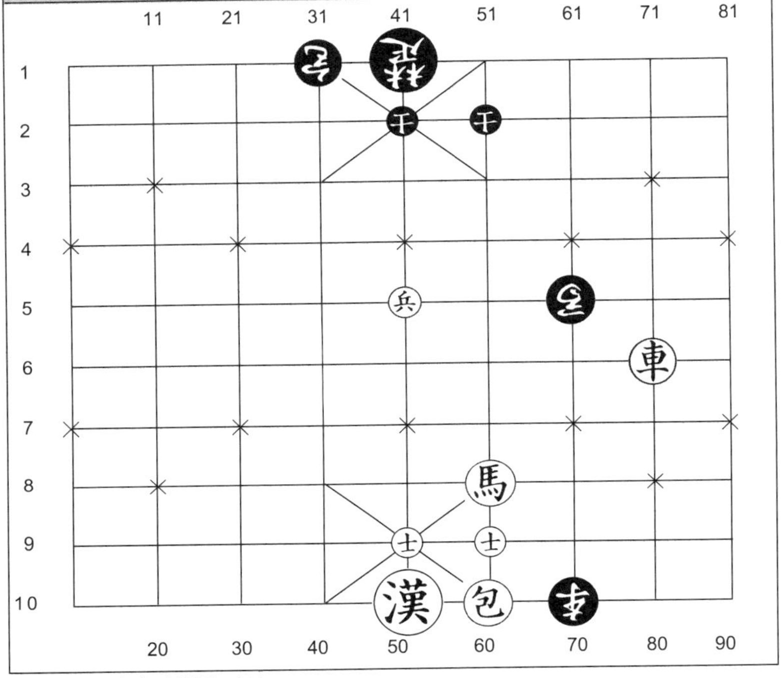

(91)부터 (118)까지 진행된 기보

(111) 89 楚車 90
(112) 36 兵 35
(113) 90 楚車 70
(114) 47 兵 46
(115) 51 楚包 31
(116) 35 兵 45
(117) 55 卒 45 打兵
(118) 46 兵 45 打卒
楚 : 빅패
漢 : 빅승

<해설>

⑦에서 71 楚象 54 했는데 정수는 44 卒 34 하는 것이다.

⑲에서도 81 楚車 71했는데 정수는 43 楚包 41 하는 것이다.

㉚에서 36 漢車 66 했는데 기왕이면 먼저 57 漢象으로 74 打卒하고 그 다음에 갔어야 했다.

(59)에서 51 楚將 41 보다는 44 卒 34 하는 것이 정수였다.

8. 제11회 장기 천석배 (예선전)

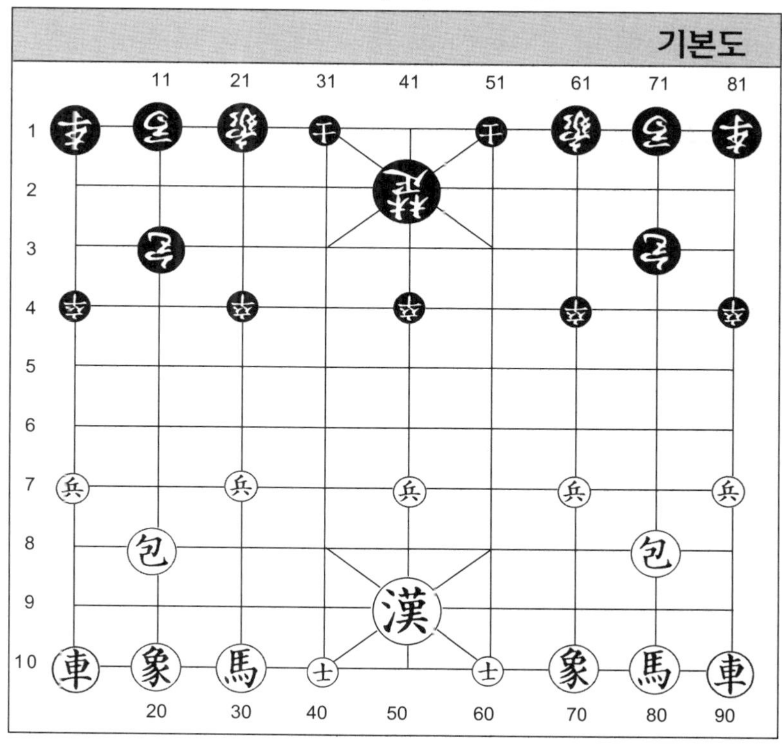

◆ **원앙馬 대 귀馬**

일　　시 : 1996. 4. 21.

기 전 명 : 제11회 천석배(예선전)

대국장소 : 한국장기협회

　　공 제 : 有

　　기 록 : 황문수 6단

　　漢 = 2단 김경중

　　楚 = 4단 박계도

① 4 卒 14

② 87 兵 77

③ 71 楚馬 63

④ 80 漢馬 68

⑤ 73 楚包 43

⑥ 78 漢包 48

⑦ 44 卒 54

⑧ 30 漢馬 38

⑨ 21 楚象 44

⑩ 27 兵 17

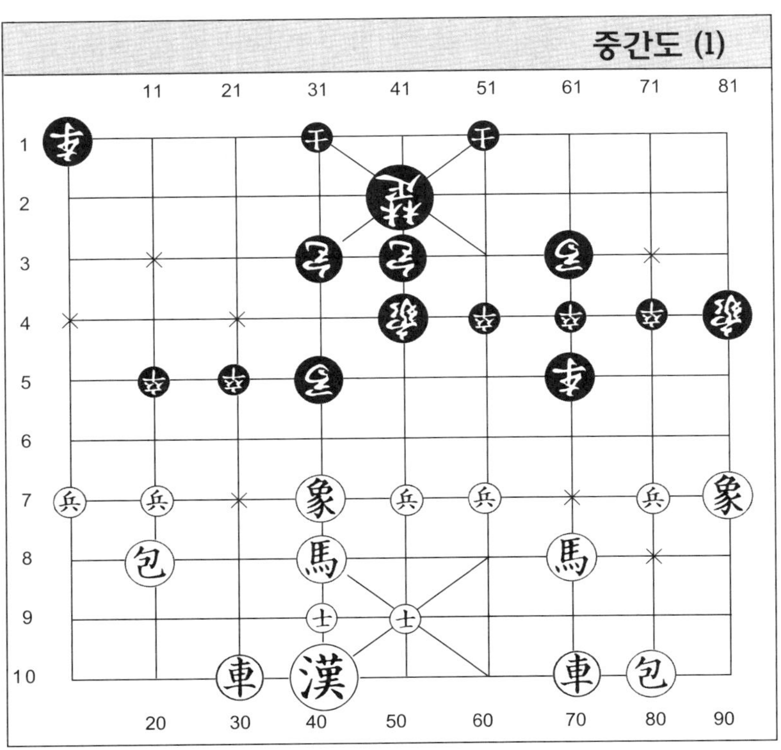

①부터 ㉚까지 진행된 기보

⑪ 81 楚車 71
⑫ 70 漢象 87
⑬ 71 楚車 75
⑭ 20 漢象 37
⑮ 14 卒 15
⑯ 90 漢車 70
⑰ 84 卒 74
⑱ 10 漢車 30
⑲ 24 卒 25
⑳ 40 漢士 39
㉑ 11 楚馬 23

㉒ 49 漢將 40
㉓ 13 楚包 33
㉔ 60 漢士 49
㉕ 23 楚馬 35
㉖ 48 漢包 50
㉗ 61 楚象 84
㉘ 50 漢包 80
㉙ 75 楚車 65
㉚ 67 兵 57
㉛ 31 楚士 32
㉜ 80 漢包 60

㉝ 74 卒 75
㉞ 77 兵 76
㉟ 75 卒 76 打兵
㊱ 68 漢馬 76 打卒
㊲ 65 楚車 70 打車
㊳ 87 漢象 70 打車
㊴ 1 楚車 4
㊵ 18 漢包 68
㊶ 64 卒 74
㊷ 37 漢象 54 打卒
㊸ 63 楚馬 75

중간도 (2)

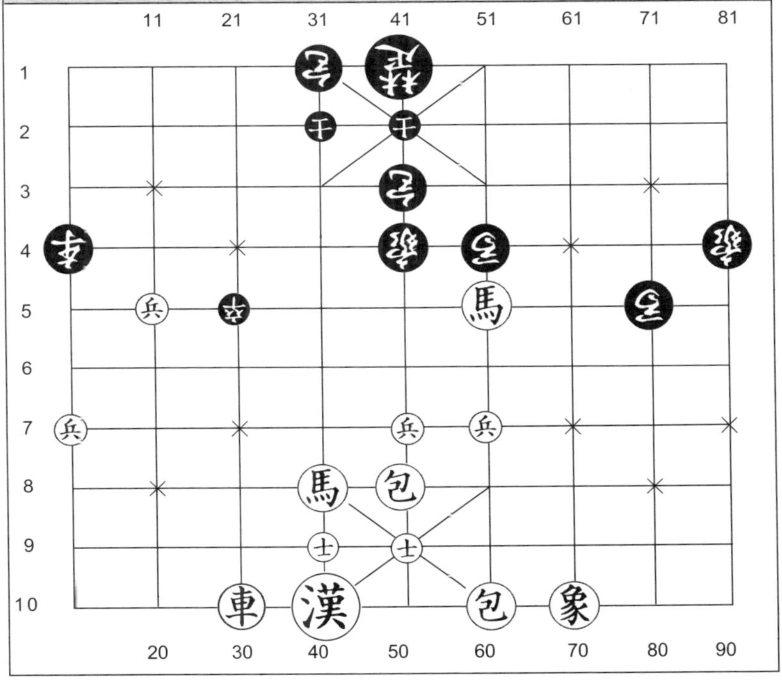

㉛부터 (60)까지 진행된 기보

㊹ 68 漢包 8
㊺ 4 楚車 24
㊻ 76 漢馬 55
㊼ 35 楚馬 54 打象
㊽ 55 漢馬 74 打卒
㊾ 33 楚包 31
㊿ 8 漢包 58
(51) 54 楚馬 66
(52) 58 漢包 28
(53) 24 楚車 4
(54) 74 漢馬 55
(55) 66 楚馬 54
(56) 28 漢包 48
(57) 42 楚將 41
(58) 17 兵 16
(59) 51 楚士 42
(60) 16 兵 15 打卒
(61) 25 卒 15 打兵
(62) 7 兵 17
(63) 15 卒 16
(64) 17 兵 27
(65) 75 楚馬 63
(66) 55 漢馬 74
(67) 54 楚馬 75
(68) 74 漢馬 62장
(69) 42 楚士 52
(70) 60 漢包 52 打士
(71) 75 楚馬 54
(72) 52 漢包 22 장
(73) 54 楚馬 62 打馬
(74) 22 漢包 62 打馬
(75) 63 楚馬 55
(76) 27 兵 37

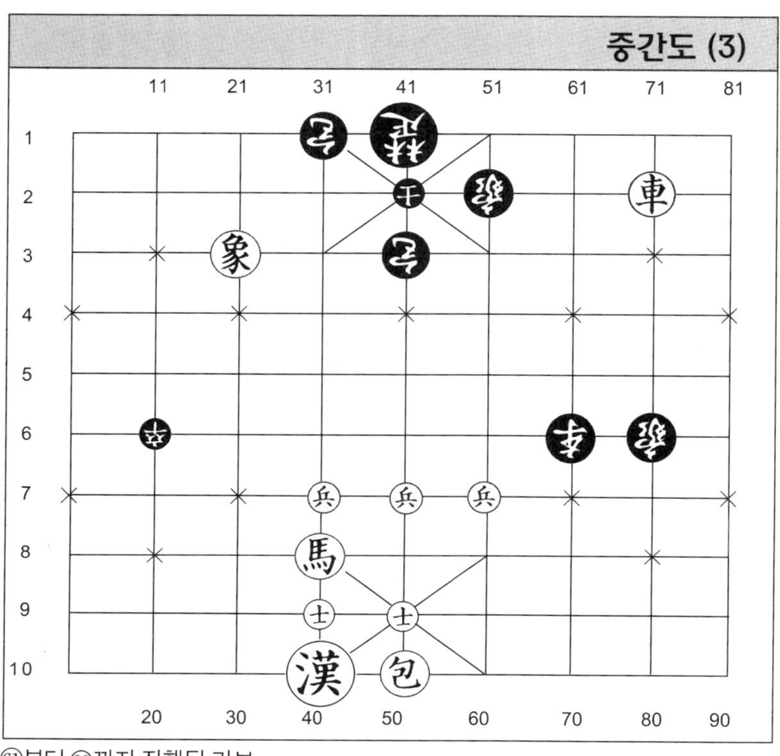

⑥1부터 ⑨0까지 진행된 기보

⑦ 32 楚士 33
⑦ 70 漢象 87
⑦ 4 楚車 2
⑧ 87 漢象 55 打馬
⑧ 44 楚象 76
⑧ 48 漢包 50
⑧ 2 楚車 62 打包
⑧ 30 漢車 24
⑧ 84 楚象 52
⑧ 24 漢車 74
⑧ 62 楚車 66

⑧ 74 漢車 72
⑧ 33 楚士 42
⑨ 55 漢象 23
⑨ 66 楚車 26
⑨ 23 漢象 46
⑨ 76 楚象 44
⑨ 72 漢車 74
⑨ 26 楚車 24
⑨ 74 漢車 64
⑨ 42 楚士 53
⑨ 64 漢車 54

⑨ 53 楚士 42
⑩ 46 漢象 74
⑩ 31 楚包 53
⑩ 49 漢士 59
⑩ 43 楚包 45
⑩ 47 兵 46
⑩ 45 楚包 48
⑩ 46 兵 45

楚 : 던짐

漢 : 승

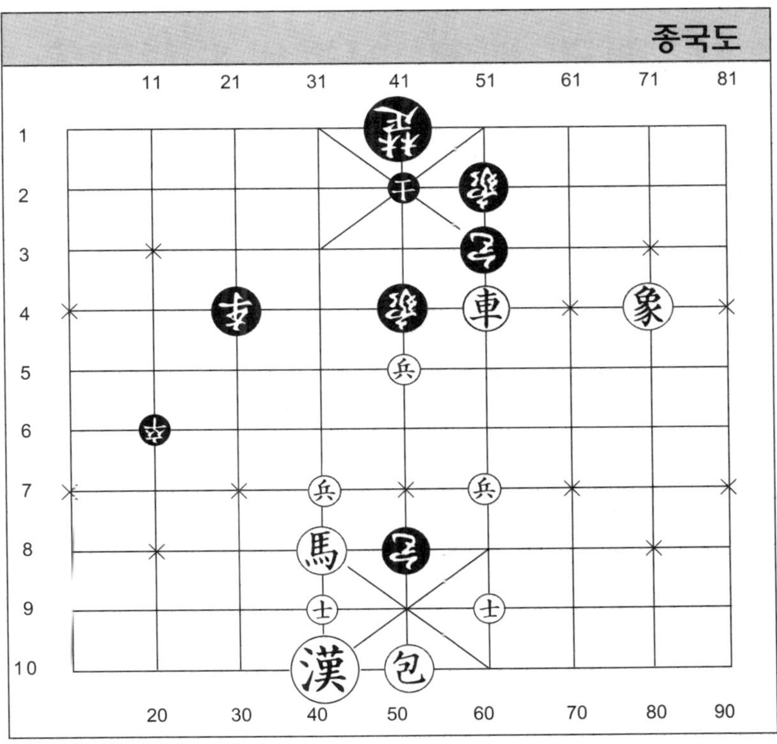

㉑부터 ⑩⑥까지 진행된 기보

〈해설〉

①에서 4 卒 14는 잘못 둔 수
이고, 84 卒 74가 원칙이다. 무
엇이든지 원칙에서 벗어나면
좋지 않다.

㉖⑦에서 54 楚馬 75로 두지 말
고 44 楚象 27 打兵 하는 것이
정수이다. 처음 한 수 잘못 둔
것이 끝내 선수하고도 패하게
되었다.

10배로 빠른 서림바둑시리즈

10배로 빠른 바둑 시리즈는 21세기 신개념 바둑 이론에
발맞춰 다음과 같은 특징으로 기획 구성되어 있습니다.

특징
1) 실전에 반드시 등장하는 최신 유행형을 소재로 한 본문내용 구성
2) 부록으로 제공된 바둑 CD를 활용한 학습 효과의 극대화
3) 인공지능 바둑프로그램을 통한 자신의 기력진단 가능

●10배로 빠른 서림바둑시리즈 〈CD-ROM포함 · 각권 8,000원〉

① 실전필수 귀의사활　② 실전필수 변의사활　③ 실전필수 고급사활

④ 실전필수 초급맥　⑤ 실전필수 중급맥　⑥ 실전필수 고급맥

⑦ 실전필수 화점포석　⑧ 실전필수 소목포석　⑨ 실전필수 응용포석

⑩ 실전필수 화점정석　⑪ 실전필수 소목정석　⑫ 실전필수 고급정석

⑬ 실전필수 기초행마　⑭ 실전필수 중급행마　⑮ 실전필수 고급행마

⑯ 실전필수 중반공격　⑰ 실전필수 중반침입　⑱ 실전필수 중반전술

⑲ 실전필수 초급끝내기　⑳ 실전필수 중급끝내기　㉑ 실전필수 고급끝내기

㉒ 도전기 실전명국　㉓ 21세기 실전명국　㉔ 세계대회 실전명국

바둑 병법 36계 　마샤오춘 저 · 김경동 편역

마샤오춘의 "바둑병법36계"는 중국바둑의 1인자 마
샤오춘 9단이 중국 대륙의 심원하고 웅혼
방대한 "병법36계"를 바둑의 전략
과 전술에 접목시킨 새로운 개
념의 바둑도서 입니다. 〈CD-
ROM포함 · 값12,000원〉

서림문화사

주소: 서울시 종로구 종로6가 213-1 영안빌딩 101호
Tel : (02)763-1445 · 742-7070
FAX : (02)745-4802

바둑전문도서

서림 바둑 시리즈

1 당신도 바둑을 둘 스 있다	유병호 감수	5,000원
2 알기 쉬운 초급바둑	유병호 감수	5,000원
3 이것이 포석이다	유병호 감수	5,000원
4 1급으로 가는 포석전략	유병호 감수	5,000원
5 실력향상 테니스	가토 마사오 저	5,000원
6 이것이 정석이다	유병호 감수	5,000원
7 바둑 정석의 모든 것	유병호 감수	5,000원
8 중반의 전략과 전트	유병호 감수	5,000원
9 속임수 격파작전	유병호 감수	5,000원
10 접바둑 비결	유병호 감수	5,000원
11 최신 바둑 첫걸음	스즈키 후지오 저	5,000원
12 포석의 한수	후지사와 슈코 저	5,000원
13 중반전의 필승전략(상)	사카다 에이오 저	5,000원
14 중반전의 필승전략(하)	사카다 에이오 저	5,000원
15 상급 바둑의 길잡이	가노 요시노리 저	5,000원
16 암수를 피하는 길	가토 마사오 저	5,000원
17 사활의 기초입문	임해봉 저	5,000원
18 끝내기 기법	구토 노리오 저	5,000원
19 1급으로 가는 정석	이시다 요시오 저	5,000원
20 1급으로 가는 포석	다케미야 마사키 저	5,000원
21 1급으로 가는 맥점	가토 마사오 저	5,000원
22 1급으로 가는 실력테스트	편집부 편	5,000원
23 3급으로 가는 정석	다케미야 마사키 저	5,000원
24 3급으로 가는 포석	가토 마사오 저	5,000원
25 3급으로 가는 맥점	이시다 요시오 저	5,000원
26 3급으로 가는 실력테스트	편집부 편	5,000원
27 5급으로 가는 정석	이시다 요시오 저	5,000원
28 5급으로 가는 포석	다케미야 마사키 저	5,000원
29 5급으로 가는 맥점	가토 마사오 저	5,000원
30 5급으로 가는 실력테스트	편집부 편	5,000원
31 9급으로 가는 정석	이시다 요시오 저	5,000원
32 9급으로 가는 포석	가토 마사오 저	5,000원
33 9급으로 가는 맥점	다케미야 마사키 저	5,000원
34 9급으로 가는 실력테스트	편집부 편	5,000원
35 7급으로 가는 정석	다케미야 마사키 저	5,000원
36 7급으로 가는 포석	이시다 요시오 저	5,000원
37 7급으로 가는 맥점	가토 마사오 저	5,000원
38 7급으로 가는 실력테스트	편집부 편	5,000원
39 승단으로 가는 정석	임해봉 저	5,000원
40 승단으로 가는 포석	오다케 히데오 저	5,000원
41 승단으로 가는 맥점	이시다 요시오 저	5,000원
42 승단으로 가는 실력테스트	후지사와 히데유키 저	5,000원
43 조치훈 격전보	미우리신문사	5,000원
44 현대바둑입둔(CD-ROM)	서림바둑편찬회	9,500원
◎ 바둑병법 36계(CD-ROM)	마사오춘 저	12,000원

서림 어린이바둑 시리즈

1 바둑 첫걸음	일본기원 저	6,000원
2 집짓기와 정소	일본기원 저	6,000원
3 사활과 싸움	일본기원 저	6,000원

서림 NHK바둑 시리즈

1 돌파 초급바둑(기초편)	이시쿠라 노보루 저	6,000원
2 돌파 초급바둑(응용편)	이시쿠라 노보루 저	6,000원
3 접바둑 초반50수 필승전략	야마시로 히로시 저	6,000원
4 실전 급소의 한수	후지사와 히데유키 저	6,000원
5 다케미야 우주류 특강	다케미야 마사키 저	6,000원
6 중국식 포석 필승작전	히네 야쓰마사 저	6,000원
7 공격전법 12장	오다케 히데오 저	6,000원
8 싸움바둑이 좋다	가토 마사오 저	6,000원
9 정복 바둑 격언	기요나리 테츠아 저	6,000원

서림 바둑 소사전 시리즈

1 화점정석 소사전	일본기원 저	5,000원
2 포석 소사전	일본기원 저	5,000원
3 정석이후 소사전	일본기원 저	5,000원
4 함정수 대책 소사전	일본기원 저	5,000원
5 소목·고목·외목 소사전	일본기원 저	5,000원
6 맛점 소사전	일본기원 저	5,000원
7 사활 소사전	일본기원 저	5,000원
8 접바둑 소사전	일본기원 저	5,000원
9 끝내기 소사전	일본기원 저	5,000원

서림 바둑 시리즈

1 현대 정석 총해	임해봉 저	12,000원
2 현대 포석 총해	이시다 요시오 저	14,000원
3 현대 맥점 총해	가토 마사오 저	12,000원
4 접바둑 총해 I	이시다 요시오 저	14,000원
5 접바둑 총해 II	이시다 요시오 저	15,000원
6 관자보	박재삼 편역	13,000원
7 현현기경	박재삼 편역	11,000원
8 기경중묘	박재삼 편역	11,000원
9 바둑용어사전	김인만 편저	15,000원
10 위기 발양론	이노우에 인세키 저	12,000원
11 끝내기 총해	김인선 저	14,000원
12 현대 정석 사전(CD-ROM)	서림바둑편찬회	17,000원
13 현대 포석 사전(CD-ROM)	서림바둑편찬회	17,000원
14 현대 맥점 사전(CD-ROM)	서림바둑편찬회	17,000원
15 현대 행마 사전(CD-ROM)	서림바둑편찬회	17,000원
16 현대 사활 사전(CD-ROM)	서림바둑편찬회	17,000원
17 현대 중반 사전(CD-ROM)	서림바둑편찬회	17,000원
18 현대 함정수 사전(CD-ROM)	서림바둑편찬회	17,000원
19 현대 끝내기 사전(CD-ROM)	서림바둑편찬회	17,000원
20 신(新)현현기경	오청원 해설	13,000원
21 현대 정석의 맥사전(CD-ROM)	서림바둑편찬회	17,000원
22 현대 명국 사전(CD-ROM)	서림바둑편찬회	17,000원

오늘의 바둑신서 시리즈

1 추억의 승부	조훈현 저	7,000원
2 집념의 승전보	조훈현 저	7,000원
3 조훈현 대 서봉수	박재삼 편	6,000원
4 한국정상의 대결1	박재삼	6,000원
5 한국정상의 대결2	박재삼 편	6,000원
6 한국정상의 대결3	박재삼 편	6,000원
7 프로 바둑 명승부(패왕전편)	박재삼 편	7,000원
8 오청원 스토리(불멸의 기성)	김순호 역	6,000원

실전 장기포진법   값 9,000원

1판6쇄 2016년 10월 25일 인쇄
1판6쇄 2016년 10월 30일 발행

지 은 이/ 김 지 환 · 오 원 옥

발 행 처/ 서림문화사
발 행 자/ 신 종 호
주　　소/ 서울시 종로구
　　　　　낙산성곽서길 65-11
홈페이지/ **http://www.kung-fu.co.kr**
　　　　　http://www.tutodown.com
전　　화/ (02)763-1445, 742-7070
팩시밀리/ (02)745-4802

등　　록/ 제300-1975-17호(1975.12.1)
특허청 상호등록/ 022307호

ⓒ김지환.,2000.Printed in Korea
ISBN 978-89-7186-493-7 13690
ISBN 978-89-7186-005-2(세트)